TRAITÉ
HISTORIQUE ET DOGMATIQUE
DE
LA VRAIE RELIGION.
TOME CINQUIEME.

TRAITÉ
HISTORIQUE ET DOGMATIQUE
DE
LA VRAIE RELIGION,
AVEC
La Réfutation des erreurs qui lui ont été opposées dans les différens siecles.

Par M. l'Abbé BERGIER, *Chanoine de l'Eglise de Paris.*

Cùm essemus parvuli, sub elementis hujus mundi eramus servientes ; at ubi venit plenitudo temporis, misit Deus Filium suum.... ut adoptionem filiorum reciperemus. GALAT. c. 4, ℣. 3.

 TOME CINQUIEME.

À PARIS,

Chez MOUTARD, Imprimeur-Libraire de la REINE, de MADAME, & de Madame la Comtesse d'ARTOIS, Hôtel de Cluny, rue des Mathurins.

M. DCC. LXXX.
Avec Approbation & Privilège du Roi.

TRAITÉ
HISTORIQUE ET DOGMATIQUE
DE
LA VRAIE RELIGION.

SECONDE PARTIE.

De la révélation faite aux Juifs, par le ministere de Moïse.

INTRODUCTION.

Dessein de la Providence, Plan de cette seconde Partie.

§. I.

» Pour former un peuple au Seigneur,
» il a fallu que l'instruction du genre hu-
» main, comme celle de chaque particu-

» lier, reçût des accroissemens, selon les
» temps & la diversité des âges.... Lors-
» que les uns reçoivent des préceptes plus
» amples & plus parfaits que les autres,
» c'est un effet de la sagesse divine, qui
» sait donner aux hommes des remedes
» convenables aux circonstances (*a*) «. Cette
réflexion de S. Augustin lui est commune
avec plusieurs autres Peres de l'Eglise.

En effet, Dieu, créateur de l'homme, avoit daigné en être le précepteur dès l'enfance ; mais l'éleve indocile oublia de bonne heure les instructions qu'il avoit reçues, méconnut l'auteur de son être, & la source des vraies lumieres. Parmi les premiers habitans du monde, l'Ecriture distingue les enfans de Dieu d'avec les enfans les hommes (*b*), les vrais adorateurs d'avec les hommes irréligieux ; c'est assez nous faire comprendre que l'oubli du culte du Seigneur a été dans tous les siecles la cause des crimes qui ont souillé la terre.

Le principal dessein de la révélation primitive avoit été d'apprendre à tous,

---

(*a*) De Civit. Dei, l. X, c. 14 : l. I, de Serm. Domini in monte.

(*b*) Gen. c. 6, ⅴ. 2.

que Dieu est non seulement le créateur & le gouverneur du monde, mais qu'il est le pere & l'instituteur des familles. L'histoire d'Adam & de ses deux enfans, de Noé & de ses descendans, d'Abraham, d'Isaac & de ses deux fils, de Jacob & des douze Patriarches, le testament de ce vieillard qui termine le Livre de la Genese, prêchent hautement cette importante vérité. Dieu avoit ainsi consacré le pouvoir des peres, les avoit préposés pour être les lieutenans de sa Providence & les ministres de son culte, avoit donné à leurs leçons force de loi.

Mais dès que les peuplades commencerent à se multiplier, les divisions d'intérêt, l'ambition, la jalousie, les haines héréditaires ne tarderent pas d'éclore ; elles briserent le lien sacré de la religion destiné à réunir les hommes : chaque société voulut avoir ses dieux tutélaires, se fit des loix, des rites, des mœurs, un langage, ne pensa qu'à s'agrandir aux dépens de ses voisins. Dès l'an 400, après le déluge, nous voyons autant de sociétés séparées qu'il y avoit de bourgades dans une contrée. Des Chefs, sous le nom de *Rois*, se liguent pour en assujettir d'autres & pour les dépouiller, exercent le brigandage comme un droit commun, ne connoissent d'autre loi que celle du plus fort (*a*) : ainsi se sont formés peu à peu les grands Empires.

A cette nouvelle époque, la religion domestique, telle que Dieu l'avoit donnée d'abord, ne suffisoit plus pour contenir des sociétés nombreuses; il leur falloit des loix positives, un gouvernement plus imposant que l'autorité paternelle, un culte public constant & uniforme, une police qui pourvût à la décence des mœurs, à la sûreté des citoyens, & même à la salubrité du régime. Aucune de ces institutions ne pouvoit paroître respectable, qu'autant qu'elle seroit émanée de l'autorité divine & consacrée par la religion.

§. II.

Dieu seul pouvoit rédiger un code de loix, dans un temps où les hommes étoient incapables de le former. Non content de civiliser une seule nation, il opere ce grand ouvrage à la vue des peuples qui commençoient à figurer dans le monde, des Egyptiens, des Iduméens, des Phéniciens, des Assyriens. Tous s'égaroient

_____
(*a*) Gen. c. 14.

en prenant pour des dieux les astres, les élémens, les différentes parties de la nature : Dieu frappe sur ces divinités prétendues, pour effrayer leurs adorateurs, & leur faire sentir qu'il est le seul Maître de l'univers. Tous vouloient des dieux nationaux & indigetes, commençoient à honorer d'un culte divin leurs Rois, leurs Héros, leurs Législateurs : Dieu leur apprend que c'est lui qui est le fondateur des Royaumes & des Empires, l'auteur & le vengeur des loix, le pere de la république & de la société civile ; c'est lui qui place les nations & les déplace, les éleve ou les humilie, leur envoie la prospérité ou les malheurs. Cette vérité devoit les engager à respecter leurs possessions mutuelles, à se lier par des traités plutôt que de se détruire par les armes, leur persuader qu'un étranger n'est pas un ennemi, poser entre elles le fondement du droit des gens. Mais il y avoit eu des jalousies, des haines, des violences dans les familles ; comment n'y en auroit-il pas eu entre les peuples ?

Ainsi, pour démontrer aux hommes, qu'après la religion, le plus précieux de tous les biens est une législation sage, Dieu daigne exercer lui-même l'auguste fonction de Législateur, & il le fait avec tout l'appareil de la puissance divine; il tonne & allume les feux de Sinaï; le ciel & la terre retentissent du son de sa voix; par des foudres & des éclairs, il imprime aux Israélites la crainte salutaire de ses loix. Heureuses les nations voisines, si elles avoient mieux profité de ce grand événement!

Ce dessein de la Providence nous est indiqué par l'Auteur du Livre de l'Ecclésiastique. « Dieu, dit-il, a préposé un » Chef à chaque nation, mais il a réservé » pour son partage les enfans d'Israël; .... » leurs iniquités n'ont point annullé l'al-
» liance qu'il avoit faite avec eux (*a*) ». David, dans ses Pseaumes, répete sans cesse, que Dieu garde, conduit, gouverne toutes les nations, dispose de leur sort, les fait servir à ses desseins, que toutes lui doivent leurs adorations & leurs hommages.

Pour attacher les Hébreux à cette législation nouvelle, Dieu en fait dépendre leur prospérité; il promet l'abondance des biens temporels aux observateurs de ses loix, il menace de fleaux terribles ceux

―――――――――――――――――

(*a*) Eccli. c. 17, ℣. 14.

qui oseront les violer ; sans préjudice des peines & des récompenses éternelles proposées par la révélation primitive.

Malgré la dépravation générale des peuples, il restoit un rayon de lumiere chez les descendans d'Abraham & de Jacob, il falloit le rallumer ; le culte du Créateur subsistoit parmi eux, il s'agissoit de le perpétuer ; ils avoient moins oublié que les autres la loi naturelle enseignée à leurs aïeux, il falloit la rendre ineffaçable. Tels furent les divers objets de la mission de Moïse ; nous verrons si le succès y a mal répondu.

La seconde Partie de notre Ouvrage est destinée à cet examen : commençons par tracer briévement l'Histoire des événemens qui ont préparé les desseins de la Providence, & qui ont concouru à leur exécution.

§. I I I.

Il ne s'étoit écoulé que quatre siecles depuis le déluge ; il n'y avoit pas quatre-vingts ans que Noé étoit mort, Sem son fils vivoit encore, & déja les Chaldéens commençoient à se plonger dans l'idolâtrie (a),

---

(a) Josué, c. 24. ℣. 2. Judith. c. 5, ℣. 7.

lorsque Dieu choisit, parmi les descendans de ces Patriarches, celui qu'il destinoit à être la tige d'un nouveau peuple : ce fut Abraham, âgé pour lors de soixante & quinze ans. » Sortez de votre
» patrie, lui dit le Seigneur, quittez
» votre famille, & venez dans le pays que
» je vous montrerai ; je ferai naître de
» vous un peuple nombreux, je vous
» comblerai de bienfaits, & *toutes les na-*
» *tions de la terre seront bénies en vous* (a) «.
Le sens de ces dernieres paroles sera développé dans la suite.

Abraham, fidele à l'ordre de Dieu, se transporte dans la Palestine, nommée pour lors le pays de Chanaan ; il est appelé *Hébreu* par les habitans, c'est-à-dire, étranger ou voyageur : ce nom a passé à ses descendans. » Considérez, lui dit le
» Seigneur, cette contrée, depuis les fron-
» tieres de l'Egypte jusqu'aux bords de
» l'Euphrate ; je la donnerai à votre pos-
» térité, je la multiplierai comme les
» étoiles du ciel & les sables de la mer (b).
» Sara votre épouse est stérile, mais elle
» aura un fils que vous nommerez Isaac.

―――――――――――

(a) Gen. c. 12, ℣. 1 : c. 18, ℣. 8 : c. 22, ℣. 18.
(b) *Ibid.* c. 13, ℣. 14 : c. 15, ℣. 5 & 18.

» Ismaël que vous avez eu d'une étrangere
» sera la tige d'un peuple nombreux, &
» possesseur d'une vaste contrée; mais il
» ne sera point l'héritier de ma promesse,
» c'est par Isaac que je veux l'accomplir.
» En voici les conditions: Vous pratique-
» rez la circoncision; vous & vos descen-
» dans porterez sur votre chair ce signe
» de l'alliance que je fais avec vous (a) ".
Abraham exécute ce qui lui est ordonné;
il se circoncit lui-même à l'âge de près de
cent ans, il imprime le même signe à
Ismaël, qui avoit treize ans accomplis, &
à tous les mâles de sa maison; ensuite à
Isaac huit jours après sa naissance. Telle
est la premiere origine de cet usage;
les nations descendues d'Isaac & d'Ismaël, exécutent encore aujourd'hui l'ordre donné à leur pere depuis près de quatre mille ans.

Abraham, toujours étranger, toujours
voyageur dans le pays promis à ses descendans, meurt sans y avoir acquis un
pouce de terre, excepté une caverne pour
servir de tombeau à Sara son épouse, &
dans laquelle il veut être enterré lui-
même (b). Dieu renouvelle à Isaac, dans

(a) Gen. c. 16 & 17.   (b) Ibid. c. 23 & 25.

les mêmes termes, la promesse qu'il avoit faite à Abraham de bénir toutes les nations de la terre dans sa postérité (a); il la répete encore à Jacob (b). Cependant celui-ci n'étoit point le fils aîné d'Isaac, mais il est préféré à Esaü par un choix libre, même contre l'inclination de son pere, comme Isaac lui-même avoit été préféré à Ismaël. Dieu ne prive point par là les aînés de la succession de leur pere, ni des biens auxquels ils avoient droit de prétendre; il leur accorde la rosée du ciel & la graisse de la terre (c), une postérité nombreuse, & l'abondance de toutes choses: quelle est donc cette bénédiction si souvent répétée de laquelle il les exclut? Saint-Paul, très-instruit des traditions Juives & de l'énergie du texte original, nous fait remarquer que Dieu n'a point attaché cette bénédiction à la multitude des descendans d'Abraham, mais à un seul en particulier, qui est Jésus-Christ. *Abrahæ dictæ sunt promissiones & semini ejus; non dicit in seminibus, quasi in multis: sed quasi in uno, & semini tuo, qui est Christus* (d). Le privilége que Dieu

---

(a) Gen. c. 26, ℣. 4.   (c) Gen. c. 27, ℣. 39.
(b) *Ibid.* c. 28, ℣. 14.   (d) Galat. c. 3, ℣. 6.

vouloit accorder à ces puînés, au préjudice de leurs freres, étoit donc de faire naître de leur sang le Messie, auteur des bénédictions spirituelles promises au genre humain.

§. IV.

Jacob, surnommé Israël, pere de douze enfans, qui devoient être autant de Chefs de Tribus, est obligé par la famine de se retirer en Egypte ; il y voit multiplier ses descendans : prêt à mourir, il rassemble ses fils pour leur annoncer leur destinée. Il transporte à Juda son quatrieme fils, préférablement aux aînés, la bénédiction dont il étoit dépositaire : » Juda, lui dit-
» il, tes freres te combleront de louan-
» ges, ton bras sera levé sur la tête de
» tes ennemis, les enfans de ton pere se
» prosterneront devant toi. .... Le sceptre
» de l'autorité ne sera point ôté de ta
» race, & le Chef de la nation sera de
» ton sang, jusqu'à ce que vienne l'En-
» voyé qui doit régner sur tous les peu-
» ples « (a). Nous montrerons dans la suite le sens de cette prédiction, & la maniere dont les Juifs l'ont toujours

---

(a) Gen. c. 49, ℣. 8 & 10.

entendue. Cependant Juda n'étoit point le fils le plus chéri de Jacob, c'étoit Joseph. Mais ce vieillard vénérable lisoit dans l'avenir: Dieu n'avoit point consulté l'inclination du pere en lui dévoilant les destinées de sa famille.

Joseph, à l'article de la mort, rappelle à ses enfans & à ses neveux le souvenir des promesses faites à leurs peres; il leur annonce que Dieu les visitera, les fera sortir de l'Egypte & les conduira dans le pays de Chanaan; il leur ordonne de conserver ses os après sa mort, & de les emporter avec eux pour les ensevelir dans la terre promise; il veut que son cercueil, placé sous leurs yeux jusqu'à ce grand événement, soutienne leur espérance, leur renouvelle sans cesse le souvenir du testament de Jacob, & de la destinée qui les attend, les empêche de regarder jamais l'Egypte comme leur patrie (*a*).

La postérité de Jacob, multipliée à l'excès, donne de la jalousie & de l'inquiétude aux Egyptiens; ils la réduisent en servitude, se proposent de la détruire par les rigueurs de l'esclavage. Dieu envoie Moïse pour délivrer ses freres; il lui

_____
(*a*) Gen. c. 50.

donne le pouvoir d'opérer des prodiges pour prouver fa miffion, pour convaincre les Ifraélites & les Egyptiens de la vérité des ordres qu'il a reçus du ciel. Par une fuite de fléaux miraculeux, il force le Roi d'Egypte & fes fujets à mettre les Hébreux en liberté. Ceux-ci partent fous la conduite de Moïfe. Dieu leur ouvre un paffage au milieu des flots de la mer Rouge. Pharaon qui veut les pourfuivre, y eft englouti avec fon armée.

Dans les déferts voifins de l'Arabie, pays inculte & ftérile, Dieu nourrit miraculeufement ce peuple nombreux pendant quarante ans. C'eft dans cet intervalle que Moïfe donne aux Hébreux la loi que Dieu lui-même daigne lui dicter; il établit les cérémonies du culte, les reglemens de police, le droit civil & politique que la nation doit fuivre tant qu'elle fubfiftera. Il fait d'avance, entre les différentes tribus, le partage du pays dans lequel elle doit s'établir; il lui en promet la conquête. Il lui annonce qu'elle aura des Rois dans la fuite des temps, que Dieu lui enverra des Prophetes, mais fur-tout un Prophete revêtu comme lui du caractere de Légiflateur, auquel elle doit obéir (a). Il ne lui enseigne point de nouveaux dogmes ; la croyance des Israélites a été la même que celle de leurs peres, d'Abraham, de Noé, d'Adam ; mais il leur donne des loix religieuses, civiles & politiques : il réunit en corps de république ce peuple qui avoit vécu jusqu'alors sous une domination étrangere ; il explique dans le plus grand détail les préceptes de la morale naturelle, & en détermine l'application. Il promet aux Israélites une prospérité constante, tant qu'ils seront fideles à suivre ces loix ; il les menace des plus grandes calamités, lorsqu'il leur arrivera de s'en écarter. L'événement a justifié pleinement ses prédictions dans la suite des siecles.

§. V.

Tels sont en abrégé les faits, que Moïse a consignés dans ses écrits. C'est là que les Juifs ont puisé leur croyance & leur morale, qu'ils n'avoient eues jusqu'alors que par tradition, leur culte, leurs loix, leurs espérances. Moïse meurt après avoir rempli sa mission, & sa nation

---

(a) Deut. c. 18, ⱴ. 15.

toujours conduite par une Providence furnaturelle, se met à main armée en possession du pays que Dieu avoit promis à ses peres.

Les Ecrivains postérieurs ont continué son histoire de siecle en siecle jusqu'à l'avénement de Jésus-Christ. Il n'est aucune autre nation dans l'univers dont les annales soient aussi suivies, portent les mêmes caracteres de vérité & d'authenticité, & nous fassent remonter par une chaîne de faits aussi incontestables jusqu'à la naissance du monde & à l'origine du genre humain.

Dans les temps postérieurs à Moïse, nous voyons l'accomplissement de ses prédictions, les heureux effets de ses loix, la sagesse supérieure de ses vûes, ou plutôt l'éxécution des desseins de la sagesse divine qui le conduisoit. Les Prophetes, qui se sont succédés comme il l'avoit promis, ont développé peu à peu les caracteres du Messie, que Moïse & les Patriarches n'avoient vu que confusément & dans le lointain; à mesure que son avénement approche, les prédictions deviennent plus circonstanciées & plus claires : On ne peut méconnoître dans Jésus-Christ l'Envoyé de Dieu, le Sauveur promis au genre humain depuis le commencement du monde. Voilà la conséquence à laquelle notre seconde Partie doit conduire le Lecteur.

Nous examinerons dans le premier Chapitre, quels sont les signes dont Dieu peut se servir pour attester une nouvelle révélation; nous parlerons des miracles & des prophéties en général. Dans le second, nous prouverons l'authenticité des Livres de Moïse; nous jetterons un coup d'œil sur les autres Livres de l'Ancien Testament, & nous verrons jusqu'où s'étend leur autorité. Le troisieme Chapitre sera employé à justifier l'histoire que Moïse a donnée des siecles qui l'ont précédé. Dans le quatrieme, nous examinerons les preuves de sa mission, nous ferons l'apologie de sa conduite. Dans le cinquieme, nous verrons quels sont les dogmes, les loix, le culte, la morale qu'il a donnés aux Juifs, & les effets qui en ont résulté. Le sixieme contiendra l'histoire des Chefs qui ont succédé à Moïse, des Rois, des Pontifes, des Prophetes, jusqu'à la venue de Jésus-Christ. Le septieme, l'examen des prophéties qui regardent le Messie. Nous emploierons le huitieme à montrer que la loi Juive ne devoit durer que jusqu'à ce nouveau

Législateur, qui est la fin de la Loi & des Prophetes. Nous rechercherons dans le neuvieme les causes de l'incrédulité & de la réprobation des Juifs.

Dans le cours de toutes ces discussions, l'on verra le même phénomene que dans la premiere Partie. De même que les Athées ont fait retomber sur le Déisme toutes les objections que les Déistes avoient faites contre la révélation; ainsi ces derniers ont tourné contre la mission de Moïse tous les argumens que les Juifs ont opposés à celle de Jésus-Christ; ils ont versé sur la religion Juive tout le fiel que les Rabbins ont vomi contre l'Evangile. Dans la conduite du Législateur des Hébreux, ils ne voient qu'une imposture adroitement tissue; & dans la docilité de ses sectateurs, que la stupidité d'un peuple ignorant & grossier. Selon eux, l'histoire de Moïse est une fable, ses miracles sont des prestiges, ses prophéties ont été forgées après coup; les loix des Juifs sont absurdes, leurs mœurs atroces; leurs Rois, leurs Prêtres, leurs Prophetes étoient des scélérats, leur religion un pur fanatisme. Qui croiroit que les Juifs, ainsi avilis & déchirés par les Incrédules, redeviendront leurs précepteurs, & leur remettront leurs armes pour combattre contre le Christianisme ? Celse, Julien, les Manichéens ont parlé de même de la religion Juive : nous retrouvons dans les Livres de Saint Augustin, contre ces Hérétiques, au moins soixante objections renouvelées par les Incrédules d'aujourd'hui (*a*).

Pour soutenir leurs paradoxes, ils ont appelé à leur secours la Chronologie, la Physique, l'Histoire Naturelle, les monumens des peuples, les relations des voyageurs, l'étude des Langues, toutes les découvertes anciennes & modernes. Il n'est pas un seul verset de l'Ecriture Sainte qui n'ait été examiné avec les yeux de la prévention & de la malignité, & indignement travesti dans *la Bible enfin expliquée*, & ailleurs. Nous ne pourrions répondre à tout, sans donner un commentaire complet sur les Livres Saints ; ce n'est point là l'objet de notre Ouvrage.

(*a*) S. Aug. de Genesi contra Manich., contra Adimantum, contra Faustum, contra Adversarium Legis & Prophetarum.

§. VI.

Mais il y a contre la révélation une difficulté capitale, à laquelle les Incrédules reviennent sans cesse; il faut la prévenir.

Dieu, disent-ils, est également le pere de toutes les nations & de tous les hommes; il ne peut donc avoir plus de prédilection pour un peuple que pour un autre; il n'a pu se révéler à l'un & se cacher à l'autre, faire des miracles en Judée plutôt qu'à la Chine, prodiguer ses graces à la horde Juive pendant qu'il abandonnoit les autres peuples. C'eût été une injustice, une aveugle partialité. Il est donc absurde de le nommer le Dieu d'Abraham ou d'Israël, plutôt que le Dieu de Zoroastre & de Confucius; d'imaginer que la postérité des Patriarches lui a été plus chere que les autres nations de la terre. Puisque tout l'Ancien Testament porte sur cette folle idée, on doit le rejeter sans autre examen. Ainsi pensoient les Manichéens (a); ils avoient eu pour

─────────

(a) S. Aug. contra Faustum, l. XXV, c. 1. XXXIII. c. 1. Syst. de la Nat. tome II, c. 4, p. 119. Le bon Sens, §. 124. L'Esprit du Judaïsme, c. 1, 6, 7, &c. Emile, tome III, p. 138. Morgan, Moral Philos. tome I, p. 257.

maîtres Basilide, Carpocrate, Cerdon, & Marcion (*a*).

Réponse. Selon ces grands principes, Dieu ne peut pas non plus accorder un bienfait naturel dans l'ordre moral à un homme ou à un peuple, sans le départir de même à tous les autres. Il ne peut donner plus d'esprit, plus d'intelligence, plus de goût pour la vertu à celui-ci qu'à celui-là ; procurer à une nation la civilisation, la police, la pureté des mœurs, plutôt qu'à une autre ; faire naître l'une sous un climat favorable à l'organisation, pendant qu'il place les autres sous l'équateur ou près des poles, contrées plus propres à produire des brutes que des hommes.

En vertu de cette doctrine lumineuse, les Athées anciens & modernes ont conclu qu'il n'y a point de Providence. Un Dieu bon, juste, sage, n'auroit pas produit, disent-ils, tant d'hommes stupides, insensés, vicieux, mal organisés, pendant que d'autres sont nés avec de l'esprit, des talens, de la raison, des vertus naturelles. Pourquoi cette injustice, cette aveugle partialité ? L'inégalité de ces dons naturels vient évidemment du

---

(*a*) S. Aug. contra Adimantum, l. II, c. 12, n. 39.

hasard ou de la nécessité. Ainsi cette grande objection, qui est presque la seule base du Déisme, est aussi le principal fondement de l'Athéisme (*a*).

Puisqu'elle est absurde, il faut partir du principe opposé ; savoir que la bonté, la justice, la sagesse divine, ne consistent point à *traiter également* tous les hommes, soit dans l'ordre naturel, soit dans l'ordre surnaturel ; mais à ne leur demander compte que de la mesure des graces qu'ils ont reçues. L'égalité parfaite entre tous les hommes est aussi impossible dans l'ordre de la grace que dans celui de la nature.

Les faveurs surnaturelles que Dieu a daigné accorder à la nation Juive, n'ont point diminué la mesure de ses bienfaits à l'égard des autres peuples. S'il y a une vérité clairement énoncée dans les Livres Saints, c'est que la Providence divine s'étend sur tous les peuples, fait du bien à tous les hommes, ne rejette les hommages & le culte d'aucun, lorsqu'ils s'adressent à Dieu seul. Quoiqu'elle fasse plus de bien aux uns qu'aux autres, elle n'abandonne aucune de ses créatures, & ne fait

―――――――――――――――――――
(*a*) Nous l'avons réfutée, premiere Partie, c. 5, art. 4, §. 3.

injustice à personne. Nous montrerons toutes ces vérités dans des passages formels, auxquels les Incrédules affectent de fermer les yeux (a); & la conduite de Dieu y a toujours été conforme. Les miracles qui ont instruit les Juifs, ont été opérés sous les yeux des Egyptiens, des Iduméens, des Cananéens ou Phéniciens, des Assyriens, des Perses: qui empêchoit ces nations d'adorer le même Dieu que les Juifs? Il est spécialement le Dieu d'Abraham & d'Israël, parce qu'ils lui ont rendu leur culte; mais il est aussi le Dieu de tous les peuples, puisqu'il est le créateur & le conservateur de tous. David s'écrie continuellement: „ Que toutes les „ nations de la terre vous adorent, Sei- „ gneur; que toutes se consolent & se „ réjouissent, parce que vous les jugez „ avec équité, & les conduisez avec un „ soin paternel (b) ".

L'Histoire Sainte ne passe sous silence ni les fautes des Patriarches, ni les infidélités du peuple, ni les prévarications des Rois, ni les foiblesses des Pontifes, ni les chutes des Prophetes. Son but est

---

(a) Chap. V, art. 1, §. 2, 3, 7.
(b) Pseaume 66, ℣. 4, &c.

de nous apprendre jusqu'où va la corruption de l'homme, & jusqu'où s'étend la miséricorde divine; de nous convaincre que quand Dieu nous fait du bien, c'est pure bonté de sa part; que quand il nous prive de ses dons, c'est un effet de sa justice.

Lorsqu'il s'agit de constater la mission divine de Moïse, la plupart de nos preuves se trouveroient très-affoiblies, si l'on perdoit de vue la révélation primitive faite aux Patriarches, & la tradition qui s'en conservoit parmi leurs descendans. L'établissement de la religion Juive est intimement lié avec les événemens qui ont précédé : si Moïse n'avoit pas fait dans la Genese l'histoire de la création & celle de ses ancêtres, les faits postérieurs n'auroient plus les mêmes caracteres de vérité; le plan de la divine Providence demeureroit inconnu; la religion Juive seroit un édifice isolé comme celle des Indiens ou celle des Chinois : mais l'enchaînement des faits leur sert déja de preuve, & renverse la plupart des objections.

CHAPITRE PREMIER.

Des signes par lesquels Dieu peut rendre la révélation certaine.

§. I.

Pour attester la révélation primitive, il ne falloit pas d'autre signe que l'état où se trouvoit alors la nature, le besoin que l'homme avoit de ce secours, & le témoignage de notre premier pere. Que le monde & tout ce qu'il renferme fût l'ouvrage de la puissance divine, il suffisoit d'interroger la raison pour le comprendre. Adam, créé dans le même temps, n'étoit pas en état de connoître l'ordre physique qui ne faisoit que commencer, de distinguer les phénomenes qui en étoient une suite ou une exception. Il lui falloit une longue expérience pour s'instruire de la marche de l'univers, de la relation que Dieu avoit établie entre telle cause & tel effet. La création même de l'homme n'étoit point un événement naturel, puisqu'il ne devoit plus arriver dans la suite des siecles : un Incrédule est convenu qu'il est

est impossible de concevoir que le premier homme ait commencé d'exister, autrement que par miracle (a). La condescendance avec laquelle Dieu a daigné instruire Adam & ses enfans, n'étoit point non plus une méthode naturelle ; cette communication immédiate entre Dieu & l'homme, qui étoit nécessaire pour lors, ne devoit plus avoir lieu dans les temps postérieurs, lorsque le genre humain auroit pour s'instruire l'expérience du cours de la nature, la voix de la raison & de la conscience, la tradition de ses peres, le secours des assemblées & du culte public.

Après une longue suite de générations, toutes ces leçons, quoique très-énergiques, ne furent plus écoutées. L'homme aveugle crut voir dans la nature une multitude de génies puissans, qui en produisoient les phénomenes, & qui demandoient ses hommages; il leur rendit un culte servile: toutes les familles coururent à de nouveaux autels; Dieu fut oublié & méconnu. A quel remede falloit-il avoir recours pour arrêter le torrent de cette erreur, pour rétablir la croyance & la morale primitive, lorsque l'homme fer-

_____

(a) Fable des Abeilles, tome IV, p. 197.

moit l'oreille à la voix de la nature entiere ?

Selon les Incrédules, Dieu devoit parler immédiatement à cette multitude d'aveugles volontaires, leur rendre sensible sa providence & son attention au gouvernement de l'univers. Il faut donc supposer que plus l'homme est ingrat, criminel, opiniâtre, plus le Créateur est obligé de lui prodiguer les lumieres & les faveurs. On nous crie sans cesse que si Dieu a voulu que l'homme fût vertueux & raisonnable, il ne tenoit qu'à lui de le rendre tel ; qu'il est fort singulier qu'un Etre tout-puissant ne soit jamais venu à bout de ses projets, que l'homme ait toujours trouvé le moyen de les faire échouer (*a*). Clameurs insensées. Parce qu'il plaît à l'homme d'être méchant lorsqu'il ne tient qu'à lui d'être bon, sensuit-il que Dieu soit responsable de ses crimes? Parce que plusieurs Philosophes trouvent bon d'être Athées, concluerons-nous que Dieu n'a pas assez prouvé son existence ? Voilà les sophismes des Manichéens que les Incrédules modernes copient dans tous leurs Livres.

(*a*) Le bon Sens, §. 1, 29, 30, 61, 62, 70, 71, 74, 76, 79, &c.

Laissons-les déraisonner, consultons le bons sens. Dieu souverainement bon, mais infiniment juste & sage, ne prend point les insensés pour arbitres de sa conduite. Dans tous les temps il a donné à l'homme des moyens suffisans pour s'instruire; lorsque celui-ci en abuse, la bonté infinie n'est pas obligée de les multiplier pour vaincre l'obstination d'un aveugle volontaire: l'ingratitude ne fut jamais un titre pour exiger de nouveaux bienfaits. Si, par un trait de miséricorde, Dieu daigne employer des moyens surnaturels & extraordinaires, des miracles, une mission revêtue des signes les plus éclatans; c'est une grace purement gratuite, à laquelle Dieu peut donner telle étendue qu'il lui plaît. Argumenter contre ce nouveau don, parce qu'il pourroit être plus général, plus puissant, plus efficace, parce que l'homme en abusera peut-être encore & y résistera; c'est le comble de l'ingratitude & de l'opiniâtreté.

Selon l'aveu d'un fameux Déiste, « lorsqu'une révélation a toute l'authenti- » cité que peuvent lui donner les témoi- » gnages humains, qu'elle paroît bien » liée dans toutes ses parties, qu'elle ne » contient rien d'incompatible avec les

» connoissances réelles que nous avons d'un
» Etre suprême infiniment parfait, & de
» la religion naturelle, elle doit être reçue
» avec le plus profond respect, la plus
» entiere soumission, & la plus sincere
» reconnoissance (a) ". Or, nous prouverons en détail, que la révélation Juive réunit tous ces caracteres.

§. II.

Quels sont les moyens surnaturels dont Dieu peut se servir pour attester la révélation ? Voilà la question à laquelle nous devons nous borner. Ecoutons d'abord sur ce point les réflexions d'un de nos plus célebres adversaires.

» Lorsque Dieu donne aux hommes
» une révélation, que tous sont obligés
» de croire, il faut qu'il l'établisse sur des
» preuves bonnes pour tous, & qui par
» conséquent soient aussi diverses que les
» manieres de voir de ceux qui doivent les
» adopter. Sur ce raisonnement, qui me paroît juste & simple, on a trouvé que Dieu
» avoit donné à la mission de ses envoyés
» divers caracteres, qui rendoient cette
» mission reconnoissable à tous les hom-

(a) Œuvr. de Bolingbroke, tome IV, p. 279.

» mes, petits & grands, sages & sots,
» savans & ignorans.....

» Le premier, le plus important, le
» plus certain de ces caracteres, se tire
» de la nature de la doctrine; c'est-à-dire,
» de son utilité, de sa beauté, de sa sain-
» teté, de sa vérité, de sa profondeur,
» & de toutes les autres qualités qui peu-
» vent annoncer aux hommes les instruc-
» tions de la suprême sagesse, & les pré-
» ceptes de la suprême bonté. Ce caractere
» est le plus sûr & le plus infaillible,
» mais il est le moins facile à constater ;
» il exige, pour être senti, de l'étude, de
» la réflexion, des connoissances, des dis-
» cussions qui ne conviennent qu'aux hom-
» mes sages qui sont instruits & qui
» savent raisonner.

» Le second caractere est dans celui des
» hommes choisis de Dieu pour annon-
» cer sa parole; leur sainteté, leur véra-
» cité, leur justice, leurs mœurs pures &
» sans tache, leurs vertus inaccessibles aux
» passions humaines, sont avec les quali-
» tés de l'entendement, la raison, le sa-
» voir, l'esprit, la prudence, autant d'in-
» dices respectables dont la réunion,
» quand rien ne s'y dément, forme une
» preuve complette en leur faveur, & dit

» qu'ils sont plus que des hommes. Ceci
» est le signe qui frappe par préférence les
» gens bons & droits, qui voient la vérité
» par-tout où ils voient la justice, & n'en-
» tendent la voix de Dieu que dans la
» bouche de la vertu......

» Le troisieme caractere des envoyés
» de Dieu est une émanation de la puis-
» sance divine, qui peut interrompre &
» changer le cours de la nature à la vo-
» lonté de ceux qui reçoivent cette éma-
» nation. Ce caractere est, sans contre-
» dit, le plus brillant des trois, le plus
» frappant, le plus prompt à sauter aux
» yeux, celui qui, se marquant par un
» effet subit & sensible, semble exiger le
» moins d'examen & de discussion : par-là
» ce caractere est aussi celui qui saisit spé-
» cialement le peuple incapable de rai-
» sonnemens suivis, d'observations lentes
» & sûres, & en toutes choses esclave de
» ses sens......

» Il est clair que quand tous ces signes
» se trouvent réunis, c'en est assez pour
» persuader tous les hommes, les sages,
» les bons, & le peuple ; tous, excepté les
» fous incapables de raison, & les mé-
» chans qui ne veulent être convaincus de
» rien. Ces caracteres sont des preuves de

» l'autorité de ceux en qui ils résident ;
» ce sont les raisons sur lesquelles on est
» obligé de les croire. Quand tout cela
» est fait, la vérité de leur mission est
» établie; ils peuvent alors agir avec droit
» & puissance, en qualité d'envoyés de
» Dieu (a) «.

C'est donc à nous de prouver que tous ces signes se sont trouvés réunis dans la personne de Moïse : nous montrerons en lui les deux premiers, lorsque nous examinerons sa doctrine & sa conduite ; le troisieme, en prouvant la certitude & la réalité de ses miracles. Mais nous sommes obligés de considérer d'abord en général cette émanation de la puissance divine, en vertu de laquelle un envoyé de Dieu peut interrompre le cours de la nature, connoître & annoncer les événemens futurs. Parlons en premier lieu des miracles, nous viendrons ensuite aux prophéties.

(a) Troisieme Lettre écrite de la Montagne, p. 70 & suiv.

ARTICLE I.

Des Miracles en général : sont-ils impossibles ou indignes de Dieu ?

§. I.

Les définitions d'un miracle, qui ont été données par les Philosophes ou par les Théologiens, & qui paroissent différentes, reviennent au même, lorsqu'on les examine de près. Les uns disent qu'un miracle est un effet visiblement contraire aux loix & au cours ordinaire de la nature ; d'autres, que c'est une action supérieure aux forces naturelles de celui qui l'opere : quelques-uns l'appellent une exception réelle & visible aux loix de la nature, une suspension ou un changement sensible dans le cours de la nature ; d'autres, un effet supérieur aux forces des agens naturels. Toutes ces notions ne sont différentes que dans les termes. Les forces de la nature, ou des agens naturels, sont déterminées & bornées par les loix mêmes de la nature. C'est Dieu qui a donné à tous les êtres animés tel degré de force active, & aux êtres inanimés tel degré de pesanteur & de mouvement. Il seroit contraire aux loix & au cours ordinaire de la nature qu'un homme eût la force d'un éléphant, ou qu'il pût porter un poids de dix mille livres. L'inégalité de forces qui se trouve entre les hommes ne passe jamais une certaine mesure; quelque excès que l'on puisse y supposer, il n'ira jamais jusqu'à rendre un homme capable de mouvoir un fardeau que vingt chevaux ne pourroient traîner. Toute action supérieure aux forces des agens naturels est donc contraire aux loix de la nature; leur force ne s'étend point jusqu'à changer ou interrompre ces loix : nous ne voyons aucune raison de donner la préférence à l'une ou à l'autre de ces notions.

Pour prévenir les fausses subtilités des Incrédules, il est important de faire quelques observations.

1°. Quand on dit qu'un miracle est une interruption dans les loix ordinaires de la nature, cela ne signifie point qu'un miracle suspend l'effet de toutes les loix physiques dans l'univers; il suspend seulement l'effet de la loi particuliere, qui étoit applicable à tel corps. Lorsque Dieu apparut à Moïse dans un buisson ardent qui ne se consumoit point, il n'ôta point au feu en général la force de brûler le bois ; il ne suspendit point dans le reste de l'univers la loi selon laquelle tout bois enflammé se consume ; il n'ôta cette force qu'au volume de feu particulier qui embrasoit le buisson ; par-tout ailleurs le feu continuoit d'opérer son effet naturel. Lorsque Josué arrêta le soleil, ou plutôt le cours de la lumiere jetée sur la terre par le soleil, & qu'il en résulta vingt-quatre heures de jour continuel, il ne fut pas nécessaire de suspendre la marche de tous les corps célestes, mais seulement de ralentir de moitié la rapidité du mouvement diurne de la terre. C'est donc une vaine objection de la part des Incrédules, de soutenir que, par un miracle, Dieu suspendroit le cours entier de la nature, dérangeroit la machine de l'univers ; il ne fait qu'interrompre dans un corps particulier l'effet de la loi générale, qui continue d'opérer par-tout ailleurs.

§. II.

2°. Lorsqu'on suppose qu'un miracle surpasse les forces des agens naturels, on ne met point au nombre de ces agens les

Anges bons ou mauvais ; leur exiſtence & leurs opérations ne nous ſont connues que par la révélation. Quelles que ſoient leurs forces & leurs facultés naturelles, il eſt certain, par l'expérience, que Dieu ne leur donne point communément la liberté de mêler leurs opérations à celles des autres créatures, ni d'arrêter l'activité des cauſes ſecondes. Lorſqu'un Ange tranſporta par les cheveux le Prophete Habacuc à Babylone, pour porter de la nourriture à Daniel, ce tranſport fut un miracle, quoiqu'il ne fût peut-être pas au deſſus des forces naturelles d'un Ange. Il n'eſt point, ſelon l'ordre commun de la Providence, de faire exécuter par des Anges ce que l'homme ne peut faire. Lorſque celui-ci opere un effet ſupérieur aux forces de l'humanité, que ce ſoit par le ſecours immédiat de Dieu, ou par l'intervention d'un Ange, cela eſt égal. La puiſſance des Anges n'eſt pas plus à notre diſpoſition que la puiſſance divine; les Anges ne font rien en ce monde ſans un ordre exprès de Dieu, ſur-tout lorſqu'il eſt queſtion de faire connoître aux hommes la volonté divine.

La même réflexion doit s'appliquer aux opérations des mauvais eſprits. Quel que soit leur pouvoir, il est enchaîné par la Providence divine, qui veut que l'ordre de la nature soit constant, qui se réserve d'y déroger lorsqu'elle le juge à propos, qui ne permet point que notre repos soit troublé par la malignité des esprits infernaux. Ils n'ont point la liberté de tromper les hommes, ni d'établir l'erreur par des prestiges, puisque nous n'en voyons aucun exemple certain dans l'Histoire. Nous convenons qu'il y a eu de la magie, des possessions, des maléfices, des illusions opérées par le Démon ; mais aucune de ces œuvres de ténèbres n'a été exécutée directement pour confirmer une fausse doctrine, & pour concilier la croyance des peuples à un imposteur.

Il seroit donc inutile d'entrer dans aucune discussion sur le pouvoir naturel des esprits malins : nous ferons voir que l'on ne peut, sans absurdité, soupçonner qu'ils aient eu aucune part aux miracles opérés pour établir la révélation.

§. III.

3°. La constance & la stabilité des loix physiques de la nature nous sont connues, non seulement par l'expérience, mais

DE LA VRAIE RELIGION. 37

encore par l'immutabilité des loix morales. L'ordre moral ne pourroit subsister parmi les hommes, si l'ordre physique étoit sujet à des interruptions fréquentes : s'il n'y avoit rien de certain dans la nature, il n'y auroit rien d'assuré dans la société, dans nos engagemens, dans nos devoirs. Il est démontré qu'il n'y a aucune loi possible dans la nature en vertu de laquelle un mort puisse être rendu à la vie, parce que la résurrection devenue naturelle, changeroit nécessairement l'ordre de la société, renverseroit l'idée que Dieu a donnée à tous les hommes des suites éternelles de la mort, anéantiroit le droit de succession établi sur ce fondement. Je ne suis pas moins convaincu qu'en vertu d'aucune loi physique une vierge ne peut être mere, parce que ce miracle, devenu naturel, donneroit atteinte aux loix du mariage, qui est un des principaux liens de société. Si, par une loi physique inconnue, mais possible à connoître, de simples paroles pouvoient guérir toutes les maladies, nous nous relâcherions sûrement beaucoup dans le soin que nous devons avoir de notre conservation & de celle d'autrui. Si, par une autre loi physique, un homme pouvoit marcher sur les eaux, voler dans les airs, pénétrer les autres corps ; quelles barrieres pourroient assurer notre vie & notre repos ? Si le cours des astres pouvoit être naturellement suspendu ; quelle regle aurions-nous pour distinguer les temps, pour arranger nos devoirs, pour mettre de l'ordre dans la société humaine ? ainsi du reste. La même sagesse, la même bonté, la même providence, qui veut que je sois assuré de mon état, de mes obligations, de ma destinée, est mon garant de la certitude des loix physiques.

Il y a un Dieu ; c'est lui qui a créé le monde, qui en a réglé l'ordre pour le bien des créatures : donc cet ordre est naturellement immuable, il ne peut être changé que par celui qui l'a établi. Depuis Adam jusqu'à nous, a-t-on découvert quelque nouvelle loi physique qui ait introduit un nouvel ordre moral, qui ait donné quelque atteinte à la regle inviolable des mœurs ?

On dira peut-être que nous ne connoissons pas assez la liaison qu'il y a entre les loix physiques & les loix morales, pour appercevoir quel effet la suspension de telle loi physique peut avoir à l'égard de la regle des mœurs : quand un homme sauroit multiplier des pains, par exemple, on ne voit pas quel inconvénient il en résulteroit pour la société.

Je réponds d'abord qu'il en résulteroit la cessation du travail auquel Dieu a condamné l'homme, & la cessation du commerce entre les nations. D'ailleurs, si un seul homme avoit ce pouvoir, ce seroit une exception unique sur la totalité du genre humain, par conséquent un pouvoir surnaturel & miraculeux; il seroit absurde de supposer qu'une exception unique aux loix physiques qui déterminent le degré des forces humaines, est naturelle, ou un effet de ces mêmes loix physiques.

§. IV.

Quand même il y auroit lieu de douter si telle opération déroge aux loix physiques ou aux loix morales, nous sommes toujours suffisamment rassurés par la sagesse & la bonté divine. Nous savons certainement qu'un Dieu bon & sage n'accordera jamais à aucun homme un pouvoir assez éclatant sur la nature, pour qu'il paroisse lui commander en maître souverain, surtout lorsqu'il y auroit un danger inévitable de séduction. Dieu, qui a donné à l'homme des connoissances très-bornées

& une confiance entiere aux loix physiques, ne permettra jamais qu'un imposteur ou un visionnaire puisse les déranger, même en apparence, jusqu'à un certain point, pour induire les hommes en erreur.

C'est donc se tromper dans le principe, que d'envisager les miracles uniquement du côté des loix physiques ; on ne doit pas faire moins d'attention à l'influence qu'il peut avoir sur les mœurs. Telle loi physique ne paroît tenir en rien à l'ordre de la société : donc Dieu peut permettre qu'elle soit dérangée en toutes circonstances: la conclusion est fausse. Dieu ne le permettra certainement point, lorsqu'il y auroit un danger inévitable de séduction, eu égard au génie, aux connoissances, aux dispositions particulieres de ceux qui en sont témoins.

Par une autre conséquence, lorsque la sagesse divine a résolu d'établir un nouvel ordre moral, de m'imposer de nouvelles obligations, de m'assujettir à de nouvelles loix, de détruire un faux culte pour en introduire un plus pur, elle agit réguliérement en m'avertissant de ses volontés par une interruption momentanée & frappante de ces mêmes loix, dont, excepté ce cas, Dieu ne change jamais le cours.

Je suis forcé de juger qu'un homme qui a reçu le pouvoir de faire des miracles, est véritablement envoyé de Dieu pour m'annoncer ses volontés, lorsque d'ailleurs il réunit les autres caracteres dont nous avons parlé.

Nous ne prétendons point décider par-là que Dieu ne peut faire des miracles, si ce n'est lorsqu'il s'agit d'établir un nouveau culte, ou d'empêcher la ruine de la vraie Religion. Dieu, qui a pourvu avec magnificence aux besoins physiques des créatures, peut aussi leur fournir dans l'ordre moral des secours surabondans. Maître absolu de ses dons naturels & surnaturels, il les distribue comme il lui plaît ; ce n'est point à nous de disputer sur sa conduite. Nous soutenons seulement que la nécessité & l'utilité des miracles opérés pour établir la révélation, forme une preuve de plus en leur faveur, & une raison de plus contre les objections des Incrédules. Quand même quelques-unes de ces objections seroient solides contre les miracles que Dieu continue de faire dans le sein de la vraie Religion, elles n'auroient aucune force contre ceux qu'il a opérés pour l'établir. Or, c'est de ceux-ci principalement que nous avons à parler ;

l'examen des autres n'entre point dans la question que nous traitons actuellement.

§. V.

4°. " Dieu, dit Saint Augustin, est
» invisible à nos yeux, & à force de
» voir les miracles continuels par les-
» quels il gouverne le monde & con-
» serve ses créatures, nous n'en sommes
» plus touchés : à peine se trouve-t-il
» quelques méditatifs qui fassent attention
» aux merveilles de la végétation & de
» la reproduction des plantes. Il a donc
» fallu que Dieu, par un trait de miséri-
» corde, se réservât certaines œuvres sin-
» gulieres, inusitées & contraires au cours
» ordinaire de la nature, pour réveiller
» l'attention des hommes, quand il le
» juge à propos, & leur faire entendre sa
» voix. C'est un plus grand miracle d'en-
» tretenir l'ordre & la vie dans l'univers
» entier, que de rassasier cinq mille hom-
» mes avec cinq pains : nous ne sommes
» point étonnés du premier, parce qu'il
» est continuel ; nous admirons le second,
» non pas parce qu'il est plus grand,
» mais parce qu'il est plus rare (a) ". Si

(a) S. Aug. Tract. 24, in Joan. n. 1.

Dieu n'avoit accordé à l'homme la fécondité par une volonté particuliere, il lui seroit aussi impossible de donner la naissance à un enfant, que de ressusciter un mort. On comprend moins comment une goutte de sang peut devenir un homme, que comment un corps qui a cessé d'être animé peut être animé de nouveau. Il n'y a pas plus de connexion physique entre un son articulé, & l'idée qu'il excite en moi, qu'entre une parole & la guérison d'un malade. Le premier phénomene arrive à tout moment, & nous le regardons comme naturel; le second est très-rare, & c'est un miracle. Le décret de Dieu, qui a voulu que l'un fût continuel, & que l'autre fût réservé pour certaines occasions importantes, fait toute la différence entre l'un & l'autre.

L'ordre de la nature, tel qu'il nous est connu par le témoignage de nos sens, est l'effet d'une volonté libre du Créateur : Dieu auroit pu établir dans ses ouvrages un ordre physique tout autre, & des loix différentes, s'il l'avoit voulu. Nous avons démontré ailleurs, que la prétendue nécessité de toutes choses est un rêve des Matérialistes, que le bons sens désavoue. A plus forte raison, Dieu peut interrompre le cours de cet ordre dans tel ou tel cas particulier, & à l'égard de telle ou telle portion de matiere. Tout lui est également facile; un seul acte de sa volonté suffit; vingt miracles ne lui coutent pas plus qu'un seul.

Si l'on distingue des miracles qui sont plus difficiles ou plus surnaturels les uns que les autres, des miracles du premier ou du second ordre, cela doit s'entendre relativement aux forces de l'homme; à l'égard de Dieu, tous sont égaux. L'homme n'en peut faire aucun, à moins que Dieu ne lui en donne le pouvoir; il ne peut pas plus déroger à une loi particuliere de la nature, qu'à une loi générale. Tout ce qui est au dessus de la puissance humaine, & qui est opéré par un homme, est un vrai miracle.

§. VI.

5°. Il seroit absurde de supposer que Dieu fait des miracles sans dessein, sans raison, sans un motif important; il n'agit point au hasard, uniquement pour étonner ou pour tromper les hommes. Mais il convient à sa sagesse éternelle d'interrompre d'une maniere éclatante, & dans un cas particulier, l'ordre de la nature, lorsque c'est l'unique moyen d'éclairer, de convertir, de corriger le genre humain, d'arrêter le torrent des erreurs & des vices, de maintenir sur la terre la connoissance du vrai Dieu, d'y rétablir la vraie Religion, ou d'en prévenir la ruine. L'ordre physique a été établi de Dieu pour le bien de l'humanité, & pour servir de base à l'ordre moral ; il est relatif à nos besoins & à nos devoirs : nous l'avons prouvé. Lorsque la constance même de cet ordre est devenue un piége pour les hommes aveugles & corrompus, lorsqu'ils n'y trouvent plus qu'un objet d'idolâtrie ; quel moyen plus propre à les détromper, que de leur démontrer que cet ordre est soumis à une volonté toute puissante qui peut le changer ? Pour ouvrir les yeux à des peuples stupides qui méconnoissent Dieu dans ses ouvrages, il faut leur prouver qu'il est le maître souverain de la nature. L'interruption momentanée de l'ordre physique est nécessaire pour lors au rétablissement de l'ordre moral ; Dieu, en se servant de ce moyen, agit conséquemment ; sa sagesse ne se dément point, elle suit un plan raisonné, conforme à la nature des choses.

S'il y a un objet auquel la Providence

s'intéresse, c'est sans doute la conversion & le salut de plusieurs millions d'hommes. Lorsqu'ils sont tous tombés dans l'aveuglement, il est impossible de les en tirer, sans un miracle opéré sur les esprits ou sur les corps. Qu'un million d'Idolâtres changent tout à coup d'idée & de croyance en vertu d'une même grace donnée à tous, ce n'est point un phénomene conforme à l'ordre de la nature & à la marche ordinaire des esprits.

Lorsqu'un miracle convertit plusieurs milliers d'hommes, le plus grand prodige n'est pas dans l'interruption de la marche des corps, mais dans la révolution qu'il produit sur les volontés. On peut voir des miracles, & persévérer encore dans l'erreur qui favorise les passions ; plusieurs en ont vu, & ne se sont pas convertis.

§. VII.

Les Philosophes, qui disent qu'il est plus aisé à Dieu de changer les esprits & les cœurs de tous les hommes, que de faire un miracle, n'entendent pas les termes, & tombent en contradiction ; lorsqu'ils assurent que s'ils voyoient des miracles ils changeroient de sentiment, ils nous en imposent. Ils diroient que les sens peuvent nous tromper, que ces miracles prétendus sont peut-être des effets naturels, que nous ne connoissons ni toutes les loix, ni toutes les forces de la nature, &c.; ils le disent déjà. Quand ils pourroient voir des miracles, ils fermeroient les yeux, plutôt que de démordre de leurs opinions. Les merveilles de la nature ne convertissent point les Matérialistes; des prodiges surnaturels ne produiroient pas plus d'effet sur l'esprit & sur le cœur des Déistes.

6°. Lorsqu'il a plû à Dieu de faire des miracles pour établir une religion, il est indécent & contraire au bon sens de disputer encore sur la maniere & sur les circonstances, & de vouloir que Dieu nous rende raison de sa conduite. Pourquoi n'en a-t-il pas fait autant dans tous les lieux & chez toutes les nations? Pourquoi les faire chez les Egyptiens ou chez les Juifs, plutôt que chez les Chinois? Pourquoi ne les renouvelle-t-il point parmi nous? &c. Toutes ces questions & ces plaintes sont aussi absurdes que celles des Matérialistes contre l'ordre de la nature. Pourquoi créer quatre élémens au lieu d'un? Dieu pouvoit opérer par un seul les mêmes effets que produisent les trois autres. Pourquoi nous assujettir à prendre de la nourriture, afin de nous conserver ? Dieu pouvoit nous faire vivre d'air, nous faire subsister par la respiration seule, &c. Il n'est pas un seul être dans l'univers sur lequel une Philosophie insensée ne puisse gloser à perte de vue : ce seroit perdre le temps que de répondre à ces raisonneurs téméraires ; il faut les renvoyer à la fable du Gland & de la Citrouille.

En rassemblant toutes les objections imaginables contre les miracles, les Déistes ont frayé le chemin aux Sceptiques & aux Matérialistes. Ils ont soutenu d'abord, que les miracles ne pouvoient être constatés par les mêmes preuves que les événemens naturels, que l'on ne peut en avoir aucune certitude ; ils ont prétendu ensuite que les miracles sont contraires à la sagesse & à la providence divine ; enfin ils ont dit que les miracles sont impossibles, parce que le cours de la nature est nécessaire, immuable, & dérive de l'essence des choses : c'est le système de Spinosa.

Dans la dissertation sur les différentes espèces de certitude, nous avons fait voir que les mêmes preuves qui suffisent pour
rendre

DE LA VRAIE RELIGION. 49

rendre croyable un fait naturel, suffisent aussi pour fonder la certitude d'un fait surnaturel ou d'un miracle. Nous avons répondu pour lors à plusieurs objections des Déistes; les principes que nous venons d'établir suffisent pour résoudre toutes les autres.

§. VIII.

Les Athées qui n'admettent ni Dieu ni Providence, se contredisent, lorsqu'ils soutiennent l'impossibilité des événemens surprenans que nous appelons miracles (a). Ils disent que « nous ne savons pas si la » nature n'est point occupée à produire » des êtres nouveaux à l'insçu de ses ob- » servateurs, à faire éclore des généra- » tions toutes nouvelles, qui n'auront » rien de commun avec celles des especes » qui existent à présent; que l'univers » entier n'a pas été dans son éternelle du- » rée antérieure rigoureusement le même » qu'il est, & qu'il n'est pas possible que » dans son éternelle durée postérieure il » soit à la rigueur un instant le même » qu'il est. Comment donc prétendre de- » viner ce que la succession infinie de

_____
(a) Syst. de la Nat. tome I, c. 5, p. 61.

Tome V.   C

« destructions & de reproductions, de
» combinaisons & de dissolutions, de
» métamorphoses, de changemens, de
» transpositions, pourra dans la suite
» amener (a) « ?

Selon cette doctrine, nous ne pouvons répondre ni de ce qui est arrivé autrefois, ni de ce qui peut arriver aujourd'hui; dès qu'il n'y a aucun ordre établi dans la nature par une Intelligence suprême, aucun fait ne peut être contraire à l'ordre de la nature, aucun n'est impossible ni incroyable. Nous ne savons pas si, en vertu de quelque combinaison cachée & de causes inconnues, la parole de Moïse n'a pas pu produire les plaies de l'Egypte, séparer les eaux de la mer Rouge, faire tomber la manne, tirer une source d'eau vive du sein d'un rocher. Nous ignorons si, par une révolution subite, un homme ne peut pas être capable de multiplier des pains par une simple volonté, de guérir les malades, de ressusciter les morts. Les Métamorphoses d'Ovide sont peut-être des événemens réels ; nous ne connoissons point l'essence des êtres, & il ne nous appartient point de borner les forces de

---

(a) Syst. de la Nat. c. 6, p. 86.

DE LA VRAIE RELIGION. 51
la nature (*a*). Ceux qui croient que la pourriture peut engendrer des animaux sans germe, ont très-mauvaise grace de soutenir que la parole de Moïse n'a pas pû faire naître des mouches & des grenouilles.

Déjà Bayle a démontré autrefois à Spinosa, que s'il vouloit raisonner conséquemment, il ne pouvoit nier ni les esprits, ni les lutins, ni les revenans, ni les démons, ni les enfers, ni les miracles (*b*).

§. IX.

D'autre côté, un Sceptique nous avertit, „qu'en raisonnant *à priori*, il nous
„ paroîtra que toute chose peut produire
„ toute chose; la chute d'un caillou peut
„ éteindre le soleil, au moins nous ne
„ sommes pas sûrs du contraire, & la
„ volonté de l'homme peut arrêter les
„ planetes dans leur course. Il n'y a
„ que l'expérience qui puisse nous ap-
„ prendre la nature des causes & des
„ effets, & leurs limites (*c*) "; mais une

───────────────────

(*a*) Syst. de la Nat. tome II, c. 5, p. 64.
(*b*) Dict. Crit. *Spinosa*, Q, R, T.
(*c*) Hume, 12ᵉ. Essai sur l'Entend. hum. p. 337.

expérience aussi bornée que la nôtre n'est dans le fond qu'une ignorance : sommes-nous bien fondés à juger qu'une chose est impossible, parce que nous ne l'avons jamais vue ? C'est imiter les habitans de Sumatra, qui décideroient que l'eau ne peut pas devenir solide, parce qu'ils n'ont jamais vu de glace, ou faire comme les aveugles-nés, qui jugent impossibles les phénomenes de la lumiere, parce qu'ils ne les ont jamais vus.

On repliquera sans doute, que, selon l'hypothese des Matérialistes, quand il se feroit des miracles, ils ne prouveroient rien ; nous en convenons : mais il n'est pas moins vrai que ces Philosophes déraisonnent, lorsqu'ils soutiennent l'impossibilité des miracles ; ils contredisent leurs propres principes & ceux des Sceptiques, qu'ils sont incapables de réfuter. Rien n'est impossible que ce qui renferme contradiction : a-t-on jamais prouvé qu'un miracle soit contradictoire ? Peut-on démontrer qu'il est contraire à l'essence des choses, pendant que l'on est forcé d'avouer que cette essence nous est inconnue ?

Les Déistes qui admettent un Dieu, artisan du monde, & auteur des loix physiques, sont donc les seuls qui puissent argumenter contre les miracles : mais s'ils vouloient être d'accord avec eux-mêmes, ils se trouveroient fort à l'étroit. 1°. Il est absurde de dire qu'un miracle ne peut être constaté par aucune preuve ; tout fait sensible peut être prouvé : & si Dieu peut faire un miracle, il peut aussi le rendre sensible ; autrement le miracle seroit inutile. 2°. Ils sont obligés de démontrer que Dieu, en établissant l'ordre physique, s'est ôté la liberté d'y déroger jamais, qu'il est indigne de lui d'employer ce moyen pour instruire les hommes. Nous attendons vainement cette démonstration.

Déjà les Matérialistes argumentent contre eux. Ils disent que les Déistes qui admettent un Dieu incompréhensible, une Providence inconcevable, la création qui est le plus grand des prodiges, ont tort de rejeter aucun miracle ; qu'en partant de l'hypothese du Déisme, on n'a aucun fondement de révoquer en doute les effets de la puissance divine, ni les desseins qu'elle peut se proposer ; qu'à tout prendre, les superstitieux sont mieux d'accord avec leurs principes, que les Déistes (a) : ainsi, par leurs divisions &

(a) Syst. de la Nat. tome II, c. 7, p. 216 & suiv.

leurs combats, nos adversaires mettent au grand jour l'inconstance de leur doctrine & l'absurdité de leurs raisonnemens; ils préparent malgré eux le triomphe de la vérité.

§. X.

Selon l'Auteur des Questions sur l'Encyclopedie, on a nommé *miracle* ce qui est impossible à la nature : mais qu'est-ce que la nature, dit-il, sinon l'ordre éternel des choses ? Un miracle seroit donc impossible dans cet ordre ; en ce sens Dieu ne peut faire des miracles (a).

Ce Philosophe, qui ordonne de définir les termes, devoit expliquer lui-même ce qu'il entend par l'*ordre éternel des choses*. Puisque l'*ordre* est essentiellement le procédé d'une intelligence, comme nous l'avons démontré, l'ordre de la nature est tel qu'il a plu à Dieu de l'établir par la création. Il est *éternel* dans le sens que Dieu l'a connu & voulu de toute éternité ; mais il a aussi voulu & prévu de toute éternité, les cas dans lesquels il seroit sage & utile d'interrompre cet ordre à l'égard de tels ou tels êtres. Dans ce sens,

---

(a) Quest. sur l'Encyclop. *Miracle*.

un miracle rentre dans l'ordre éternel des choses, ou dans les desseins de Dieu conçus & formés de toute éternité. Il ne s'ensuit pas qu'un miracle soit dans l'ordre commun de la nature, ou selon le cours ordinaire de la nature, tel qu'il est établi & connu par expérience dès la création.

Lorsque Dieu a voulu l'établir, ce n'a pas été par besoin, il n'y étoit forcé par aucune nécessité, il pouvoit en établir un autre ; il lui a donc été libre de vouloir le suspendre ou l'interrompre à l'égard de tels ou tels êtres, quand il le jugeroit à propos.

Nous n'entendons point par *miracle* un effet dont nous ne pouvons voir la cause. Nous ne connoissons point la cause de l'attraction, du magnétisme, de la renaissance des têtes dans les limaçons, de la génération même d'aucun animal ; cependant ce ne sont point là des miracles, parce que ce sont des phénomenes constans & ordinaires qui se reproduisent toutes les fois que les circonstances sont les mêmes : un miracle, au contraire, ne se reproduit point à la volonté de celui qui en fait l'essai.

Selon l'opinion vulgaire, continue le même Auteur, un miracle est ce qui n'est jamais arrivé & ce qui n'arrivera jamais; voilà l'idée que l'on se forme des dix plaies de l'Egypte, du soleil arrêté, &c.

Telle est sans doute l'idée que s'en forment les Incrédules, telle est leur opinion vulgaire : mais les hommes sensés, qui croient que Dieu est le maître souverain de la nature, jugent aussi qu'il a pu produire les dix plaies de l'Egypte, arrêter le soleil, & opérer tous les autres miracles rapportés dans les Livres Saints, & que ces faits sont véritablement arrivés.

Les sophismes des Incrédules ont donné lieu à quelques Théologiens de demander si un miracle ne peut pas être l'effet d'une *loi inconnue* de la nature, & de subtiliser très-inutilement sur cette question ; ils s'en seroient peut-être épargné la peine, s'ils étoient convenus des termes.

§. XI.

Qu'entend-t-on par *une loi* de la nature, quelle en est la source ? La volonté de Dieu. Lorsqu'il arrive une exception à cette loi, quel en est le principe ? La volonté de Dieu. C'est en vertu de la volonté du Créateur que le soleil paroît régulièrement sur l'horizon pendant douze heures, plus ou moins ; c'est encore en vertu de sa volonté que le soleil y a paru une fois pendant vingt-quatre heures, à la parole de Josué. Par un effet de la volonté générale & constante de Dieu, le jour ordinaire est d'environ douze heures; par l'effet d'une volonté particuliere, le jour du combat de Josué fut de vingt-quatre heures. Nous appelons la premiere volonté *une loi de la nature*, parce qu'elle est constante, qu'il en résulte des effets uniformes, réguliers, qui se succedent depuis six mille ans, qui ont été vus & connus comme tels. Pouvons-nous appeler de même une volonté momentanée, qui a produit un phénomene unique, contraire à ce qui avoit été vu & observé depuis la création ? Il nous paroît que cette seconde volonté est *une exception* ou une dérogation à la loi, & que l'on ne peut la nommer *loi inconnue* sans abuser du langage & confondre toutes les notions.

La volonté de Dieu n'est regardée comme *loi de la nature*, qu'autant que les hommes en ont vu & connu les effets & l'observation par expérience, c'est-à-dire, par le témoignage constant de leurs sens : tout ce qui arrive de contraire à cette marche ordinaire, n'est plus censé l'effet de cette volonté générale; c'est une exception, ou l'effet d'une volonté particuliere.

Le terme de *loi* dans la nature est évidemment emprunté des loix humaines. Ce que le Législateur a établi pour être l'usage constant & ordinaire de la société, est sans doute l'objet de la loi ; lorsqu'il juge à propos d'y faire une exception dans un cas particulier, quand même il l'auroit annoncé d'avance, ce n'est plus l'effet de la loi, mais d'une volonté particuliere ; ce n'est point une loi nouvelle contraire à la premiere, mais une dérogation. Pourquoi porter dans l'examen des loix de la nature un langage qui paroîtroit absurde, quand on parle des loix morales ou civiles ?

Un phénomene nouveau, tel que l'électricité ou la renaissance des têtes de limaçons, n'est pas un miracle, quoiqu'il n'ait pas été vu & observé autrefois, parce qu'il n'est pas contraire à ce qui a été vu & observé. Ce phénomene est constant aussi bien que les autres, il se renouvelle toutes les fois que l'on réitere les expériences avec les mêmes précautions ; il n'en est pas de même d'un miracle.

Il est donc impossible qu'il y ait dans la nature une loi inconnue contraire aux loix connues; alors celles-ci ne seroient plus des loix : il est absurde qu'un Dieu sage ait établi dans la nature des *loix*, c'est-à-dire, des *volontés générales* contradictoires, connues ou inconnues. Que diroit-on d'un Législateur qui porteroit en même temps deux loix générales opposées, dont l'une détruiroit l'autre ? De même qu'en fait de loix humaines une dérogation faite à la loi, dans un cas singulier & pour de bonnes raisons, n'est pas une contradiction ; ainsi dans la nature, lorsque Dieu déroge à une loi générale par une volonté particuliere & pour de justes causes, ce n'est pas non plus une contradiction : ce n'est pas même un changement de volonté, puisque le cas est prévu & résolu de toute éternité, aussi bien que la loi.

On allegue un passage de Saint-Augustin, qui dit que les miracles ne se font point contre la nature, mais contre la connoissance ou l'expérience que nous avons de la nature : *miracula non fiunt contrà naturam, sed contrà quam nota est natura* (a). Nous le pensons de même. Un miracle n'est point contraire à la volonté par la-

―――――――――――――――

(a) De Civit. Dei, l. XXI, c. 8.

quelle Dieu a réglé le cours de la nature, parce qu'en le réglant il a prévu & voulu le cas particulier dans lequel il trouveroit bon d'y déroger. Une dérogation à la loi, faite par le Législateur lui-même, n'est certainement pas contraire à la volonté de ce Législateur. C'est ainsi que s'en explique Saint-Augustin : *Quomodò est contrà naturam quod fit Dei voluntate, cùm voluntas tanti utique conditoris conjitæ cujusque rei natura sit ?* Mais Saint Augustin ne s'est pas avisé d'appeler *loi inconnue de la nature*, une volonté qui déroge à la loi ou à la volonté générale qui a réglé le cours de la nature.

Abuser des termes, confondre les notions, est un mauvais expédient pour réfuter les Incrédules ; tous leurs sophismes ne sont fondés que sur cet abus.

§. XII.

Sans prévoir les conséquences, sans se mettre en peine des contradictions, ils ont répété les objections de Spinosa contre les miracles. Ce mauvais raisonneur ne fonde ses argumens que sur le système absurde dont il est l'auteur. Selon lui, il n'y a qu'une seule substance ; l'étendue & la pensée en sont deux attributs,

& cette substance est Dieu : les loix de la nature sont donc l'essence même de Dieu; elles sont éternelles & immuables; tous les phénomenes en sont une conséquence nécessaire (*a*). Il n'y a point d'agent dans la nature, tous les êtres sont passifs; l'univers n'est qu'une chaîne de causes & d'effets nécessaires qui remonte à l'infini. Nous avons fait voir que ce rêve n'est appuyé que sur des équivoques, & sur un abus continuel des termes.

Premiere Objection. Selon Spinosa & ceux qui l'ont copié, les miracles seroient de la part de Dieu une marque de changement & d'impuissance.

» Il s'ensuivroit, dit-il, que Dieu au-
» roit créé une nature si impuissante &
» dont les loix seroient si stériles, que
» pour la conserver & faire réussir toutes
» choses à sa volonté, il seroit souvent
» obligé de l'aider d'un nouveau secours.
» L'Ecriture même nous enseigne que les
» loix de la nature sont inviolables (*b*) ".
L'Auteur du Dictionnaire Philosophique est de même avis. » Un miracle, selon
» lui, est la violation des loix mathéma-

(*a*) Traité Théologico-Polit. c. 6, p. 153 & suiv.
(*b*) Ibid. p. 155, 183.

» tiques, divines, immuables, éternelles.
» Par ce seul exposé, un miracle est une
» contradiction dans les termes.... Il est
» impossible que l'être infiniment sage ait
» fait des loix pour les violer. Il ne pour-
» roit déranger sa machine que pour la
» faire mieux aller.... Quelle raison le
» porteroit à défigurer pour quelque temps
» son propre ouvrage?... Il est absurde
» de supposer que Dieu n'a pas pu par-
» venir par la fabrique de l'univers, par
» ses décrets, par ses loix éternelles, à
» remplir un certain dessein, & qu'il est
» forcé de les déranger pour venir à bout
» de son projet.... Attribuer à Dieu des
» miracles, c'est lui dire, vous êtes un
» être foible & inconséquent (a) ».

Réponse. Tous nos Philosophes n'ont pas pensé de même. » Dieu peut-il faire
» des miracles? demande l'Auteur d'E-
» mile; c'est-à-dire, peut-il déroger aux
» loix qu'il a établies? Cette question
» sérieusement traitée seroit impie, si
» elle n'étoit absurde. Ce seroit faire trop
» d'honneur à celui qui la résoudroit

(a) Dict. Philos. *Miracles.* Christian. dévoilé, c. 6, p. 69 & 75. Philos. de l'Hist. c. 33. 2e. Lettre à Eugénie, p. 43. Le bon Sens, §. 129, &c.

» négativement, que de le punir; il suffi-
» roit de l'enfermer. Mais aussi quel
» homme a jamais douté que Dieu pût
» faire des miracles? Il falloit être Hébreu
» pour demander si Dieu pouvoit dresser
» des tables dans le désert (a).

L'Auteur envoie donc aux Petites-Maisons Spinosa & tous les Matérialistes, dont il emprunte néanmoins les objections. Selon lui, il est absurde de douter si Dieu peut faire des miracles ; selon eux, il est absurde de supposer que Dieu en peut faire : où en sommes-nous ?

Si nous en croyons ces nouveaux Hébreux, un miracle est la violation des *loix mathématiques*; ou ces termes ne signifient rien, ou il s'ensuit que si Dieu faisoit un miracle, deux & deux ne seroient pas quatre. Nous leur serions très-redevables, s'ils avoient bien voulu démontrer cette conséquence. Un miracle déroge pour quelques momens à une *loi physique*; quant aux *loix mathématiques*, nous ne savons pas ce que c'est.

Les *loix physiques* de la nature sont *divines*, puisque c'est Dieu qui les a établies ; mais il les a établies librement ;

―――――――――――――――――――――
(a) 3e. Lettre écrite de la Montagne, p. 87.

il pouvoit mettre dans la nature un ordre différent, & des loix contraires à celles que nous voyons; il peut donc encore y déroger pour des raisons sages. Les loix physiques ne sont point *immuables* dans le même sens que les loix morales; Dieu ne pourroit violer celle-ci sans déroger à ses perfections infinies, dont ces loix sont une conséquence nécessaire : les loix physiques au contraire sont un effet de la volonté de Dieu libre & indépendante : il a fait le monde tel qu'il est, parce qu'il l'a voulu, & il ne tenoit qu'à lui de le construire autrement. Les loix physiques ne sont donc *immuables* qu'à l'égard des créatures qui n'ont pas le pouvoir de les changer; elles ne le sont point à l'égard de Dieu, qui en est toujours le maître. S'il y a une vérité clairement établie dans l'Ecriture Sainte, c'est que Dieu a le pouvoir de faire des miracles, & qu'il peut le communiquer aux hommes.

Les loix physiques sont *éternelles* dans ce sens, que Dieu les avoit prévues & résolues de toute éternité; mais elles n'ont eu leur exécution qu'à la création du monde. Dieu a prévu de même & a résolu de toute éternité les miracles, ou les interruptions qu'il se proposoit de faire à ces loix dans la suite des siecles : il n'est donc pas vrai que Dieu, en faisant des miracles, ait changé de dessein ou de projet, qu'il soit inconstant ou inconséquent. Lorsqu'un homme forme le dessein d'aller à Paris, & en même temps de s'écarter de la route à tel endroit, pour la regagner ensuite, il ne dérange rien dans son dessein d'arriver à Paris.

On parle très-improprement, quand on dit qu'un miracle viole, dérange, interrompt, change, bouleverse les loix de la nature; il ne fait que suspendre l'effet particulier d'une de ces loix, le reste de l'univers va son train comme auparavant. Lorsque Dieu sépara les eaux de la Mer rouge & les tint suspendues, comme deux murs à droite & à gauche pour donner passage aux Israélites, les eaux par-tout ailleurs ne perdirent ni leur niveau, ni leur fluidité. Il est donc faux que par ce miracle Dieu ait dérangé sa machine, ni défiguré son propre ouvrage : toutes ces expressions des Incrédules ne sont qu'un abus des termes.

§. XIII.

Mais sans toucher aux loix de la nature, sans en suspendre l'effet, sans avoir recours à aucun miracle, Dieu ne peut-il pas persuader aux hommes & leur faire vouloir tout ce qu'il lui plaît (a) ?

Réponse. Nous avons déja montré que quand il est question d'un fait qui n'est pas sensible, ou d'une volonté à laquelle les passions humaines s'opposent, Dieu ne peut sans miracle les persuader unanimement à une grande multitude de peuple. Déterminer deux millions d'hommes à croire que Moïse est l'envoyé de Dieu, que ses loix sont la volonté de Dieu, sans qu'aucun signe extérieur le prouve, ce seroit un miracle sans doute, mais miracle contraire à la sagesse divine.

1°. Selon le cours de la nature, une multitude d'hommes ont des opinions, des préjugés, des inclinations, des intérêts différens; les déterminer tous au même instant à recevoir, d'un concert unanime, une doctrine, des loix, une police, qu'ils n'avoient jamais connues, ce seroit un plus grand prodige que les plaies d'Egypte & le passage de la Mer rouge. Qu'un homme change d'opinion & de

───────────────

(a) Emile, tome III, p. 130. Christian. dévoilé, p. 73. Militaire Philos. c. 8, p. 102. 2e. Lettre à Eugénie, p. 43. Esprit du Judaïsme, &c.

volonté par une suite d'événemens, de motifs, de réflexions, c'est la marche ordinaire de l'humanité; qu'un peuple entier se trouve métamorphosé subitement, croie ce qu'il ne croyoit pas, veuille ce à quoi il ne pensoit pas, suive une impulsion générale, sans aucun motif sensible; cela n'est plus dans la nature. Il y a des loix pour les esprits aussi bien que pour les corps; lorsque Dieu déroge aux unes ou aux autres, c'est toujours un miracle.

2°. Une pareille révolution dans les esprits & dans les cœurs, opérée sans aucun motif visible, seroit indigne de Dieu; il donneroit à tout un peuple une persuasion unanime qui ne seroit fondée sur rien, qui ressembleroit à l'enthousiasme & à la folie. Dieu ne fait point usage de sa puissance pour rendre insensés deux millions d'hommes. Si les Israélites avoient reçu Moïse comme envoyé de Dieu, sans qu'il eût prouvé sa mission par aucun miracle palpable, nous serions en droit de dire que la tête leur a tourné, que leur crédulité a été un trait de fanatisme. Un Incrédule même en est convenu (a).

Au lieu de faire des miracles, dit un

_____

(a) Morgan, Moral Philof. tome I, p. 248.

autre, Dieu pouvoit parler lui-même (*a*). Mais est-il selon le cours de la nature que Dieu nous parle immédiatement lui-même ? S'il le faisoit, comme il l'a fait aux Israélites sur le mont Sinaï, ce seroit un miracle. Encore, faudroit-t-il des signes extérieurs pour nous convaincre que c'est Dieu qui nous parle, & non la tête qui nous tourne.

§. XIV.

Deuxieme Objection. « Les miracles,
» loin de prouver l'existence de Dieu &
» sa providence, nous en feroient plutôt
» douter ; l'ordre constant de la nature
» est la plus forte démonstration de cette
» vérité (*b*). C'est cet ordre inaltérable
» qui montre mieux l'Etre suprême ; s'il
» arrivoit beaucoup d'exceptions, je ne
» saurois plus qu'en penser : pour moi,
» je crois trop en Dieu pour croire à tant
» de miracles si peu dignes de lui (*c*). Si
» je voyois le soleil s'arrêter, si tous les
» morts ressuscitoient, si toutes les mon-
» tagnes alloient de compagnie se jeter

(*a*) Le bon Sens, §. 126.
(*b*) Spin. Traité Théol. Polit. c. 6, p. 158, 162.
(*c*) Emile, tome III, p. 134.

» dans la mer, le tout pour prouver quel-
» que vérité importante, je me ferois
» Manichéen, je dirois qu'il y a un prin-
» cipe qui défait ce que l'autre fait (a).
» Quelque frappant que pût être un tel
» spectacle, je ne voudrois pour rien au
» monde en être le témoin; car que sai-je
» ce qu'il en pourroit arriver? Au lieu de
» me rendre crédule, j'aurois grand'peur
» qu'il ne me rendît fou (b) «.

Réponse. Philosophes, rassurez-vous, Dieu ne fait point de miracles pour ceux qui en ont peur.

L'ordre constant de la nature donne lieu aux Matérialistes de conclure que tout est nécessaire: donc les miracles peuvent leur démontrer qu'il y a une Providence. Les Polythéistes jugeoient que les différentes parties de la nature étoient des Dieux: donc leur marche interrompue au nom d'un seul Dieu, démontroit l'erreur du Polythéisme.

On nous dit que si tous les miracles de la Bible étoient vrais, il est impossible qu'il fût encore resté des Incrédules sur la terre; cependant en voici qui décla-

---

(a) Dict. Philos. *Miracles.*
(b) 3e. Lettre écrite de la Montagne, p. 94.

rent que s'ils voyoient des miracles, ils se feroient Manichéens, ou deviendroient fous, plutôt que de devenir crédules; ils vérifient donc par leur exemple l'incrédulité des anciens, malgré les miracles.

Mais l'Auteur d'Emile se réfute lui-même. » Qu'un homme, dit-il, vienne » nous tenir ce langage : Mortels, je vous » annonce la volonté du Très-Haut, re- » connoissez à ma voix celui qui m'envoie. » J'ordonne au soleil de changer sa course, » aux étoiles de former un autre arrange- » ment, aux montagnes de s'applanir, » aux flots de s'élever, à la terre de pren- » dre un autre aspect : à ces merveilles, » qui ne reconnoîtra pas à l'instant le » Maître de la nature ? Elle n'obéit point » aux imposteurs (a) «. Dans la même page, il dit que c'est l'ordre inaltérable de la nature qui montre le mieux l'Etre suprême; ensuite, à la vue de cet ordre troublé par des miracles, il demande qui ne reconnoîtra pas le Maître de la nature. Ici il déclare qu'à cet aspect, loin de reconnoître le Maître de la nature, il craindroit de devenir fou. Cela pourroit arriver sans miracle.

(a) Emile, tome III, p. 134.

A la vérité, la nature bouleversée sans motif est une supposition très-absurde : mais ce n'est pas ainsi que Dieu a fait des miracles. Ceux de Moïse ont fondé la religion Juive ; ceux de Jesus-Christ & des Apôtres ont établi le Christianisme : les uns & les autres ont fait connoître le vrai Dieu, ont démontré l'absurdité du Polythéisme & des systêmes d'Athéisme, ont servi à instruire & à corriger les hommes. Ce dessein nous paroît assez important ; Dieu l'a exécuté, non en bouleversant la nature, mais en suspendant pour quelques momens quelques-unes de ses loix.

Selon quelques-uns de nos adversaires, Dieu ne peut point faire de miracles, même pour convertir le monde entier ; d'autres disent que s'il en faisoit pour eux ils croiroient ; d'autres déclarent qu'ils ne croiroient pas, qu'ils sont plus sûrs de leur jugement que de leurs yeux (*a*), qu'ils deviendroient fous, &c. Que veulent-ils ? Disputer, s'aveugler, déraisonner. Dieu ne s'y oppose point : mais s'il les rendoit sages, ce seroit un très-grand miracle.

_____

(*a*) Pensées Philos. n. 50.

§. XV.

Troisieme Objection. Nous ne connoissons pas toutes les forces de la nature ; les anciens prenoient pour miracles tous les faits qu'ils n'avoient pas encore vus, & dont ils ne pouvoient rendre raison : l'on peut expliquer, par des causes naturelles, la plupart de ceux qui sont racontés dans l'Ecriture. Elle parle aux Juifs selon leurs préjugés ; souvent elle attribue à l'action immédiate de Dieu les phénomenes purement naturels (*a*).

Puisqu'un miracle est une exception aux loix de la nature, pour en juger, il faut connoître toutes ces loix ; car une seule, qu'on ne connoîtroit pas, pourroit, en certains cas inconnus aux spectateurs, changer l'effet de celles qu'on connoîtroit. Soit donc qu'il y ait des miracles, soit qu'il n'y en ait pas, il est impossible au sage de s'assurer que quelque fait que ce puisse être en est un (*b*).

Réponse. Nouvelle contradiction. L'Auteur d'Emile définit le miracle un chan-

___

(*a*) Spinosa, c. 6, p. 156, 166, 168, 173, 175.
(*b*) Emile, tome III, p. 132. 3e. Lettre, pag. 89 & 100.

DE LA VRAIE RELIGION.

gement *sensible* dans l'ordre de la nature, une exception réelle & *visible* à ses loix; il décide que Dieu peut en faire, & qu'à cette vûe on doit reconnoître le Maître de la nature (a). Ensuite il soutient qu'un miracle ne peut jamais être distingué avec certitude d'un fait naturel, ne peut par conséquent jamais être *visible ni sensible*, encore moins faire reconnoître le Maître de la nature. En commentant Spinosa, il en a fidélement copié toutes les contradictions.

Quelque bornée que soit pour nous la connoissance des loix & des forces de la nature, nous savons certainement que par une seule parole, par un seul acte de sa volonté, par un simple attouchement, un homme ne guérira pas les malades, ne ressuscitera pas les morts, ne divisera pas les mers, &c. qu'il n'y a aucune loi possible dans la nature qui puisse l'en rendre capable: 1°. parce qu'une telle loi donneroit atteinte aux loix morales; nous l'avons prouvé: 2°. parce qu'un homme, revêtu de ce pouvoir, seroit l'arbitre du sort & de la croyance de tout le genre humain; Dieu ne peut pas le permettre.

___

(a) Emile, tome III, p. 135. 3°. Lettre, p. 87.

Tome V.   D

3°. Une prétendue loi inconnue, qui n'agiroit qu'à la volonté & au gré d'un homme, n'est plus une *loi*, mais une exception ou une suspension préméditée des autres loix. Il ne faut point abuser ainsi des termes.

Le doute sur ce que peuvent opérer des loix inconnues, n'a lieu que dans le système des Matérialistes, qui n'admettent ni Dieu ni Providence : dans cette hypothese, il n'y a plus rien de certain dans la nature : nous l'avons démontré ailleurs.

Il est faux que les Juifs aient pris pour des miracles tous les phénomenes qu'ils ne pouvoient pas expliquer. Jamais ils n'ont prétendu expliquer la génération des animaux, le cours des astres, les effets du tonnerre, &c. ils les ont attribués à Dieu comme auteur de la nature, sans les prendre néanmoins pour des miracles. Mais ont-ils dû regarder la production des mouches en Egypte, à la parole de Moïse, comme une génération ordinaire; la mort des premiers-nés, comme une contagion naturelle; la séparation des eaux de la Mer rouge, comme un effet des loix physiques ; la manne du désert, comme une production commune de la nature ? Spinosa, pour prouver sa these,

devoit essayer d'expliquer tous ces phénomenes par des causes naturelles.

§. XVI.

Lorsque l'Ecriture, dit-il, assure que
Dieu, par des prodiges, a prouvé aux
Egyptiens qu'il est le Seigneur & le Maître de toutes choses, cela signifie qu'ils
étoient si grossiers & tellement préoccu-
pés, qu'ils avoient besoin de ces sortes de
signes. Souvent elle attribue à une inspiration de Dieu la conduite ordinaire de
l'humanité; souvent le récit des Ecrivains
sacrés est en style poétique, toutes les circonstances sont exagérées, & quelques-unes
sont supprimées; s'il s'en trouve quelqu'une qui soit visiblement contraire aux
loix de la nature, il ne faut pas douter
qu'elle n'y ait été ajoutée par des mains
sacriléges (a).

L'Auteur d'Emile applique aux miracles de Jésus-Christ ce langage impie &
absurde (b). Selon nos adversaires, les
Ecrivains sacrés ont été tous ou des ignorans qui pensoient & parloient comme

---

(a) Spin. c. 6, p. 166 & suiv. Morgan, tome. I,
p. 250. Christian. dévoilé, c. 6, p. 66.
(b) 3ᵉ. Lettre écrite de la Montagne.

le peuple, ou des fourbes qui ont menti pour une bonne fin quand ils ont parlé de miracles.

Mais Moïse n'étoit point un ignorant, ses écrits en font foi : or, c'est lui qui cite ses propres miracles, qui en prend les Juifs à témoins, qui veut que l'on en conserve l'histoire, qui institue des cérémonies pour en perpétuer le souvenir : il les donne pour preuve de sa mission divine. S'il a exageré les circonstances, s'il a donné des prestiges ou des faits naturels pour de vrais miracles, c'est un imposteur & un scélérat qui a profané le nom de Dieu, qui s'est joué de la religion, qui a profité de la stupidité de sa nation pour s'en rendre le maître. Dieu a-t-il pu se servir d'un tel monstre pour se faire connoître aux Juifs ? On doit dire la même chose des Ecrivains du Nouveau Testament.

Encore une fois, c'est à nos adversaires d'expliquer tous ces faits par des causes naturelles; une verge changée en serpent; des insectes créés par une parole; l'eau d'un fleuve changée en sang; l'Egypte ravagée par des fléaux, à la réserve de la terre de Gessen ; tous les premiers-nés frappés de mort, à l'exception de ceux des Israélites; les eaux de la mer divisées

& élevés comme un mur à droite & à gauche ; la manne qui tombe pendant 40 ans, excepté les jours du Sabbat, &c. Est-ce par stupidité que les Egyptiens & les Juifs ont pris tout cela pour des miracles ?

Quand c'auroient été des événemens naturels, Moïse ne pouvoit les prédire d'avance, en déterminer le jour & l'heure, en fixer l'étendue & la durée, les faire cesser à volonté.

Enfin, toute cette scene étoit prévuë & annoncée depuis quatre cents ans ; les Hébreux s'y attendoient ; elle a donné naissance à leur religion & à leur législation ; elle a préparé de loin l'avénement du Messie & du Christianisme. Ou tout est fabuleux, ou tout est vrai ; une main sacrilége n'a pu y toucher sans tout altérer & tout détruire.

§. XVII.

Quatrieme Objection. Il est impossible de concevoir que Dieu travaille pour quelques particuliers & non pour tout le genre humain ; encore le genre humain est-il bien peu de chose. N'est-ce pas la plus absurde de toutes les folies, d'imaginer qu'en faveur de trois ou quatre centaines de fourmis qui rampent sur ce petit amas de fange, Dieu intervertit le jeu éternel des reſſorts immenſes qui font mouvoir l'univers (a) ?

Il eſt encore plus abſurde que Dieu ſe ſoit révélé à la horde Juive, pendant qu'il a laiſſé dans l'ignorance les Egyptiens, les Chaldéens, les Indiens, les Chinois, &c. Toute révélation particuliere ſeroit un trait de partialité, d'injuſtice, de malignité; elle ſuppoſeroit que Dieu a mis le ſalut à portée d'une ſeule nation, & qu'il en a exclu toutes les autres (b).

Celui qui ſe choiſit un ſeul peuple & proſcrit le reſte du genre humain, n'eſt pas le pere commun de tous les hommes. Y auroit-il de l'équité à ne donner pour toutes lettres de créance à un prétendu envoyé, que quelques ſignes particuliers faits devant peu de gens obſcurs, & dont tout le reſte des hommes ne ſaura jamais rien que par oui-dire ? Dieu, dit-on, a parlé aux hommes ; pourquoi donc n'en ai-je rien entendu ? Pourquoi faut-il des intermédiaires entre Dieu & moi ? Eſt-il

---

(a) Dict. Philoſ. *Miracles.*
(b) Le bon Sens, §. 124. Syſtême de la Nature, tome II, c. 4, p. 119.

simple, est-il naturel que Dieu ait été chercher Moïse, pour parler à Jean-Jacques Rousseau (a) ?

Réponse. Concert admirable entre nos adversaires ! L'un pense que le genre humain ne vaut pas la peine que Dieu s'en occupe ; l'autre se croit un être assez important pour que Dieu soit obligé de lui parler. Celui-ci juge qu'il y a de la folie à douter si Dieu peut faire des miracles ; celui-là soutient qu'il y en a d'imaginer que Dieu intervertit le jeu de l'univers. Un Déiste se fâche, lorsque Dieu fait plus de bien à tel homme qu'à tel autre ; & lui-même croit avoir reçu de Dieu plus d'intelligence & de connoissance de la vérité, que les autres hommes.

1°. Par les miracles de Moïse, Dieu n'a point dérangé le jeu des ressorts de l'univers ; il n'a fait que suspendre, pour quelques momens, l'effet de quelques-unes de ses loix ; ce jeu n'est point éternel, il a commencé à la création. Quand le genre humain ne vaudroit pas mieux que la race des fourmis, Dieu a voulu en être le pere ;

(a) Emile, tome III, p. 130, 133, 138. Lettre à M. de Beaumont, p. 101.

D 4

il n'est donc pas plus indigne de lui de l'instruire, que de lui donner l'être.

Lorsque l'homme oublie Dieu son créateur & son pere, abuse du tableau même de la nature pour se forger des divinités chimériques, méconnoît les devoirs les plus sacrés de la morale; il n'est point encore indigne de Dieu d'en avoir pitié, de prendre le remede dans la source même du mal, d'interrompre pour quelques momens cet ordre physique auquel l'homme ne fait plus attention, ou dans lequel il ne trouve plus qu'un piége pour s'égarer. Quoique cet aveuglement soit volontaire & inexcusable, il n'est jamais indigne de la bonté infinie de faire miséricorde.

Voilà ce que Dieu a fait. En parlant des plaies d'Egypte, il dit: *Alors les Egyptiens sentiront que je suis le Seigneur... J'exercerai mes jugemens même sur les Dieux de l'Egypte.* Pharaon le reconnut pour quelques momens: *Le Seigneur est juste,* dit-il, *mon peuple & moi sommes des impies* (a). Dieu déclare par Ezéchiel, que s'il a fait des miracles en Egypte & ailleurs, c'est pour la gloire de son nom, & pour ap-

―――――――――――――――
(a) Exode, c. 7, ℣. 5 : c. 9, ℣. 27 : c. 12, ℣. 12.

prendre à tous les peuples qu'il est le Seigneur (a). Et l'on vient nous dire qu'il n'a travaillé que pour la horde Juive!

§. XVIII.

Pourquoi n'en a-t-il pas fait autant chez les Indiens, chez les Chinois, &c.? Ces questions, toujours renaissantes, sont absurdes. 1°. Tant qu'il y auroit sur la terre une seule peuplade à laquelle Dieu n'auroit pas fait les mêmes graces, la même difficulté reviendroit. 2°. Nous ignorons en quel état étoient pour lors les Indes & la Chine : comment saurions-nous ce que Dieu y a fait, ou n'y a pas fait? 3°. Pourquoi Dieu a-t-il fait naître des Philosophes chez les Chinois, chez les Indiens, chez les Grecs & chez les Romains, & qu'il n'en a point fait paroître chez les Lapons, ni chez les Américains? C'est aux Déistes de nous l'apprendre.

En se révélant aux Juifs, Dieu n'a point ôté aux autres peuples la raison, la conscience, le spectacle de l'univers, les soins journaliers de sa providence; il n'a tenu qu'à eux de le reconnoître par-là, de

---

(a) Ezech. c. 20, ℣. 9 & 22.

D 5

l'adorer, de mériter par leurs hommages des lumieres & des secours plus abondans. Il n'est donc pas vrai qu'il les ait proscrits, qu'il ait mis le salut hors de leur portée, qu'il les en ait exclus, qu'il les ait destinés au feu éternel. Tous ces blasphêmes sont formellement contraires au texte des Livres Saints (*a*).

Dieu n'a point ordonné à toutes les nations d'obéir à Moïse, puisque sa loi n'étoit destinée qu'aux Juifs ; il suffisoit aux autres nations de suivre la loi de nature ; Job n'en connoissoit point d'autre. Cela suffit encore à tous les peuples qui n'ont pu avoir aucune connoissance de la révélation : Dieu accorderoit à leur fidélité des moyens de salut plus puissans.

Pourquoi faut-il des intermédiaires entre Dieu & moi ? Parce que la révélation est un fait : or un fait ne peut se prouver que par des témoignages & des monumens. *Il ne tenoit qu'à Dieu de me parler à moi-même.* Assurément ; mais Dieu n'est pas obligé de faire tout ce qu'il vous plaira d'exiger : il a voulu que l'instruction fût publique & commune, parce qu'il veut que la Religion soit un lien de société. *J'aurois été plus à l'abri de la séduction.*

(*a*) V. ci-après, c. 5, art. 1, §. 2 & 3.

Cela est faux. Quelles que soient les leçons naturelles ou surnaturelles que Dieu nous donne, aucune ne fait violence à notre liberté ; nous sommes toujours les maîtres d'y résister : en ce sens, aucune ne nous met à l'abri de la séduction, ni des passions qui en sont la cause.

§. XIX.

Cinquieme Objection. » La vérité & l'é-
» vidence n'ont pas besoin de miracles.
» N'est-il pas surprenant que la Divinité
» trouve plus facile de déranger l'ordre de
» la nature, que d'enseigner aux hommes
» des vérités claires, propres à les con-
» vaincre, capables d'arracher leur assen-
» timent ? Ce que Dieu veut qu'un homme
» fasse, il ne le lui fait pas dire par un
» autre homme, il le lui dit lui-même,
» il l'écrit au fond de son cœur. Ou
» l'homme apprendra ses devoirs de lui-
» même, ou il est dispensé de les savoir (*a*)«.

Réponse. Tout cela est faux & absurde. S'il y a des vérités claires, évidentes, palpables, c'est l'unité de Dieu, sa pro-

_____
(*a*) Christian. dévoilé, c. 6, p. 74. Milit. Philos. c. 8, p. 102. Emile, tom. II, p. 162 ; tome III, p. 151. Philos. de l'Hist. c. 53.

D 6.

vidence, l'immortalité de l'ame, les devoirs communs de la morale : où sont les nations qui les ayent professées sans erreurs, & sans avoir été instruites par la révélation ? Les Philosophes mêmes les ont méconnues, &, si on vouloit les écouter, ils les feroient encore oublier aujourd'hui. Hobbes dit avec raison, que si les hommes y avoient quelque intérêt, ils douteroient des élémens d'Euclide & les nieroient (a). Les Déistes ont-ils démontré d'ailleurs que Dieu ne peut nous enseigner aucune vérité, à moins qu'elle ne soit aussi évidente que les élémens de géométrie ?

Si l'homme doit tout apprendre de lui-même, il faut supprimer toute instruction, toute éducation, brûler tous les livres, laisser croître les enfans comme des bêtes, jusqu'à ce qu'il plaise à Dieu de les instruire lui-même, & d'écrire leurs devoirs au fond de leur cœur. Dans ce cas, de quoi s'avisent les Déistes de vouloir endoctriner leurs semblables ? Dispenser un ignorant d'apprendre des autres hommes ce qu'il ne sait pas, c'est canoniser la stupidité volontaire & l'opiniâtreté.

(a) Syst. de la Nat. tome II, c. 4, p. 127.

Dieu, qui connoissoit mieux que les Philosophes les besoins de l'humanité, a multiplié les moyens d'instruction; non seulement il parle à tous les hommes par la raison, par la conscience, par les leçons de leurs peres, mais il a instruit les premiers hommes par une révélation immédiate: il l'a renouvelée à Noé, à Abraham, à Moïse, à la nation entiere des Hébreux; il l'a rendue encore plus éclatante & plus universelle par Jésus-Christ. Parce que tous les hommes n'ont pas profité de ce bienfait, les Incrédules n'en veulent point; ils soutiennent que Dieu n'a jamais parlé, parce qu'ils sont bien résolus de ne pas l'entendre; dès qu'il y a eu des Incrédules, des brutaux, des opiniâtres, ils jugent qu'il est beau de les imiter.

§. XX.

Sixieme Objection. Les Histoires de toutes les nations sont aussi remplies de prodiges que d'événemens naturels : les Egyptiens, les Indiens, les Chinois, prétendent en avoir vu : selon les Parsis, Zoroastre a prouvé sa mission par des miracles ; les Auteurs Grecs, les Ecrivains de Rome en racontent de toute espece. Nommez-moi un peuple chez lequel il ne se soit pas passé des prodiges incroyables, sur-tout dans des temps où l'on savoit à peine lire & écrire. Si l'on tenoit pour vrais tous les prodiges que le peuple & les simples disent avoir vus, chaque secte seroit la bonne ; le plus grand des miracles seroit que là où il y a des fanatiques persécutés il n'y eût point de miracles (a). Faut-il discuter tous ces faits pour savoir quels sont les véritables, ou peut-on les rejeter tous sans examen ? Le premier de ces partis est impossible aux trois quarts & demi des hommes ; le second nous autorise à ne faire pas plus de cas des miracles des Juifs que de ceux des autres peuples.

Réponse. L'examen des prodiges racontés par les différentes nations, n'est pas nécessaire aux trois quarts & demi des Chrétiens ; il leur suffit de savoir que les miracles qui fondent leur croyance sont munis de toutes les preuves dont les faits importans sont susceptibles, & poussés au plus haut degré de certitude morale. De même, tout Juif, sans exception, a pu

---

(a) Dict. Philos. *Miracles.* Emile, tome III, p. 134. Christian. dévoilé, c. 6, p. 65. Tindal, Morgan, &c.

avoir une certitude entiere & complete des miracles de Moïse. C'est assez pour le commun des fideles. Un homme convaincu de la vérité par des preuves solides n'a pas besoin d'être instruit des fondemens de l'erreur. Pour croire fermement l'existence de Dieu, il n'est pas nécessaire de connoître les objections des Athées; pour être sûrs du témoignage de nos sens, nous ne sommes pas obligés de résoudre les sophismes des Pyrrhoniens.

C'est l'affaire des Théologiens & des Apologistes de la Religion d'examiner les titres des fausses révélations, d'en discuter les preuves, de répondre aux objections. Cette opération n'est pas aussi épineuse que les Incrédules le prétendent; entre les miracles de la Bible & les autres, il y a des différences essentielles & très-aisées à saisir; nous le verrons dans un moment.

En exagérant les difficultés de l'examen, les Déistes ne satisfont point à une question très-importante. De quel moyen Dieu pouvoit-il se servir pour détromper & convertir les Idolâtres? De la raison? Elle parloit depuis le commencement du monde, & aucun peuple ne l'écoutoit. Des leçons des Philosophes? Ils avoient donné leur sanction à toutes les erreurs populaires, & il n'y avoit pas deux sectes qui fussent d'accord. D'une inspiration uniforme à laquelle personne ne résistât ? Elle auroit ressemblé à une impulsion machinale, n'auroit plus laissé aucun lieu au mérite ni à la liberté. Ce n'est point ainsi que l'homme doit embrasser la vérité & la vertu.

§. XXI.

De la multitude de miracles racontés chez toutes les nations, il s'ensuit seulement, que toutes ont été convaincues qu'il y a un Maître souverain de la nature, qui en suspend les loix quand il lui plaît, qu'il se sert de miracles pour instruire les hommes : cette idée leur est-elle venue par hasard ? Si les erreurs en ce genre rendent tous les miracles nuls, il faut soutenir de même, qu'il n'y a point de vrais remedes, puisqu'il y en a de falsifiés; point de monnoie véritable, dès qu'il s'en trouve quelquefois de la fausse ; point de monumens incontestables, puisqu'on a su en supposer ; point d'histoire authentique, depuis qu'il se fait des Romans ; point de discours sinceres, puisqu'il y a des imposteurs & des hypocrites.

La question est de savoir si, entre les miracles de la vraie Religion & ceux des fausses, il n'y a pas des différences essentielles & palpables : or, il y en a. 1°. Les prodiges des Païens ne sont point attestés par des témoins oculaires ; ils n'ont point été faits en préfence de gens intéreffés à les contefter. 2°. La plupart font des phénomenes naturels, dont les spectateurs ne connoiffoient pas la caufe ; nous le voyons par le récit des Hiftoriens, & un favant Critique l'a démontré (a). 3°. Plufieurs font abfurdes, indécens, indignes de Dieu, ne pouvoient produire aucun bien. 4°. Aucuns n'ont été opérés directement pour confirmer une doctrine ou une moracle annoncée au nom de Dieu. 5°. Ils ne font prouvés par aucun monument qui remonte à leur date, par aucun effet qu'ils aient produit, par aucune inftitution à laquelle ils aient donné lieu. 6°. Ce font des événemens ifolés, qui ne tiennent à rien, qui n'ont été ni prédits d'avance, ni liés à des événemens poftérieurs. Nous montrerons des caracteres tout oppofés dans les miracles de Moïfe & dans ceux de Jéfus-Chrift.

_____

(a) Mém. de l'Acad. des Infcript. *in-*12, tome VI.

Ces miracles n'ont point été faits chez des peuples qui ne favoient ni lire, ni écrire. Les Egyptiens, fous les yeux desquels ont été opérés ceux de Moïfe, étoient le peuple le plus inftruit qu'il y eût pour lors; la magie même qu'on leur a reprochée, attefte qu'ils avoient quelques connoiffances de Phyfique, de Médecine, d'Hiftoire Naturelle & d'Aftronomie. De leur côté, les Hébreux favoient lire & écrire; Moïfe avoit fait fon Hiftoire pour eux; chaque particulier étoit obligé de la favoir & de la copier. La Paleftine ne fut jamais un pays d'ignorance; les Chananéens ou Phéniciens qui l'habitoient, ont été les premiers Négocians. Il eft exactement vrai de dire que les miracles qui atteftent la révélation, ont été faits dans les contrées de l'univers où il y avoit le plus de connoiffances, eu égard à la date des événemens.

Il n'y a donc aucune comparaifon à faire entre ces miracles & les prodiges prétendus que Celfe, Julien & d'autres alleguent en faveur du Paganifme.

§. XXII.

Septieme Objection. Dieu défend d'écouter un faux Prophete, quand même il feroit des miracles : donc ce n'est pas par-là que l'on peut juger si un homme est envoyé de Dieu, ou si c'est un imposteur. Il est dit que les Magiciens d'Egypte imiterent les miracles de Moïse ; qu'ils changerent leur verge en serpent, l'eau du Nil en sang, produisirent des grenouilles. Que leur opération fût un prodige réel ou apparent, un miracle ou un prestige, l'effet en étoit égal ; il étoit impossible aux spectateurs de le discerner. Que faire donc en pareil cas ? Examiner la doctrine, revenir au raisonnement, & laisser là les miracles ; sinon, après avoir prouvé la doctrine par les miracles, il faudra prouver les miracles par la doctrine : cercle vicieux & absurde, dans lequel Pascal & d'autres sont tombés (a).

Réponse. Dans le Texte du Deutéronome, cité par nos adversaires, il n'est point question de miracles. » S'il s'éleve » au milieu de vous un Prophete, ou » quelqu'un qui dise qu'il a eu un songe, » qui vous présente un signe ou un phé- » nomene ; si ce qu'il a prédit arrive, &

_____

(a) Spin. c. 6, p. 163. Emile, tome III, p. 135. Lettres, p. 101. A. M. de Beaumont, p. 105. Le bon Sens, §. 130. Bible expliquée, p. 206. Morgan, &c.

» qu'il vous dise : Allons honorer les
» Dieux étrangers, les Dieux que vous
» ne connoissez pas : vous n'écouterez
» point ce Prophete ou ce rêveur...... il
» sera mis à mort (a) ". Un songe, un
signe, un phénomene, ne sont pas des
miracles ; le nom de *Prophete* est syno-
nyme à celui d'*Orateur*. Dieu dit à Moïse, *Aaron sera ton Prophete*, c'est-à-dire, parlera pour toi (b). Comment peut-on conclure de là, qu'un faux Prophete peut faire des miracles ?

Supposons-le pour un moment. Dieu, par Moïse, avoit fait des miracles écla-tans & incontestables pour confirmer son culte & ses loix : donc il ne pouvoit plus en faire pour autoriser l'idolâtrie : donc un prétendu Prophete qui tentoit d'en faire pour entraîner le peuple au culte des Dieux étrangers, étoit un imposteur, & devoit être puni. C'est dans ce cas-là seulement que la doctrine peut faire juger des miracles ; & il n'y a en cela ni paralogisme, ni cercle vicieux.

Il est faux que les Magiciens d'Egypte aient imité parfaitement Moïse, & qu'il

---

(a) Deut. c. 13, ℣. 1.
(b) Exode, c. 7, ℣. 1.

n'y ait eu aucun moyen de discerner leurs opérations (a). Le serpent d'Aaron dévora les leurs; ils ne purent rétablir dans leur état naturel les eaux du Nil changées en sang par Moïse, ni faire périr les grenouilles : loin de faire cesser aucun des fléaux de l'Egypte, il ne purent pas s'en mettre à couvert ; au lieu que Moïse en régloit la durée à son gré. Il leur fut impossible de produire des insectes, & ils furent forcés de s'écrier : *Le doigt de Dieu est ici* (b). Lorsqu'il est dit qu'ils imiterent Moïse, *fecerunt similiter*, cela signifie évidemment, qu'ils l'imiterent jusqu'à un certain point, & non sans aucune différence.

§. XXIII.

Y eut-il du surnaturel dans les opérations de ces Magiciens ? Rien ne le prouve, & la narration insinue le contraire. 1°. Ils furent appelés par Pharaon pour changer leurs verges en serpens : ils eurent donc le temps de s'y préparer. Pharaon fut averti d'avance du changement des eaux du Nil en sang, & de l'arrivée des grenouilles ; les Magiciens eurent donc en-

---

(a) Morgan, tome II, p. 27 & 30.
(b) Exode, c. 8, ℣. 19.

core la facilité d'arranger leur manége (*a*). 2°. Il est dit qu'ils imiterent Moïse par des enchantemens & des pratiques secretes, *per incantationes & arcana quædam* : ces pratiques pouvoient être des secrets naturels. 3°. L'examen de leurs prestiges confirme cette idée.

Enchanter les serpens par des drogues qui leur ôtent le pouvoir de mordre, les manier ensuite sans aucune crainte, est un secret très-commun ; l'on s'en sert encore aujourd'hui pour attraper & transporter les viperes (*b*). Dans les Indes, il y a des hommes qui prennent les serpens sans danger, les apprivoisent, & leur apprennent à se mouvoir en cadence au son du flageollet (*c*). En Egypte, plusieurs les mangent, ne craignent point leur morsure, les saisissent avec intrépidité (*d*). Avec ce talent & un peu de souplesse, il étoit aisé aux Magiciens d'Egypte de faire paroître tout à coup un serpent au lieu d'un bâton. Mais le serpent de Moïse

---

(*a*) Exode, c. 7, ℣. 11 & 17 : c. 8, ℣. 2.
(*b*) Quest. sur l'Encyclop. *Enchantement.*
(*c*) Essais Hist. sur l'Inde, p. 136.
(*d*) Recherches Philos. sur les Egyptiens & les Chinois, tome I, sect. 3, p. 121.

dévora ceux des Magiciens, ce qui démontre que ce n'étoit point un serpent enchanté ou affoibli. Tertullien a raison de dire, que la vérité de Moïse dévora le mensonge des Magiciens (a).

Donner la couleur de sang à un fleuve entier, en corrompre les eaux par un coup de baguette en présence de Pharaon & de toute sa suite (b), c'est un prodige que l'on ne peut opérer par aucune cause naturelle. Imiter ce changement sur une certaine quantité d'eau dans un vase, ou dans une fosse, ce n'est plus un miracle; & il paroît que les Magiciens ne firent rien davantage.

Faire sortir du fleuve & de ses divers canaux, en étendant la main, une multitude de grenouilles, suffisante pour couvrir le sol de l'Egypte, les faire mourir ensuite par une priere à Dieu (c), ce n'est point une opération naturelle. En faire sortir une petite quantité, non pas en étendant la main, mais par des appâts, ou par des fils imperceptibles, c'est ce que peut faire un homme adroit avec un peu de préparation. Aussi Pharaon, convaincu de l'impuissance des

___

(a) Tertull. L. de animâ, c. 57.
(b) Exode, c. 7, ℣. 20.   (c) Ibid. c. 8, ℣. 6.

Magiciens, s'adreſſa à Moïſe pour être délivré des grenouilles (a).

Voilà où ſe borna leur pouvoir; ils ne purent produire des inſectes, parce que l'art n'y a plus de priſe; ils furent forcés de s'écrier, *le doigt de Dieu eſt ici.* Il eſt donc clair que c'étoient des jongleurs & rien davantage. Si des Interpretes reſpectables en ont jugé différemment, leur opinion ne fait pas loi; d'autres ont ſuivi le ſentiment que nous embraſſons (b).

Entre Moïſe & les Magiciens, il ne s'agiſſoit pas de doctrine; mais de ſavoir ſi le premier étoit un impoſteur ou un envoyé de Dieu : aucune doctrine ne pouvoit terminer cette conteſtation.

§. XXIV.

Huitieme Objection. „ Les miracles n'ont été inventés que pour prouver des choſes impoſſibles à croire; ainſi ce ſont des choſes incroyables qui ſervent de preuves à d'autres choſes incroyables : mais des merveilles ne prouveront jamais des abſurdités ni des dogmes contradictoires. Si donc une révélation prétendue nous

---

(a) Exode, c. 8, ℣. 8.
(b) Origene contre Celſe, l. II, n. 50.

inſpire

inspire des sentimens d'aversion pour nos semblables & de frayeur pour nous-mêmes, si elle nous peint un Dieu colere, jaloux, injuste, partial, cruel, &c. mon cœur ne peut consentir à le reconnoître ; il est plus simple de juger que les miracles sont faux, que de croire qu'une telle révélation vient de Dieu (*a*).

Réponse. Il est faux qu'un miracle soit une chose incroyable pour ceux qui en sont les témoins oculaires. Nous avons prouvé que tout miracle étant un fait sensible, les sens peuvent le constater aussi certainement qu'un fait naturel (*b*). Entre ces deux especes de fait, toute la différence est dans la cause ; les sens sont juges du fait & des circonstances, la cause est du ressort de la raison : mais l'ignorance de la cause n'infirme point le témoignage des sens. Ceux qui ont vu pour la premiere fois de la glace, une éclipse, l'électricité, le magnétisme, la renaissance des têtes de limaçons, &c. ont-ils dû se défier de leurs sens, parce qu'ils n'avoient jamais rien vu de semblable ?

―――――――――――――――

(*a*) Christian. dévoilé, c. 6, p. 73. Emile, tome III, p. 137. Morgan, tome I, p. 92.

(*b*) Dissert. sur les diff. especes de Certit. art. 3.

Tome V.   E

Si un fait miraculeux eſt ſuſceptible de certitude phyſique pour ceux qui en ſont les témoins, il l'eſt de certitude morale pour les autres hommes; il peut leur être atteſté par ceux qui l'ont vu, par les effets qu'il a produits, par d'autres faits qui en ſont une conſéquence néceſſaire. A moins que l'on ne ſe tienne à ces principes, il s'enſuivra qu'un aveugle-né doit nier l'exiſtence des couleurs, les Negres s'inſcrire en faux contre celle de la glace, tous les ignorans s'élever contre les phénomenes découverts par les Phyſiciens. Il eſt bien étrange que nos adverſaires donnent plus de poids à l'ignorance qu'à des preuves poſitives.

Il eſt faux que les dogmes révélés ſoient incroyables, lors même qu'ils ſont incompréhenſibles; nous avons démontré que Dieu a révélé des myſteres, & qu'il nous en révele actuellement par tous les organes de nos connoiſſances; que les Sociniens, les Déiſtes, les Athées, les Matérialiſtes, toutes les ſectes de Mécréans ſont forcés d'en admettre plus que nous, & de plus incroyables que les nôtres (*a*); que la plupart attribuent à la matiere des

_____

(*a*) Ci-deſſus, I^e. part. c. 6, art. 1.

opérations plus miraculeuses que tous les prodiges de l'Ancien & du Nouveau Testament.

Dans la Dissertation sur la Certitude, Art. II, §. XII, nous avons fait voir que les aveugles-nés sont forcés d'admettre des faits qui leur paroissent incroyables, & à croire des mysteres parfaitement analogues à ceux de la Trinité, de l'incarnation, de la présence réelle, &c. Jamais les Incrédules n'ébranleront cette chaîne de vérités que nous avons établie, & qui renverse toutes leurs objections.

Le tableau qu'ils tracent de la doctrine révélée n'est qu'un tissu de calomnies; nous prouverons que les Livres Saints nous donnent de la Divinité une idée diamétralement opposée à celle que les Déistes ont forgée. Ces censeurs infideles défigurent tous les dogmes, tordent le sens de tous les passages, empoisonnent toutes les expressions, pour prévenir les esprits contre la révélation; il n'y a ni honnêteté ni bonne foi dans leur procédé. Nous montrerons enfin, que les miracles ne sont pas la seule & unique preuve de la révélation.

§. XXV.

Neuvieme Objection. Selon l'Auteur des Questions sur l'Encyclopédie, pour croire un miracle, ce n'est pas assez de l'avoir vu, car on peut se tromper. Bien des gens, dit-il, se sont crus faussement sujets de miracles; ils ont été tantôt malades, tantôt guéris par un pouvoir surnaturel; ils ont été changés en loups, ils ont traversé les airs sur un manche à balai, ils ont été incubes & succubes.

Il faut que le miracle ait été bien vu par un grand nombre de gens très-sensés, se portant bien, & n'ayant nul intérêt à la chose. Il faut sur-tout qu'il ait été solemnellement attesté par eux: car si on a besoin de formalités authentiques pour les actes les plus simples, à plus forte raison pour constater des choses naturellement impossibles, & dont le destin de la terre doit dépendre.

Quand un miracle authentique est fait, il ne prouve encore rien; car l'Ecriture vous dit, en vingt endroits, que des imposteurs peuvent faire des miracles: on exige donc que la doctrine soit appuyée par les miracles, & les miracles par la doctrine.

DE LA VRAIE RELIGION.

Ce n'est point encore assez. Comme un fripon peut prêcher une très-bonne morale, & faire des miracles comme les sorciers de Pharaon, il faut que ces miracles soient annoncés par des prophéties. Pour être sûr de la vérité de ces prophéties, il faut les avoir entendu annoncer clairement, & les avoir vu s'accomplir réellement, il faut posséder parfaitement la langue dans laquelle elles se sont conservées.

Il ne suffit pas même que vous soyez témoin de leur accomplissement miraculeux, car vous pouvez être trompé par de fausses apparences. Il est nécessaire que le miracle & la prophétie soient juridiquement constatés par les premiers de la nation ; & encore se trouvera-t-il des douteurs : car il se peut que la nation soit intéressée à supposer une prophétie & un miracle ; & dès que l'intérêt s'en mêle, ne comptez sur rien. Si un miracle prédit n'est pas aussi public, aussi avéré qu'une éclipse annoncée dans l'Almanach, soyez sûr que ce miracle n'est qu'un tour de gibeciere, ou un conte de vieille.

On souhaiteroit, pour qu'un miracle fût bien constaté, qu'il fût fait en présence de l'Académie des Sciences de Paris, ou de la Société Royale de Londres, & de la Faculté de Médecine, assistée d'un détachement du régiment des Gardes, pour contenir la foule du peuple (a).

Réponse. Pourquoi n'y pas appeler encore tous les Incrédules, Déistes, Athées, Matérialistes & autres? Eux seuls sont les Sages par excellence. Mais si ce n'est pas assez d'avoir vu un miracle pour le croire & pour en être sûr, de quoi servira la présence des Académiciens, des Médecins, & de tout leur cortége? Si personne n'est assuré de se bien porter, d'être dans son bon sens, de voir réellement ce qu'il voit, nous ne croyons pas que tous ces Savans soient plus privilégiés que les autres hommes. Il seroit beaucoup mieux de soutenir sans détour, que tout miracle est impossible; qu'aucun ne peut être vu ni attesté; que dans ce genre aucun témoignage n'est digne de foi. M. Hume l'a déclaré, & nous avons réfuté ses sophismes dans notre Dissertation sur la Certitude, Article IV. Ce n'est ici qu'une répétition.

(a) Quest. sur l'Encyclop. *Miracles.*

§. XXVI.

1°. En quel lieu du monde, si ce n'est dans un Hôpital, a-t-on vu des gens qui aient cru être malades pendant qu'ils se portoient bien, ou qu'ils étoient parfaitement guéris lorsqu'ils étoient encore malades ? Plusieurs peut-être ont pris faussement leur maladie ou leur guérison pour un effet miraculeux : dans ce cas, il est très-bien de consulter les Médecins, pour juger si le fait est surnaturel ou non ; mais que leur témoignage soit nécessaire à un homme pour qu'il sache s'il est guéri ou malade, c'est une absurdité. Dans les lieux où il n'y a ni Médecins ni Académiciens, les hommes sentent s'ils sont guéris ou malades, tout comme on le sent à Paris.

Que de prétendus Sorciers, après s'être frottés de drogues, aient rêvé qu'ils alloient au Sabbat sur un manche à balai, c'est un fait qui a été prouvé : mais les témoins des miracles de Moïse & de J. C. ne s'étoient frottés d'aucune composition, pour rêver qu'ils voyoient ce qu'ils ne voyoient pas. Quiconque regarde tous les témoins de miracles comme des insensés ou des fripons, peut bien être atteint lui-même de l'un ou de l'autre de ces défauts.

2°. Nous admettons volontiers que ces témoins doivent être très-senfés & fans aucun intérêt à la chofe ; ils paroissent encore plus croyables, lorfqu'ils font intéreffés à la révoquer en doute. Or, les Juifs contemporains de Moïfe étoient intéreffés à ne pas croire légérement des miracles, qui mettoient leur fort à la difcrétion de ce Légiflateur, qui les affujettiffoient à une loi très-dure, qui les rendoient odieux aux Egyptiens & aux Chananéens. Les Apôtres étoient très-intéreffés à ne pas croire fans examen les miracles de Jéfus-Chrift, à ne pas fe charger témérairement d'une miffion qui les expofoit à la perfécution des Juifs & des Païens.

Quant aux formalités juridiques, aux procès-verbaux folemnellement dreffés, nous foutenons qu'ils ne font pas plus néceffaires pour conftater un miracle, que pour nous rendre certains des événemens confignés dans l'Hiftoire. Lorfque des miracles ont caufé une grande révolution dans le monde, leur effet eft une preuve plus forte que toutes les informations & les procédures poffibles.

3°. Il est faux que, selon l'Ecriture, les imposteurs puissent faire de vrais miracles, & que les Magiciens de Pharaon en aient fait ; nous avons fait voir le contraire. Lorsqu'il s'agit de prouver la mission d'un homme, il n'est pas encore question de doctrine, & il est absurde de prendre pour juges de la doctrine, des hommes que l'on croit incapables d'attester un fait sensible, dès qu'il est surnaturel.

4°. Des miracles annoncés par des prophéties, en sont d'autant plus authentiques & plus frappans ; mais cela n'est pas absolument nécessaire. Puisqu'une prophétie est elle-même un fait miraculeux, il faudroit la vérifier par un autre miracle, & ainsi à l'infini. Un fait même surnaturel doit être constaté comme tout autre fait : si nous sortons de là, nous ne trouverons plus que des regles absurdes.

5°. C'en est une de soutenir, qu'il faut avoir entendu clairement la prophétie, & l'avoir vu s'accomplir réellement. Selon cette décision, Dieu ne pourroit pas prédire ce qui doit arriver dans plusieurs siecles ; alors les mêmes hommes ne peuvent être témoins de la prophétie & de son accomplissement. Au contraire, plus les événemens prédits font éloignés, plus il est évident, lorsqu'ils arrivent, qu'ils n'ont pas pu être prévus par une lumiere naturelle. Une prophétie écrite depuis plusieurs siecles, n'est ni moins certaine, ni moins claire, ni moins frappante que si elle avoit été faite depuis peu de temps.

L'Auteur même de l'objection soutient aux Juifs, que S. Jérôme entendoit mieux qu'eux leur propre langue (*a*); il a dit dans le Siecle de Louis XIV, que plusieurs Savans qui ont vécu pour lors, entendoient le Grec & l'Hébreu aussi parfaitement que leur langue maternelle; ils ont donc pu très-bien entendre les prophéties. Nous prouverons en son lieu, que les anciens Docteurs Juifs les ont prises dans le même sens que nous.

6°. Il est faux que les prophéties & les miracles doivent être certifiés *par les premiers d'une nation*, sur-tout lorsque ces Chefs se croient intéressés à contester les miracles, & à détourner le sens des prophéties. Quand cela seroit nécessaire, nous prouverons que les Chefs de la nation Juive n'ont pas osé nier les miracles de Jésus-Christ; mais que les uns les ont

___
(*a*) Quest. sur l'Encyclop. *Juifs*.

attribués à la magie, les autres n'en ont contesté que les conséquences.

En admettant pour un moment les regles absurdes que prescrit l'Auteur des Questions sur l'Encyclopédie, un ignorant est en droit de l'accuser d'imposture, lorsqu'il atteste qu'il a vu renaître une nouvelle tête à des limaçons auxquels il l'avoit coupée, & de s'inscrire en faux contre les phénomenes de l'électricité, quand même il les verroit opérer sous ses yeux. Au contraire, nous sommes en état de prouver que les miracles qui servent de base à la révélation ont été *bien vus* par des hommes sensés, qui n'y avoient aucun intérêt, qui les ont attestés à la face des nations entieres, en présence des Chefs qui n'ont eu rien à y opposer; que ces miracles confirment une doctrine très-pure & très-digne de Dieu ; qu'ils ont été annoncés par des prophéties très-authentiques & très-claires, constamment entendues dans le sens que nous leur donnons, & aussi connues que les prédictions des Astronomes. Que faut-il de plus ?

§. XXVII.

Dixieme Objection. Un miracle ne prouve que la puissance de celui qui l'opere, il ne nous démontre point que cet homme soit infaillible ou impeccable; nous ne pouvons donc être obligés de croire les dogmes qu'il enseigne, de nous soumettre aux loix qu'il propose, qu'autant que les uns & les autres nous paroissent conformes à la droite raison & à la justice. Les miracles ne peuvent servir tout au plus qu'à exciter l'attention des auditeurs, à les engager à examiner si ce qu'on leur prêche est vrai ou faux, juste ou injuste (a).

Réponse. Un miracle démontre dans celui qui l'opere, non une puissance humaine, mais une puissance divine, puisque Dieu seul peut déroger aux loix de la nature; il prouve donc une mission divine, lorsqu'il est opéré pour la confirmer. Or, Dieu ne peut revêtir de sa puissance un envoyé quelconque, sans lui accorder en même temps des graces qui le préservent d'erreur, d'imposture & d'injustice dans l'exercice de son ministere. Autrement Dieu livreroit notre confiance & notre destinée à la discrétion

---

(*a*) Morgan, Moral. Philos. tome I, p. 92 & suiv. tome II, p. 27, 49, &c. Lettres sur la religion essentielle à l'homme, &c.

d'un ennemi, sans nous donner aucune arme pour nous défendre. Vu la confiance que tout homme sensé est invinciblement déterminé à donner à un miracle comme à un signe incontestable de la volonté divine, Dieu nous tendroit un piége inévitable d'erreur & de séduction. Les Incrédules auront beau s'élever & déclamer contre cet instinct naturel à tous les hommes, ils ne prouveront jamais qu'un miracle puisse être opéré par un autre pouvoir que celui de Dieu ; ils montreront encore moins que jamais un Imposteur, un Magicien, un faux Prophete ait fait de vrais miracles, ou même des prestiges dont il ait été impossible de découvrir la fausseté & l'illusion.

Un peuple ignorant, aveugle, entêté de préjugés & d'erreurs reçus dès l'enfance, séduit par un intérêt mal entendu, est-il en état de juger de la vérité d'une doctrine, de la sagesse & de la justice d'une loi ? Selon l'Auteur de l'objection, les Israélites étoient si stupides, qu'ils ne pouvoient être persuadés que par des miracles ; la raison ne pouvoit rien sur eux ; ils n'auroient pas cru l'unité de Dieu, quoique démontrée, si elle ne leur avoit pas été intimée par une révélation positive (*a*). Ils étoient donc incapables de juger sensément de la doctrine de Moïse & de ses loix. Dira-t-on que Dieu, pour les instruire, a été forcé de recourir à des signes équivoques, à des miracles aussi capables de tromper une nation que de l'éclairer ? On peut dire la même chose des Païens, auxquels les Apôtres ont prêché l'Evangile ; les Philosophes mêmes n'ont voulu en reconnoître ni la vérité ni la sainteté : le peuple étoit-il capable d'en juger mieux ?

De l'aveu du même Auteur, & selon la vérité, éclairer subitement un peuple entier par une inspiration intérieure uniforme, lui faire adopter unanimement une doctrine & des loix nouvelles, sans aucun signe extérieur qui lui en prouve la vérité, c'est un miracle absurde (*b*). Cette persuasion subite seroit un enthousiasme général, un instinct aveugle qui ne laisseroit aucun lieu à la réflexion, à la liberté, au mérite, qui conduiroit les hommes à la maniere des brutes & des automates. Or, de quel signe extérieur

---

(*a*) Morgan, tome II, p. 38, 41.
(*b*) *Ibid.* tome I, p. 247, 248.

Dieu peut-il se servir pour confirmer une doctrine, pour témoigner sa volonté, sinon des miracles ? Selon l'opinion de nos adversaires, Dieu se trouveroit, ou dans l'impuissance d'éclairer & de convertir un peuple égaré, ou dans la nécessité de le mouvoir comme une machine, ou dans le besoin de jouer le rôle d'un imposteur, & de tromper ce peuple pour son bien. Toutes ces suppositions sont autant d'outrages faits à la sagesse, à la sainteté, à la véracité divine.

ARTICLE II.
Des Prophéties en général.
§. I.

Dieu à qui rien n'est caché, qui, en vertu de son éternité, est également présent à tous les temps, sait avec une certitude entiere tout ce que feront les créatures libres dans tous les instans de leur durée ; il peut donc le révéler à un homme ou à plusieurs, & leur donner commission de le prédire ; c'est ce que l'on entend sous le nom de prophétie.

Lorsqu'il est question d'un phénomene

qui dépend uniquement des causes physiques, dont les effets sont nécessaires, on peut le prévoir & le prédire par la seule expérience du cours de la nature. Comme la marche des astres est constante & réguliere, les Astronomes peuvent, par un calcul exact, prédire les différentes conjonctions des Planetes, les éclipses du Soleil & de la Lune, le retour périodique des saisons ; ces prédictions n'ont rien de surnaturel. Mais lorsqu'il s'agit des volontés & des actions des créatures intelligentes & libres, Dieu seul peut les connoître, & les prédire certainement : l'homme ne peut faire sur ce point que des conjectures très-incertaines, sur-tout à l'égard des personnages qui n'existent pas encore, dont il ne sait ni quel sera le caractere, ni dans quelles circonstances ils pourront se trouver.

A plus forte raison, Dieu seul peut annoncer d'avance les événemens qu'il veut opérer par sa toute-puissance contre le cours ordinaire de la nature. Lorsqu'il prédit à Abraham que ses descendans seront esclaves en Egypte, mais qu'ils seront délivrés par des prodiges (*a*); cette

---

(*a*) Gen. c. 15, ℣. 13 & suiv.

prophétie, vérifiée par l'événement, porte un double caractere de Divinité: Dieu seul pouvoit opérer ces prodiges, & lui seul pouvoit les annoncer. Des miracles prédits quatre cents ans auparavant ne peuvent être des prestiges ni des phénomenes naturels; la prédiction & les miracles rapprochés l'un de l'autre se prêtent une force mutuelle pour démontrer que c'est Dieu qui agit. Il en est de même de la promesse que Jésus-Christ fait à ses Apôtres, de convertir les nations par les miracles qu'ils opéreront en son nom: il étoit également impossible à l'esprit humain de prévoir cet événement, & aux forces humaines de l'accomplir.

Si les Matérialistes raisonnoient conséquemment, ils n'auroient pas plus de droit de rejeter les prophéties que les miracles. Selon eux, tout est nécessaire; ce qui arrive dans l'univers n'est qu'une chaîne d'effets liés essentiellement à leurs causes, & qui remonte à l'infini. Dans cette hypothese, celui qui connoîtroit les causes des actions humaines, pourroit les prédire aussi infailliblement qu'un Astronome prédit une éclipse de Soleil. Comme il ne nous est pas donné de savoir jusqu'où les connoissances d'un homme peuvent s'étendre, il y a de la témérité à juger qu'aucun n'est capable de saisir si parfaitement les causes de telle action future, qu'il puisse la prédire infailliblement. Nous convenons que, dans ce cas, des prédictions, vérifiées par l'événement, ne prouveroient autre chose que la capacité & la pénétration du Prophete : mais il s'ensuit toujours que les Matérialistes, qui n'admettent point la liberté humaine, sont peu d'accord avec leurs principes, lorsqu'ils soutiennent qu'il est impossible de prédire les déterminations futures de notre volonté, & qu'ils rejettent toutes les prophéties comme autant d'impostures.

Depuis la création, & d'un bout de l'univers à l'autre, tous les peuples ont été persuadés que Dieu connoît l'avenir, & qu'il peut le révéler aux hommes : c'est ce qui a donné naissance à la divination, aux présages, aux augures, à toutes les pratiques superstitieuses dont on a fait usage pour acquérir la science de l'avenir. Toutes les nations ont consulté la Divinité pour l'apprendre ; les unes ont cru le lire dans le cours des astres, les autres dans le vol des oiseaux ; celles-ci dans les songes, celles-là dans les entrailles des victimes : d'autres ont voulu le savoir par le fort, ou en vertu d'un talent surnaturel, accordé par les Dieux à quelques personnes privilégiées.

De cette multitude d'erreurs, les Incrédules concluent que toute prophétie est un rêve & une imposture ; que tous les hommes ont été faisis d'un même travers ; que les Prophetes Juifs étoient des visionnaires ou des fourbes, comme ceux des autres nations ; quelques-uns même ont soutenu que Dieu ne peut connoître l'avenir, ni le prédire : nous avons répondu à leurs objections, en parlant de la Providence.

§. II.

Il en est des prophéties comme des miracles ; jamais tous les peuples ne se feroient accordés à les croire possibles, si cette croyance n'étoit fondée ni sur la raison, ni sur l'expérience. Dès que l'on admet un Dieu créateur du monde, on est forcé de convenir que les miracles ne font pas plus difficiles à Dieu que la création ; que s'il a établi librement les loix physiques de l'univers telles qu'elles font, il peut en arrêter le cours quand il lui plaît. De même, lorsque l'on croit un Dieu éternel, on est obligé d'avouer que tous les temps lui sont également présens; qu'à son égard rien n'est passé ni avenir; qu'il envisage d'un même coup d'œil, & par une même pensée, tous les instans possibles de la durée des êtres. L'ignorance dans laquelle nous sommes de l'avenir, & du passé dont il ne reste aucune trace, vient des bornes de notre être; elle ne peut avoir lieu par rapport à l'Etre éternel & nécessaire : s'il connoît l'avenir, il peut le révéler.

D'ailleurs, la Providence est un des attributs essentiels de Dieu; puisqu'il a destiné les êtres intelligens à un bonheur éternel, il est de sa sagesse infinie de les y conduire par des moyens analogues à leur nature, par la voie d'instruction. Or, de toutes les leçons qu'il peut leur donner, les miracles & les prophéties sont les plus frappantes, les plus propres à exciter leur attention. Ces moyens extraordinaires ne peuvent être employés pour une fin plus noble & plus importante que pour le salut du genre humain, pour le tirer de l'erreur, pour établir & perpétuer la vraie religion sur la terre. Des miracles ou des prophéties qui n'ont aucun but, dont il ne résulte que l'avantage temporel & passager de quelques particuliers, peuvent être suspects; il n'en est pas de même, lorsque ces événemens surnaturels se rapportent à une fin de même espece, à éclairer & à sanctifier les hommes.

Cette regle suffit déjà pour distinguer les oracles & les prestiges du Paganisme, d'avec les prophéties & les miracles consignés dans les Livres Saints; les premiers n'avoient pour but que de favoriser les passions, la vaine curiosité & la cupidité de ceux qui y avoient recours; les seconds tendoient à confirmer les peuples dans le culte du vrai Dieu, à les préserver du vice & de l'erreur. Nous avons déjà observé que toute vérité peut être contrefaite par le mensonge : soutenir qu'il n'y a jamais rien eu de vrai dans les prophéties & dans les miracles, parce qu'il y en a eu de faux, c'est proscrire la médecine, parce qu'il y a des empiriques & des charlatans. S'il n'y avoit point de vrais remedes, on n'auroit jamais pensé à en débiter de faux.

§. III.

Un Philosophe répond à ce raisonnement, que la nature humaine n'a pas besoin du vrai pour tomber dans le faux. » On a imputé, dit-il, mille fausses in-

» fluences à la Lune, avant qu'on imagi-
» nât le moindre rapport véritable avec
» le reflux de la mer. Le premier homme
» qui a été malade, a cru fans peine le
» premier charlatan; perfonne n'a vu de
» loups-garoux ni de forciers, & beau-
» coup y ont cru; perfonne n'a vu de
» tranfmutation de métaux, & plufieurs
» ont été ruinés par la croyance de la pierre
» philofophale. Les Romains, les Grecs,
» les Païens ne croyoient-ils donc aux
» faux miracles dont ils étoient inondés,
» que parce qu'ils en avoient vu de vé-
» ritables (a) « ?

J'ofe foutenir que la nature humaine
a befoin du vrai pour tomber dans le
faux; que toute erreur générale & conf-
tante parmi les hommes eft fondée fur
un principe vrai, dont ils tirent une fauffe
conféquence, ou dont ils font une fauffe
application; & les exemples cités me confirment dans cette idée. On a vu que le
Soleil avoit des influences très-fenfibles,
on a conclu que la Lune pouvoit en avoir;
& parce que certains phénomenes fembloient avoir quelque rapport avec le
cours de la Lune, ce rapport apparent a

(a) Remarques fur les Penfées de Pafcal, n. 42.

fait juger que la Lune y influoit. Un malade n'auroit jamais eu confiance aux charlatans, s'il n'avoit pas fu que certains malades avoient été guéris par des remedes trouvés par hafard ou autrement ; fi l'on avoit vu mourir tous les malades, jamais l'on n'auroit eu l'idée de guérifon ni de médecine.

On n'a point vu de loups-garoux, mais l'on a vu des loups affamés qui dévoroient les hommes ; on a vu des jongleurs qui faifoient des tours furprenans, & fe vantoient de pouvoir fe changer en loups : les preftiges qu'ils opéroient ont fait croire que tout leur étoit poffible : on n'a point vu de métaux tranfmués réellement, mais fouvent la Chymie les a réduits dans un état qui paroiffoit une tranfmutation réelle ; fans cela on n'auroit jamais penfé à la pierre philofophale. Les Païens n'avoient point vu de vrais miracles, mais ils avoient vu des faits merveilleux qui fembloient contraires au cours de la nature, & fupérieurs aux forces humaines : ils comprenoient que Dieu peut déroger aux loix phyfiques ; voilà pourquoi ils ont cru de faux miracles. Ils avoient vu des prédictions fe vérifier par hafard ou par artifice ;

ils sentoient que Dieu connoît l'avenir, & peut le révéler ; de là ils ont ajouté foi aux oracles & aux prophéties.

Il s'en faut donc beaucoup que tout ce qu'on lit de merveilleux dans les Historiens soient des rêves & des mensonges ; la plupart de ces faits, quoique fort étranges, étoient naturels, mais on n'en comprenoit pas la cause. Sur ces prétendus prodiges, la premiere question à examiner, est de voir s'ils sont bien attestés ; la seconde s'il y a du surnaturel : mais les Incrédules trouvent plus commode de tout nier, que d'entrer dans aucune discussion.

§. IV.

Si dans les Livres Saints il n'y avoit que quelques prophéties éparses & placées au hasard, comme les oracles dans les écrits des Païens, on pourroit former des doutes sur leur authenticité ; mais les prophéties Juives forment une chaîne & un plan suivi : les premieres font attendre les suivantes, & les dernieres répandent du jour sur celles qui ont précédé. Depuis la promesse faite au premier homme, Dieu continue de conduire les Patriarches par des voies surnaturelles ; les prophéties annoncent des miracles ; les miracles font
éclore

éclore de nouvelles prophéties, & tout doit aboutir à la rédemption du monde & à la conversion des peuples. Les loix & les miracles, les prophéties & l'histoire, les révélations & l'état de la république Juive forment ensemble un tissu que l'on ne peut entamer sans tout détruire.

Il y a eu des Juifs; ils ont fait un corps de république; ils ont habité l'Egypte, & ensuite la Palestine; ils ont eu telles loix, Moïse en est l'auteur: voilà des faits incontestables prouvés par l'Histoire sacrée & profane. Or, il est impossible que ces Juifs aient eu telles loix, aient essuyé telles révolutions, aient adopté telle croyance & tels usages, à moins que leur Histoire ne soit vraie d'un bout à l'autre. Si les miracles & les prophéties qu'elle renferme sont imaginaires, ce peuple est une race d'insensés & de frénétiques dont la maladie a duré pendant quinze cents ans. C'est l'idée qu'en ont les Incrédules: mais des forcenés ne forment point un corps de république pendant quinze siecles; une folie épidémique ne peut pas être aussi longue & aussi universelle.

Il ne sert donc à rien d'opposer à l'Histoire Sainte les oracles & les prodiges crus & publiés chez les autres nations;

Tome V. F

nous avons indiqué ailleurs les caracteres qui rendent suspects ces derniers (*a*). Ils n'ont servi à l'instruction ni au salut d'aucun peuple ; la religion, les loix, les usages du Paganisme étoient établis avant que l'on ne fît éclore les prodiges & les oracles. Chez les Juifs, au contraire, les miracles & les prophéties sont la cause de tout ce qui est arrivé ; si l'on retranche cette cause, tout devient une énigme à laquelle on ne conçoit plus rien, un phénomene plus incroyable que les miracles mêmes.

Nous n'examinerons point si les oracles rendus chez les Païens étoient un prestige opéré par le Démon, ou un effet de la fourberie des Prêtres. Il suffit d'observer que les uns sont rapportés simplement comme un bruit populaire, & que personne ne les affirme comme témoin ; les autres étoient conçus en termes énigmatiques, & pouvoient s'ajuster à tous les événemens. Plusieurs annonçoient des faits que l'on pouvoit prévoir par conjecture ; tous avoient pour but de flatter les passions des hommes : des Auteurs contemporains très-sensés n'y ont ajouté au-

―――――――――――――――――

(*a*) Article précédent, §. 21.

cune foi : soit dans leur objet, soit dans la maniere dont ils étoient rendus, ils sentent l'imposture, & sont indignes de la Divinité. Aucun de ces caracteres ne peut être appliqué aux prophéties rapportées dans les Livres Saints.

§. V.

Il est difficile de comprendre quelque chose à ce qu'a dit Spinosa sur les prophéties, dans les deux premiers Chapitres de son Traité Théologico-Politique. 1°. Il confond le terme de prophétie avec celui de révélation. Mais lorsque Dieu nous fait connoître des choses passées dont nous n'avions aucune idée, ou qu'il nous donne sur la nature des êtres des connoissances auxquelles nous ne pouvions parvenir par nos propres forces, c'est une révélation, & non une prophétie.

2°. Il dit que pour être Prophete il ne falloit qu'une imagination vive; que la prophétie ne donnoit aucune certitude par elle-même, qu'il falloit un signe pour la confirmer. Selon lui, les prophéties étoient toujours relatives à l'humeur des Prophetes; ceux-ci ne savoient pas tout; ils n'avoient rien au dessus de l'humain,

& ils ont eu de fausses idées de Dieu (*a*).

Cependant, Spinosa convient que l'on ne peut pas dire par quelles loix de la nature l'imagination des Prophetes leur a montré l'avenir. " Que si vous me " demandez, dit-il, par quelles loix de " la nature cela se fait, j'avoue franche- " ment que je n'en sai rien (*b*). L'aveu est remarquable ; il en résulte que l'opinion de Spinosa n'est fondée sur aucune raison quelconque. Pourquoi la loi de la nature, en vertu de laquelle Moïse & les Prophetes prédisoient l'avenir, ne produit-elle plus son effet aujourd'hui ? Selon Spinosa, l'ordre de la nature est immuable : comment a-t-il changé sur ce point ?

S'il falloit un signe pour confirmer une prophétie, c'est sans doute un signe surnaturel : que prouveroit un phénomene de la nature ? Quand un prétendu Prophete annonceroit à tous les habitans de Paris qu'ils mourront dans trois jours, s'il ne donnoit pour preuve de son inspiration, que le cours de la Seine ou le

---

(*a*) Tract. Théol. Polit. c. 1, p. 15 & 30 : c. 2, p. 34, 36, 39, 41, 49, 52.

(*b*) Ibid. c. 1, p. 30.

lever du Soleil, sa prophétie n'effrayeroit personne. Cela seroit différent s'il faisoit un miracle bien avéré pour confirmer sa prédiction. Mais, dans le système de Spinosa, un miracle est une contradiction.

Il n'étoit pas nécessaire à un Prophete de tout savoir, mais seulement de connoître ce que Dieu vouloit qu'il annonçât. Il est faux que les Prophetes aient eu de fausses idées de Dieu.

3°. Spinosa renverse encore son système, en disant que Dieu parloit à Moïse par un son de voix articulé ; que Moïse entendoit réellement cette voix ; que Dieu & Jésus-Christ conféroient ensemble d'esprit à esprit ; que Jésus-Christ étoit la bouche de Dieu même ; que Dieu s'est révélé aux hommes par l'esprit de Jésus-Christ, &c. (*a*). Si toutes ces façons de parler sont sérieuses, Spinosa devoit expliquer ce qu'elles peuvent signifier dans son système. Il est clair que, selon son opinion, un miracle, une communication de l'esprit de Dieu, une inspiration surnaturelle, sont des absurdités ; la direction divine, c'est l'ordre immuable de la

---

(*a*) Spinosa, c. 1, p. 13, 14, 15 : c. 4, p. 113.

nature (a) : rien ne peut arriver contre cet ordre éternel, qui n'est autre chose que l'essence de Dieu. Le nom même de *Dieu* est un terme abusif dont Spinosa se sert pour faire illusion aux ignorans. Il a été solidement réfuté par M. Malleville (b).

Selon un Encyclopédiste, " peut-être, " pour lire dans l'avenir, ne faut-il qu'une " tension extraordinaire & un mouve- " ment impétueux dans les fibres du cer- " veau.... Des Auteurs dignes de foi " rapportent avoir vu des fous qui prédi- " soient l'avenir (c) ". Nous ne devons donc pas désespérer de voir les Petites-Maisons peuplées de Prophetes : mais l'Auteur auroit dû, pour son honneur, nommer les Auteurs dignes de foi, qui ont vu prophétiser des fous, & indiquer les archives dans lesquelles on a conservé leurs prédictions.

En traitant la question de la Providence, nous avons fait voir que la prescience divine ne renferme aucune difficulté in-

---

(a) Spinosa, c. 3, p. 71.

(b) La Relig. natur. & la révélée, &c. Dissert. 15, tome IV.

(c) Encyclop. art. *Manie*.

-foluble, & ne blesse point la liberté humaine.

§. VI.

Premiere Objection. Chez toutes les nations, l'on a pris les songes pour des révélations; c'est de là que l'esprit prophétique a tiré son origine. Si en rêvant il nous survient quelque idée pour l'avenir qui se vérifie par hasard, c'en est assez pour persuader à un esprit foible que cette prévision lui a été donnée surnaturellement. Les Juifs, comme tous les autres peuples, croyoient que les songes étoient une espece de conversation avec la Divinité. Dieu parle en songe à Abraham, à Isaac, à Jacob, à Joseph: celui-ci interprete les songes de Pharaon, & Daniel ceux de Nabuchodonosor. Les Prophetes ont eu pendant le sommeil la plupart de leurs visions; la croyance aux songes est encore consacrée dans l'Evangile. Une preuve que ces visions des Prophetes n'étoient que des illusions, c'est que l'on y voit le désordre & les idées incohérentes d'un homme qui rêve pendant son sommeil (a).

(a) Hist. des Establiss. des Europ. dans les Indes, tome VI, l. XV, p. 30. L'Esprit du Judaïsme, &c.

Réponse. Il est vrai que Dieu s'est quelquefois servi des songes pour instruire les Patriarches & les Prophetes, & pour leur révéler l'avenir ; mais il leur a parlé autrement, & dans des circonstances où ils ne pouvoient pas être endormis. Lorsque Dieu parla aux Hébreux assemblés au pied de Sinaï, la montagne étoit embrasée, un son éclatant de trompettes retentissoit de toutes parts, la voix de Dieu étoit semblable au tonnerre ; nous présumons que tout ce peuple étoit très-éveillé.

Pharaon & Nabuchodonosor ont eu des songes prophétiques ; mais lorsque Joseph & Daniel les leur expliquerent, ils ne dormoient ni les uns ni les autres : l'objet en étoit assez effrayant pour exciter l'attention. Une vision historique suivie, circonstanciée, dans laquelle les événemens se sont présentés à l'esprit dans le même ordre selon lequel ils arrivent, qui concerne des objets auxquels on n'avoit jamais pensé, & qu'il étoit impossible de prévoir, n'est plus un rêve ; elle ne peut se vérifier par hasard ; l'ordre & le hasard sont incompatibles.

Quatre cents ans avant l'événement, Abraham n'a pas pu rêver que sa postérité feroit efclave en Egypte ; qu'elle feroit mife en liberté par une fuite de prodiges; qu'elle s'empareroit du pays des Chananéens. Il n'a pas été engagé par de fimples vifions à quitter fa patrie, à voyager dans une terre étrangere, à pratiquer la circoncifion, à immoler fon fils unique. Ce n'eft pas un rêve qui a déterminé Moïfe à braver la colere du Roi d'Egypte, à fe charger de gouverner une nation indocile qui pouvoit le maffacrer à tout moment, à la conduire au travers des flots de la mer dans un défert, où naturellement elle devoit périr de mifere, &c. Les écrits & les inftitutions de ce Légiflateur ne font point l'ouvrage d'un cerveau dérangé.

Ce font les Incrédules qui rêvent, lorfqu'ils voyent dans les écrits des Prophetes, du défordre & des idées incohérentes; s'ils prenoient la peine d'en étudier le langage & la fuite, & de les confronter avec l'Hiftoire, ils reconnoîtroient leur erreur.

Non feulement le commun des Païens donnoit aux fonges une confiance fuperftitieufe, mais les Philofophes ont eu ce foible tout comme le peuple (a); il n'en

---

(a) Cic. de Divinat. fub fin.

étoit pas ainsi parmi les adorateurs du vrai Dieu. Loin de diviniser les songes en général, Moïse proscrit expressément cette espece de divination; il condamne à la mort un conteur de songes & de visions qui voudroit engager le peuple au culte des Dieux étrangers (*a*). Lorsque Joseph raconta les songes prophétiques qu'il avoit eus, ses freres en furent irrités; ils le nommerent par dérision *le rêveur*; Jacob même lui en fit une réprimande (*b*): il ne croyoient donc pas que tous les songes fussent des révélations divines.

§. VII.

Deuxieme Objection. ,, Pour que les ,, prophéties prouvassent efficacement une ,, révélation, il faudroit trois choses dont ,, le concours est impossible; savoir, que ,, j'eusse été témoin de la prophétie; que ,, je fusse témoin de l'événement, & qu'il ,, me fût démontré que cet événement ,, n'a pu cadrer fortuitement avec la pro- ,, phétie. Car, fût-elle aussi claire que le ,, jour, la clarté d'une prédiction faite au ,, hasard n'en rend pas l'accomplissement ,, impossible: cet accomplissement, quand

---

(*a*) Deut. c. 13, ℣. 1.   (*b*) Gen. c. 37, ℣. 19.

» il a lieu, ne prouve donc rien à la ri-
» gueur pour celui qui l'a prédit (a) ".

Réponse. Il est d'abord absurde de ne tenir pour certains que les faits dont nous avons été témoins. Que tel homme ait fait telle prédiction dans tel temps, c'est un fait qui peut être prouvé comme tout autre, par une tradition qui remonte jusqu'aux témoins, par des monumens, par les événemens dont cette prédiction a été la cause, & qui n'auroient pas eu lieu sans elle. Lorsque son accomplissement est un fait célebre qui change l'état d'une ou de plusieurs nations, qui laisse après lui des traces & des monumens visibles, il y a de la folie à le révoquer en doute, parce que je n'en ai pas été témoin oculaire. Si ce fait renferme une suite considérable de circonstances qui cadrent avec la prophétie, cette vérification ne peut pas être un jeu du hasard, sur-tout lorsque Dieu seul a pu tout opérer.

Appliquons ces regles. Dieu prédit à Abraham qu'il donnera la terre de Chanaan à sa postérité, non à celle qui descendra d'Ismaël, mais aux descendans d'Isaac ; la promesse est renouvelée à celui-

---

(a) Emile, tome III, p. 145.

ci en faveur des enfans de Jacob, à l'exclusion de ceux d'Esaü. Dieu ajoute que cette postérité sera opprimée en Egypte; qu'elle sera mise en liberté par des prodiges; que cela s'accomplira dans quatre cents ans. C'est sur cette prophétie que ces Patriarches dirigent leur conduite. Jacob, prêt à mourir en Egypte, la laisse pour testament à ses enfans; il veut être enterré dans la terre promise; il désigne les diverses contrées que chaque tribu doit y occuper (*a*). Joseph, avant sa mort, en renouvelle le souvenir à ses neveux. " Dieu vous visitera, & vous reconduira " dans la terre qu'il a promise à Abra- " ham, à Isaac & à Jacob; emportez mes " os avec vous lorsque vous partirez ". En conséquence, son corps est embaumé & conservé dans un cercueil pendant plus de cent cinquante ans. A leur départ, les Israélites l'emportent; ils le gardent encore pendant quarante ans dans le désert; ils lui donnent enfin la sépulture lorsqu'ils sont établis dans la Palestine (*b*).

Où toute l'Histoire d'Abraham & de

(*a*) Gen. c. 15, 47, 48, 49.
(*b*) *Ibid.* c. 50, ℣. 24. Exode, c. 13, ℣. 19. Josué, c. 24, ℣. 32.

sa postérité, pendant quatre cents ans, est fabuleuse; ou l'époque de la prophétie faite à ce Patriarche est certaine: elle est claire & circonstanciée; elle a été renouvelée par quatre peres de famille, elle regle leur conduite & celle de toute une nation. Le cercueil de Joseph, conservé pendant deux cents ans, étoit un monument irrécusable, *ses os prophétisoient encore après sa mort* (a).

L'accomplissement n'est pas moins certain. Quatre cents ans après Abraham, les Israélites sortis de l'Égypte se sont emparés de la Palestine, à l'exclusion des Ismaélites & des Iduméens placés plus à l'orient; nous en sommes convaincus même par l'Histoire profane, aussi bien que par les Livres des Juifs.

Pour faire cadrer l'événement avec la prophétie, il a fallu une suite de miracles; ce n'est donc pas par hasard que cela s'est fait. D'ailleurs, l'*ordre* dans les faits, non plus que l'ordre dans les êtres, ne peut être un effet du hasard; il est donc faux que la clarté d'une prédiction faite au hasard, n'en rende pas l'accomplissement impossible.

(a) Eccli. c. 49, ℣. 18.

Voilà les trois conditions remplies pour qu'une prophétie soit un signe certain de révélation. Elle prouveroit beaucoup moins, si le même homme avoit été témoin de la prédiction & de son accomplissement; il est plus difficile de prévoir ce qui arrivera dans quatre cents ans, que ce qui pourra se faire pendant la courte durée de la vie d'un homme.

§. VIII.

Troisieme Objection. Les prophéties Juives sont très-obscures; on peut les prendre en plusieurs sens différens; à force de subtilités & d'interprétations arbitraires, l'on peut y trouver tout ce que l'on veut : ce sont des énigmes dont chacun croit avoir trouvé la clef. Les Juifs les entendent tout autrement que les Chrétiens, & l'on doit présumer qu'ils sont plus en état que nous d'en saisir le véritable sens (*a*).

Réponse. D'autres Incrédules rejettent certaines prophéties; parce qu'elles sont trop claires, elles leur paroissent forgées après coup : comment concilierons-nous nos adversaires?

(*a*) Christian. dévoilé, c. 6, p. 76, 77.

» Il en est, disent-ils, des prophéties
» comme des songes; nous rêvons toutes
» les nuits, & le hasard fait qu'il arrive
» quelquefois des choses assez conformes
» à quelques-uns de nos rêves.... Mais
» le sort & le partage des douze tribus
» dans le testament de Jacob, la succes-
» sion des Monarchies, & le regne d'An-
» tiochus dans Daniel, la ruine de Baby-
» lone, & les conquêtes de Cyrus dans
» Isaïe, paroissent des Histoires assez
» exactes ; on peut accorder à leurs Au-
» teurs, non le titre de Prophetes, mais
» celui d'Historiens (a) ".

» Bien des personnes éclairées, dit
» Collins, soit parmi les Croyans, soit
» parmi les Incrédules, ont regardé la
» trop grande clarté dans les prophéties,
» comme des preuves évidentes qu'elles
» avoient été faites après coup. C'est ainsi
» que l'on a jugé des oracles Sibyllins (b) ".

Ces graves Docteurs auroient au moins
dû nous dire jusqu'à quel point les prophéties devroient être claires ou obscures, pour être censées authentiques.
Pour nous, il ne nous paroît pas nécessaire

(a) Opin. des Anciens sur les Juifs, p. 115, 118.
(b) Exam. des Prophéties, p. 52.

qu'avant l'événement une prophétie soit de la plus grande clarté ; cela pourroit mettre obstacle à son accomplissement, lorsqu'il dépend de la volonté libre des hommes : il suffit, pour remplir les desseins de Dieu, qu'une prophétie soit assez claire pour exciter l'attention des hommes, & pour les mettre en état de la comprendre lorsqu'elle est accomplie.

Nous montrerons en son lieu, que les prophéties de Jacob, d'Isaïe, de Daniel, n'ont point été faites après coup ; que celles qui annoncent le Messie sont très-claires depuis qu'elles sont vérifiées par l'événement ; que les anciens Juifs leur ont donné le même sens que nous. Quant à leurs Docteurs modernes, quels avantages peuvent-ils avoir sur nous ? Si l'on peut trouver dans les prophéties tout ce que l'on veut, pourquoi nos adversaires n'y ont-ils pas encore trouvé l'histoire de notre siecle ? Ce commentaire seroit très-curieux, leur feroit beaucoup d'honneur, nous imposeroit désormais silence sur les prophéties.

§. IX.

Quatrieme Objection. Il n'est pas étonnant que les Prophetes du Judaïsme aient annoncé de tout temps à une nation inquiete & mécontente de son sort, un Libérateur; ce fut pareillement l'objet de l'attente des Romains & de presque toutes les nations du monde. La venue d'un grand Juge, d'un réparateur des maux de l'univers, est une idée générale dont tous les peuples ont été frappés; elle ne prouve rien, sinon que les hommes, mécontens du présent, esperent un meilleur avenir (a).

Réponse. Les Juifs ont eu des Prophetes, non seulement dans le temps qu'ils étoient mécontens de leur sort, mais lorsque leur état étoit le plus florissant, sous les regnes de David & de Salomon. Moïse leur en avoit promis jusqu'à la venue du Messie, qui devoit être la fin de la loi & des Prophetes. Jamais ils n'ont été plus mécontens de leur sort qu'aujourd'hui; cependant il n'ont plus de Prophetes.

Les Anciens ne leur ont pas seulement prédit un Libérateur, un Messie, mais plusieurs événemens fâcheux; la prise de Jérusalem par les Assyriens, la captivité de Babylone, la ruine du Temple, les per-

---

(a) Christian. dévoilé, c. 6, p. 78. L'Antiquité dévoilée par ses usages, l. IV, c. 3, tome II, p. 325.

sécutions d'Antiochus, enfin la destruction entiere de leur République : ce n'étoit pas là les flatter par de vaines espérances.

Il est faux que les Romains aient attendu un Libérateur comme les Juifs; mais ils ont eu connoissance de celui que les Juifs espéroient : nous l'apprenons de Tacite & de Suétone. Ces promesses, renouvelées chez les Juifs de siecle en siecle depuis la création, font un phénomene unique qui ne se trouve chez aucune autre nation. La venue d'un grand Juge à la fin des siecles, est un dogme tout différent, qui n'a été connu que depuis Jésus-Christ, & dont nous parlerons ailleurs.

Dans le Chapitre VII, nous vengerons les Prophetes Juifs des calomnies dont ils sont chargés par les Incrédules, & nous examinerons avec soin les prédictions qui ont annoncé la venue du Messie.

CHAPITRE DEUXIEME.

De l'authenticité du Pentateuque, & des autres Livres de l'Ancien Testament.

§. I.

IL n'est point encore ici question de prouver la vérité des faits consignés dans l'Histoire Juive ; nous nous proposons seulement de montrer dans ce Chapitre, que le *Pentateuque*, ou les cinq premiers Livres de l'Ecriture, ont été composés par Moïse, & non par un Ecrivain postérieur ; que les autres Livres de l'Ancien Testament sont de même l'ouvrage des Auteurs auxquels on les attribue communément ; qu'indépendamment de ce qu'ils renferment, ils sont revêtus de toutes les attestations extérieures qui peuvent inspirer la confiance.

En parlant de la certitude morale, nous avons fait voir qu'il y a des regles certaines pour distinguer les écrits authentiques d'avec les ouvrages supposés ; sans cela, l'écriture seroit le plus pernicieux de tous les arts, il tendroit sans cesse des piéges inévitables à notre crédulité ; notre fortune, nos droits, notre état, ne seroient plus en sûreté. Le repos de la société est fondé sur cette maxime incontestable & prouvée par une expérience de six mille ans, que l'imposture ne peut jamais imiter parfaitement la vérité.

De tous les Livres connus, il n'en est aucuns qui aient subi un examen aussi rigoureux, une critique aussi constante & aussi sévere que ceux de Moïse ; ils sont les plus anciens qu'il y ait au monde, & les plus intéressans pour l'humanité : ce sont les titres primitifs de la religion, le fondement de notre foi & de nos espérances. Depuis dix-huit siecles, l'incrédulité n'a cessé de les attaquer, & les partisans de la révélation n'ont rien négligé pour les défendre ; il n'y a plus rien de nouveau à dire sur cette grande question ; mais on peut rapprocher les réflexions des différens Auteurs, & les confirmer par de solides réponses aux objections des Incrédules.

La bizarrerie de ces derniers est inconcevable. Lorsqu'il s'agit des Livres Sacrés des autres nations, des Chinois, des Indiens, des Perses, ces Critiques si séveres & si pointilleux sur nos Livres Saints poussent l'indulgence & la crédulité à l'excès.

Ils disent que l'on doit s'en rapporter à ces nations sur l'antiquité & l'authenticité de leurs Livres; que nous avons mauvaise grace de contester là-dessus; qu'une famille intéressée à la conservation de ses titres doit mieux les connoître que les étrangers (*a*). Est-il question des Juifs? C'est autre chose. Ce sont des imbécilles, des fourbes, des faussaires; tout est supposé & fabuleux dans leurs Livres; ils n'ont pas un seul écrit, pas une seule ligne qui n'ait été forgée pour tromper tout l'univers.

Lorsque les Ouvrages de Confucius, apportés des extrémités du monde, écrits dans une langue inconnue à l'Europe, peints en caracteres indéchiffrables, ont paru parmi nous, on n'a pas commencé par attaquer leur authencité, ni la bonne foi de ceux qui nous les ont donnés. Avec le secours d'une traduction, nous y avons reconnu le génie, les mœurs, les usages des Chinois, tels qu'ils ont été rapportés par les Voyageurs. On n'a point contesté sur la date de ces Livres, lorsqu'on l'a vue fondée sur une chronologie soutenue, & sur le témoignage constant des Ecrivains

---

(*a*) Dict. Philos. *Chinois*. Philos. de l'Hist. &c.

de cette nation. Personne n'a été assez insensé pour affirmer que Confucius est un personnage fabuleux, puisque les autres nations n'en ont jamais ouï parler.

De même, le savant Académicien qui a rapporté de l'Inde les Livres de Zoroastre, en a prouvé l'authenticité par les regles ordinaires de la critique, par la tradition constante des Parsis, par la conformité des dogmes qu'ils renferment avec ceux que les anciens ont attribués à Zoroastre, par la langue dans laquelle ils sont écrits. Il y auroit eu de l'opiniâtreté à exiger des preuves plus convaincantes : les Incrédules n'ont point crié à l'imposture, parce qu'ils n'y avoient point d'intérêt : pourquoi en agissent-ils différemment à l'égard des Livres des Juifs ?

§. II.

Dans le fond, les Livres de Moïse portent des caracteres d'authenticité plus frappans qu'aucun de ceux dont nous venons de parler ; nous le ferons voir. Nous prouverons, 1°. que Moïse n'est point un personnage fabuleux ; qu'il a été véritablement le Législateur des Juifs : 2°. qu'il est l'Auteur du Pentateuque : 3°. que l'on ne peut point accuser de supposition les autres Livres de l'Ancien Testament, qui rendent témoignage à ceux de Moïse : 4°. que le texte de ces Ouvrages a été conservé dans toute son intégrité, & n'a souffert aucune altération considérable : 5°. nous verrons en quoi consiste l'autorité divine, ou l'inspiration que nous leur attribuons.

Pour avilir ces anciens monumens de notre religion, nos adversaires ont épuisé toutes les ressources de l'art. En réunissant les argumens du Pere Hardouin contre l'Enéide, avec la maniere burlesque dont Scarron l'a travestie, un Philosophe célebre a fait l'Ouvrage, qu'il a intitulé, *la Bible enfin expliquée*. Déja les Essais sur l'Histoire générale, les Mélanges de Littérature, la Philosophie de l'Histoire, le Traité sur la Tolérance, les Lettres sur les Miracles, les Questions de Zapata, le Dictionnaire Philosophique, les Questions sur l'Encyclopédie, &c. ont été enrichis des lambeaux de ce précieux recueil. L'Auteur prétend avoir prouvé que le Pentateuque n'est point l'ouvrage de Moïse; que c'est un recueil de Contes Arabes, forgés par des Lévites ignorans plusieurs siecles après ce Législateur (a):

(a) Bible expliquée, p. 249.

tout comme il est démontré par les argumens du Pere Hardouin & par les vers de Scarron, que Virgile n'a pas fait l'Énéide; que ce Poëme n'a pas le sens commun; qu'il a été fabriqué par des Moines du douzieme ou du treizieme siecle.

La plupart des matériaux de *la Bible expliquée* n'ont plus le mérite de la nouveauté; les Marcionites, les Manichéens, Celse, Julien & Porphyre auroient droit de les revendiquer : mais l'Auteur n'est pas allé les prendre si loin; Spinosa, Bayle, Toland, Tindal, Morgan, Chubb, Bolingbroke avoient pris la peine de les recueillir, il n'a eu que celle de les copier; il y a seulement ajouté les fausses traductions, les anachronismes, les obscénités, les invectives, les impostures qu'il avoit déja répétés tant de fois dans ses autres Ouvrages.

Comme les Déistes Anglois feignoient encore de respecter le Christianisme, ils ont moins attaqué l'Evangile que l'Ancien Testament; les Déistes François, copistes serviles, ont fait de même d'abord; depuis qu'ils sont devenus Matérialistes, leur haine contre l'Evangile a éclaté; pour trouver des armes, il a fallu en emprunter des

des Juifs : nous verrons cette révolution dans notre troisieme Partie. Ainsi, dans toutes leurs disputes, nos adversaires n'ont été que les plagiaires des Mécréans de tous les siecles.

ARTICLE I.

Moïse n'est point un personnage fabuleux.

§. I.

Jusqu'a nos jours, aucun Incrédule n'avoit révoqué en doute l'existence de Moïse. Appion, Celse, Julien, Porphyre, appliqués à décrier la Religion & les Livres des Juifs, ont été tous persuadés que Moïse en étoit l'auteur. Le Philosophe dont nous venons de parler, s'est cru plus habile qu'eux & en état de prouver que Moïse n'exista jamais. » Il s'est trouvé, » dit-il, des hommes d'une science pro-» fonde, qui ont poussé le pyrrhonisme » de l'Histoire, jusqu'à douter qu'il y ait » eu un Moïse «. Voyons si ce Critique a hérité de la science profonde de ces Auteurs inconnus.

M. Huet s'étoit persuadé que les fables du Paganisme n'étoient rien autre chose que l'Histoire Sainte altérée & corrompue, que la plupart des exploits & des symboles que les Païens attribuoient à leurs Dieux & à leurs Héros étoient copiés d'après les Livres de Moïse. Conséquemment il prétendoit retrouver les actions de ce Législateur des Hébreux, non seulement dans Osiris, Bacchus, Sérapis, Orus, Vulcain, Typhon, personnages Egyptiens, mais encore dans Apollon, Pan, Esculape, Prométhée, Cécrops, Janus, Faunus, Evandre, Dieux ou Héros des Grecs & des Latins. Il voyoit toutes les Déesses de la Fable dans Séphora, femme de Moïse (a). Cette imagination, quoique soutenue par un grand appareil d'érudition, n'a séduit personne ; c'est un abus de l'esprit systématique, auquel les Savans se laissent quelquefois entraîner.

L'Auteur de la Philosophie de l'Histoire, partant d'après M. Huet, soutient que Moïse est le Bacchus des Arabes, par conséquent un personnage imaginaire. En défigurant la plupart des traits qu'il emprunte de M. Huet, il cite pour monument de la Mythologie des Arabes,

___

(a) Démonstr. Evang. Prop. 4, c. 3 & suiv.

les vers Orphiques attribués à Onomacrite, Poëte Grec, qui a vécu mille ans après Moïse (*a*). Les prétendus traits de ressemblance entre Bacchus & Moïse, sont tirés des Dionysiaques de Nonnus, qui a écrit neuf cents ans après Onomacrite. Toute l'érudition de notre Philosophe est à peu près de même force : s'il falloit relever toutes les bévues de sa *science profonde*, nous ne finirions jamais.

§. II.

L'existence de Moïse est prouvée, 1°. par le témoignage de tous les Ecrivains Juifs. Il n'est presque pas un seul de leurs Livres dans lequel Moïse ne soit nommé comme Législateur de la nation; M. Huet en a rassemblé une longue suite de passages; on pourroit y en ajouter d'autres (*b*). Sans prendre la peine de les parcourir, il suffit d'ouvrir une Concordance, ou de jeter les yeux sur les marges d'une Bible. On verra le nom de Moïse rappelé par tous les Auteurs qui ont

---

(*a*) Philos. de l'Hist. c. 28 & 40. Dict. Philos. Quest. sur l'Encyclop. *Moïse.* Exam. import. de Bolingbroke, &c.

(*b*) Démonstr. Evang. *ibid.* c. 1.

écrit après lui ; la loi des Juifs est constamment nommée *loi de Moïse*, & les Livres qui la contiennent, *Livres de Moïse*. Si ces Livres avoient été forgés long-temps après lui, il faudroit que tous ceux de l'Ancien Testament qui en parlent, ou qui y font allusion, eussent été aussi supposés ou altérés; nous verrons que cela n'est pas possible.

2°. La généalogie de Moïse étoit consignée dans les archives des Juifs ; on la trouve non seulement dans l'Exode, dans le Lévitique, dans le Livre des Nombres, mais encore dans le premier des Paralypomenes ; & celle d'Aaron son frere, dans le Livre d'Esdras : tous les Prêtres étoient obligés de prouver qu'ils descendoient de cette famille. On sait que la constitution de la République Juive dépendoit essentiellement de la conservation des généalogies : sur ce titre étoient fondés les droits, les prétentions, les possessions de chaque tribu & de chaque famille, les biens dans lesquels elles devoient rentrer à l'année Jubilaire, les alliances qu'elles pouvoient contracter.

3°. Les Juifs ont eu un Législateur, puisqu'ils ont eu des loix : qui est-il, si ce n'est pas Moïse ? En quel temps ont-ils reçu ces loix, si ce n'est pas dans le désert ? Elles ne leur ont certainement pas été données depuis leur établissement en corps de nation dans la Palestine, puisque la forme de cet établissement est prescrite par la législation même. Comment la tradition, qui rapporte le tout à Moïse, a-t-elle pu s'établir, si elle n'est fondée sur rien ?

4°. Le Sacerdoce attaché à la tribu de Lévi & à la famille de Moïse, est un monument de sa législation & de la fidélité de sa généalogie. Au retour de la captivité, Esdras fut obligé de faire remonter la sienne jusqu'à Aaron, frere de Moïse, & ceux qui ne purent pas faire de même, furent exclus du Sacerdoce (a).

5°. Tous les Historiens profanes, qui ont parlé des Juifs & de leurs loix, Diodore de Sicile, Trogue-Pompée dans Justin, Strabon, Tacite, Pline l'ancien, Galien, Juvénal, Porphyre, Celse, Julien, Longin, Chérémon & Manéthon, reconnoissent Moïse pour Législateur des Juifs. On peut voir leurs passages dans M. Huet ; nous en citerons plusieurs dans la suite. Josephe, dans ses Livres contre

---

(a) Esdras, l. I, c. 2 & 7.

Appion; Saint Juſtin, dans ſon Diſcours aux Gentils; Saint Clément d'Alexandrie, Tatien, Origene contre Celſe; Euſebe, dans ſa Préparation Evangélique; Saint Cyrille, dans ſes Livres contre Julien, ont cité un grand nombre d'autres Ecrivains profanes que nous n'avons plus (a).

6°. Les raiſons par leſquelles nous prouverons ci-après que Moïſe eſt Auteur du Pentateuque, démontrent plus évidemment encore que ce n'eſt point un perſonnage fabuleux; & toutes les hypotheſes forgées par les Incrédules, pour faire douter de ces faits, ſont frivoles ou abſurdes.

§. III.

On ſentira mieux la force de ces preuves, ſi on veut les comparer à celles que l'on a données de l'exiſtence de Zoroaſtre. M. Huet, par une ſuite de ſon ſyſtême, prétendoit que Zoroaſtre n'eſt autre que Moïſe; que les Perſes avoient emprunté une partie des caracteres du ſecond, pour les attribuer au premier. M. l'Abbé Foucher, pour démontrer le

---

(a) Hiſt. de l'Acad. des Inſcript. tome XIV, *in-12*, p. 354.

DE LA VRAIE RELIGION. 151

contraire (a), allegue, 1°. la croyance constante des Assyriens, des Medes & des Perses, trois nations qui n'étoient point barbares, mais instruites: 2°. le témoignage des Auteurs Grecs & Latins qui ont regardé Zoroastre comme l'auteur ou le réformateur de la Religion des Perses, & lui ont attribué la même doctrine. M. Huet avoit allégué leurs contradictions: le savant Académicien fait voir qu'on peut les concilier; que, quand on ne le pourroit pas, il s'ensuivroit seulement que les Perses ont mis des fables sur le compte de ce personnage. 3°. Si nous avions, dit-il, quelqu'un des Livres attribués à Zoroastre, si le Zend-Avesta des Persans nous étoit plus connu, nous pourrions juger par les caracteres internes de ces écrits, s'ils sont dignes du nom qu'ils portent. Cette preuve, que demandoit M. l'Abbé Foucher, est acquise aujourd'hui : depuis que M. Anquetil a rapporté des Indes & traduit le Zend-Avesta, la dispute est finie, parce que ce livre ne contient rien que Zoroastre n'ait pu écrire dans le siecle où l'on croit qu'il a vécu. Le Traducteur en a prouvé l'authenticité

(a) Mém. tome XLVI, p. 483.

par les mêmes raisons que M. l'Abbé Foucher, & les a confirmées par de nouvelles observations. Toutes les objections que M. Huet, Brucker, & d'autres, avoient voulu tirer des contradictions des Auteurs, du génie crédule des Orientaux, des fables que l'on racontoit de Zoroastre, de la multitude des ouvrages supposés dans les siecles passés, &c. sont tombées par terre; aucun Philosophe n'est tenté de les relever, parce que personne n'y prend intérêt.

Pourquoi donc s'obstiner à répéter les mêmes sophismes contre Moïse ? Les témoignages des anciens en sa faveur, ne sont ni moins nombreux, ni moins formels que ceux qui attestent l'existence de Zoroastre. Ils sont même plus forts, puisqu'il n'y a entre eux aucune contradiction, ni sur le temps auquel Moïse a vécu, ni sur le pays dont il est sorti, ni sur la doctrine qu'il a enseignée. La croyance des Juifs n'a été ni moins constante, ni moins uniforme que celle des Perses; elle est beaucoup plus ancienne. Les Livres de Moïse ne renferment aucun caractere de supposition, ni d'imposture ; nous le verrons ci après. Si l'on examinoit ceux de Zoroastre avec autant de soin & de malignité que ceux de Moïse, il n'y auroit pas une page qui ne fournît matiere à la censure. C'est donc la passion & non la raison, qui conduit l'Auteur de la Philosophie de l'Histoire, & ses admirateurs.

§. IV.

Qu'opposent-ils à nos preuves ? Des suppositions en l'air, un prétendu silence universel des Historiens profanes qu'ils n'ont jamais lus.

Premiere Objection. Selon le Dictionnaire Philosophique, Josephe, qui a recueilli tous les témoignages possibles en faveur des Juifs, n'ose dire qu'aucun des Auteurs qu'il cite ait dit un seul mot de Moïse (*a*). L'Auteur, honteux d'avoir avancé cette imposture, s'est contenté d'assurer ensuite qu'aucun de ces Anciens n'a fait mention des prodiges de Moïse. Ce silence universel, dit-il, n'est-il pas une preuve que Moïse est un personnage fabuleux (*b*) ?

(*a*) Dict. Philos. art. *Moïse*.
(*b*) Philos. de l'Hist. c. 19. Exam. import. c. 2. Dîner de Boulainv. p. 26. Disc. de Julien, Notes, p. 28. Quest. sur l'Encyclop. *Bacchus, Moïse.*

Réponse. Ce silence n'est réel que pour ceux qui n'ont rien lu. Josephe cite les passages formels de Manéthon, de Chérémon, de Lysimaque, d'Apollonius Molon, d'Appion, tous Egyptiens qui parlent de Moïse comme Chef & Législateur des Hébreux (*a*). Nous lisons encore dans Diodore, dans Justin, dans Strabon, &c. les passages où il est question de Moïse: auroient-ils moins de force, quand Josephe ne les auroit ni lus, ni cités? Il allegue enfin des Historiens Phéniciens & Chaldéens. Voilà donc des témoignages de toutes les nations lettrées, qui prouvent l'existence & le ministere de de Moïse. Les mêmes témoignages attestent ses miracles; nous le verrons dans un moment.

Mais, continue notre savant Critique: » Aucun Auteur Grec n'a cité un passage » de Moïse, avant Longin, qui vécut & » mourut du temps de l'Empereur Au- » rélien. Il y a bien de la différence entre » faire mention d'un Auteur, & le citer: » en faire mention, c'est dire, il a vécu, » il a écrit en tel temps: le citer, c'est

---

(*a*) Contre Appion, l. I, c. 9, 10, 11: l. II, c. 1 & 6.

« rapporter un de ses passages, *comme
» Moïse le dit dans sa Genese ou dans son
» Exode*. Or, on affirme qu'aucun Auteur
» étranger, aucun même des Prophetes
» Juifs, n'a jamais cité un seul passage
» de Moïse (*a*). Aucun passage formel
» du Pentateuque, aucune loi particuliere,
» aucun rite ne se trouve cité expressé-
» ment, ni dans les Prophetes, ni dans
» l'Histoire des Rois Juifs (*b*) ».

Réponse. Quand cela seroit vrai, il ne s'ensuivroit rien. Selon toute l'antiquité sacrée & profane, Moïse est le seul Législateur des Juifs : donc toutes les fois qu'il est question d'une loi ou d'un rite quelconque contenus dans les loix Juives, c'est Moïse que l'on cite en citant la loi. Notre Critique admet l'authenticité du fragment de Sanchoniathon : par quels Auteurs Grecs cet Historien Phénicien a-t-il été cité ?

§. V.

Est-il vrai qu'aucun Auteur Grec, antérieur à Longin, n'ait cité Moïse ?

(*a*) Philos. de l'Hist. c. 28. Quest. sur l'Encyclopédie, *Adam, Auteurs, Moïse*.
(*b*) Lettre d'un Quaker à Jean George.

Alexandre Polyhistor, qui a vécu près de trois cents ans avant Longin, dit que le *Législateur Moïse a écrit l'Histoire des Juifs*. D'après un autre Ecrivain, nommé Cléodeme, il parle des enfans qu'Abraham eut de Céthura, conformément à ce qu'en dit Moïse. (*a*). Selon Diodore de Sicile, qui a précédé Longin de plus de deux siecles, à la fin des loix Juives on lit ces mots : *Moïse rapporte aux Juifs ces paroles, qu'il a entendues de la bouche de Dieu même* (*b*). En effet, ces mots se trouvent en substance dans le dernier Chapitre du Pentateuque. Nicolas de Damas, contemporain de Diodore, cite ce qu'a dit *Moïse, Législateur des Juifs*, d'un homme qui se sauva dans une arche pendant le déluge (*c*). Numénius, Philosophe Pythagoricien, plus vieux d'un siecle que Longin, cite ces paroles d'un Prophete : *L'esprit de Dieu étoit porté sur les eaux* (*d*). Elles sont tirées du premier Chapitre de la Genese. Si l'on veut voir d'autres cita-

___

(*a*) Josephe, Antiq. l. I, c. 5.
(*b*) Fragmens de Diodore, trad. de Terrasson, tome VII, p. 247.
(*c*) Josephe, Antiq. l. I, c. 3.
(*d*) Porphyre, de Antro Nympharum, p. 111.

tions, on les trouvera dans le Livre neuvieme de la Préparation Evangélique d'Eusebe.

Pour les passages des Livres de Moïse, cités par les Prophetes & par les autres Ecrivains de l'Ancien Testament, nous ne prendrons pas la peine de les copier. M. Huet les a recueillis ; M. Bullet en a rassemblé vingt-sept (a). Encore une fois, il suffit d'ouvrir une Concordance, ou de parcourir les marges d'une Bible, pour être étonné de la *science profonde* du Philosophe auquel nous répondons.

Les Auteurs Grecs, dit-il, ni les Ecrivains Juifs, ne parlent ni de Genese, ni d'Exode, ni de Deutéronome. Je le crois. Chez les Auteurs sacrés & profanes, le Pentateuque est nommé constamment, *la loi de Moïse*, *le Livre de Moïse*, ou simplement *la Loi* ; il est encore cité sous ce nom dans le Nouveau Testament. Dans l'origine, cet Ouvrage, ni les suivans, n'étoient distingués ni par Livres, ni par Chapitres, ni par Versets ; cette division n'a été imaginée qu'au treizieme siecle. Les noms *Pentateuque*, *Genese*, *Exode*, *Deutéronome*, sont Grecs ; ils

---

(a) Réponses crit. tome II, p. 20 & suiv.

viennent de la version des Septante. Les Rabbins désignent les différens Livres du Pentateuque, par le premier mot Hébreu, *Berefith*, *Véelle Shemoth*, *Vaïcra*, &c. Personne n'est étonné d'entendre citer aujourd'hui les différens Livres du Nouveau Testament, sous le nom général d'*Evangile*. Si un Critique suspectoit les citations d'Hérodote ou de Platon, faites par les Anciens, parce qu'ils n'ont pas indiqué le Livre ni le Chapitre, il s'exposeroit à la dérision de tous les Lecteurs instruits.

§. VI.

Deuxieme Objection. Aucun des Auteurs profanes n'a parlé des miracles de Moïse ; Josephe, Philon, Eusebe, n'ont pas pu découvrir un seul Auteur qui fasse la moindre mention des actions merveilleuses qu'on lui attribue : donc c'est un personnage fabuleux (*a*).

Réponse. La conséquence est absurde. Si Moïse n'y a point fait de miracles, il a du moins fait des loix : donc c'est un personnage réel. Nous verrons que ses loix sont la plus forte preuve de ses miracles.

(*a*) Quest. sur l'Encyclop. *Moïse.*

Des Ecrivains Païens qui ne croyoient point au Dieu de Moïse, ne pouvoient pas faire grand cas de ses miracles ; quand ils les auroient passés sous silence ou révoqués en doute, cela ne seroit pas fort étonnant.

Mais ils n'ont fait ni l'un ni l'autre : 1°. Plusieurs en ont parlé d'une maniere conforme à leurs préjugés. Lysimaque & Apollonius Molon disent que Moïse étoit un séducteur & un enchanteur (*a*). Or, un *enchanteur* est un homme qui fait des prodiges du moins apparens. Trogue-Pompée, abrégé par Justin, dit que Joseph, transporté en Egypte, devint très-savant dans la magie, tellement qu'il sut prédire des années de stérilité long-temps avant qu'elles arrivassent ; que Moïse son fils hérita de ses talens (*b*). Celse reproche aux Juifs, qu'ils rendent un culte religieux aux Anges ; qu'ils sont adonnés à la magie & aux maléfices ; qu'ils les ont appris de Moïse leur maître (*c*). Pline met Moïse au nombre des Magiciens fameux (*d*).

(*a*) Josephe contre Appion, l. II, c. 6.
(*b*) Justin, l. XXXVI.
(*c*) Orig. contre Celse, l. I, n. 26.
(*d*) Hist. Nat. l. XXX, c. 1.

2°. D'autres en ont eu meilleure opinion. Selon Josephe, les Egyptiens demeuroient d'accord que Moïse étoit un homme admirable, & qui avoit quelque chose de divin (a): Josephe n'auroit pas pas osé avancer ce fait, s'il n'en avoit eu les preuves en main. Saint Cyrille rapporte un fragment de Diodore de Sicile, qui prétendoit avoir appris des Egyptiens mêmes, que Moïse étoit un homme admirable, & regardé presque comme un Dieu (b). Il cite d'autres Auteurs qui en ont parlé de même, tels que Polémon, Ptolémée de Mendés, Hellanicus, Philocorus, & Castor. Le Pythagoricien Numénius, cité par Origene & par Eusebe, dit que lorsque les Juifs furent chassés de l'Egypte, Jannés & Mambrés, Magiciens célebres, & savans dans les mysteres sacrés, furent choisis par les Egyptiens, pour s'opposer à *Musée*, Chef des Juifs, dont les prieres étoient très-puissantes auprès de Dieu, & pour faire cesser les fléaux dont il affligeoit l'Egypte (c). Eupoleme

---

(a) Joseph contre Appion, l. I, c. 10.
(b) S. Cyrille contre Julien, l. I, p. 15.
(c) Orig. contre Celse, l. IV, n 51. Eusebe, Prép. Evang. l. IX, c. 8.

appeloit Moïse *le premier Sage* ; Diodore & Strabon lui rendent la même justice : nous citerons leurs paroles ailleurs. Nous n'alléguons point le témoignage d'Artapan, rapporté par Eusebe, parce que cet Auteur passe pour supposé.

3°. Demetrius de Phalere, Philon l'ancien, Eupoleme, avoient fait l'Histoire des Juifs ; & Josephe dit qu'ils ne se sont pas beaucoup éloignés de la vérité (*a*). Leur auroit-il rendu ce témoignage, s'ils avoient supprimé ou contesté les miracles de Moïse ? Justin a rapporté assez clairement celui du passage de la mer Rouge ; nous le verrons en son lieu. Tacite atteste le repos que les Juifs donnoient à la terre tous les sept ans ; cette loi de Moïse n'a pu être exécutée sans un miracle permanent.

Il y auroit de l'entêtement à exiger que les Païens eussent parlé d'une maniere plus énergique du pouvoir surnarel de Moïse ; mais ils en ont dit assez pour confirmer le récit des Livres Saints, & pour démontrer la science profonde d'un Philosophe qui ose répéter dans vingt Ouvrages, que les Auteurs profanes n'ont jamais parlé de Moïse, n'ont cité

___

(*a*) Contre Appion, l. I, c. 8, à la fin.

aucun de ses passages, n'ont fait aucune mention de ses miracles.

Le très-grand nombre des anciens monumens ont péri, & l'on vient nous objecter leur silence : nous n'avons plus les Historiens Egyptiens, Phéniciens, Assyriens, Chaldéens, qui ont écrit dans le voisinage de la Judée, & qui pouvoient connoître les Juifs; nous ne savons ce qu'ils ont dit, que par des citations éparses : mais Josephe, Origene, Eusebe, Saint Cyrille les avoient lus. Nous ne sommes pas responsables de l'incendie qui a consumé la Bibliotheque d'Alexandrie, ni de la fureur des Mahométans.

Moïse a précédé de plusieurs siecles tous les Auteurs profanes, & l'on est surpris de ne pas trouver ailleurs des Ecrivains contemporains, qui attestent ses actions & ses miracles ; Celse qui connoissoit l'antiquité, n'a eu garde de faire cette objection. Les Grecs, très-modernes en comparaison des peuples Orientaux, en ont eu très-peu de connoissance. Hérodote ni Thucydide n'ont pas dit un mot des Romains : que prouve leur silence ?

Il est fort étonnant, disent nos adversaires, que les anciens Auteurs, Hérodote, par exemple, ne difent pas un mot des Juifs, ce peuple célebre qui exiftoit avec tant de gloire dans leur voifinage (a). *Etonnant* fans doute pour des Ecrivains très-mal inftruits. Il eft faux qu'Hérodote n'ait pas dit un mot des Juifs : en parlant de la circoncifion, il les nomme *les Syriens de la Paleftine*. Quand il n'en auroit pas plus fait mention que des Romains, cela ne prouveroit rien ; les Hiftoriens Egyptiens, Phéniciens & Chaldéens, qui en favoient plus qu'Hérodote, ont parlé des Juifs en très-bonne part, & n'ont point eu pour eux le mépris qu'affectent aujourd'hui des Philofophes favans par infpiration. Leur ignorance volontaire ne détruira pas les monumens qu'ils n'ont pas voulu voir.

Que diront ces Critiques intrépides, fi on parvient à leur prouver que l'ancienne Hiftoire d'Egypte, telle que nous l'avons reçue des Grecs, n'eft autre chofe que le Texte même des Livres de Moïfe, mal traduit & groffiérement commenté ? L'Auteur de *l'Hiftoire véritable des temps fabuleux*, nous paroît avoir porté ce fait à un degré de vraifemblance, auquel il

---

(a) Tableau du genre humain, p. 51.

est difficile de ne pas acquiefcer. Mais la plupart des Cenfeurs de l'Hiftoire Sainte n'en favent pas affez pour être juges compétens de cette queftion.

§. VII.

Troifieme Objection. Tout eft prodige, tout eft miracle dans la naiffance & dans la vie de Moïfe; les Rabbins ont encore enchéri fur les Livres Saints, pour rendre merveilleufes les actions de leur Légiflateur: ils en ont compofé une hiftoire remplie de fables puériles, & qui eft néanmoins de la plus haute antiquité. Donc, il n'y a rien de vrai dans tout ce que l'on dit de Moïfe (*a*).

Réponfe. On a écrit des fables fur Zoroaftre, fur Alexandre, fur Charlemagne: donc ces divers perfonnages n'ont jamais exifté; leur hiftoire ne mérite aucune croyance. Sublime raifonnement!

Nous convenons que des Philofophes entêtés de Matérialifme, obftinés à foutenir que tout miracle eft impoffible & abfurde, ne peuvent lire l'Hiftoire Juive

---

(*a*) Efprit du Judaïfme, c. 2, &c. Queft. fur l'Encyclop. *Apocryphes, Moïfe*. Bible expliquée, p. 121 & fuiv.

fans être révoltés. Mais ils ne raisonnent point; ils n'ont aucun principe certain, duquel ils puissent conclure l'impossibilité des miracles; Bayle l'a démontré contre Spinosa: les Déistes, les Sceptiques, les Matérialistes ne s'accorderont jamais sur cette grande question.

Nous avouons encore que la plupart des actions de Moïse & des événemens de l'Histoire Juive font absolument contraires au cours de la nature, & supérieurs aux regles de la prudence humaine; mais il est ici question d'un dessein particulier de la Providence, d'un plan qu'elle a formé dès la création, & constamment suivi dans la suite des siecles. Il falloit des miracles pour établir la révélation, pour la renouveler & la conserver, pour fonder la République Juive, telle qu'elle a subsisté pendant quinze cents ans, pour rendre inexcusable l'idolâtrie des nations dont elle étoit environnée. Si les Hébreux n'ont point vu de miracles, leur Législateur est un fourbe insensé, toute la nation une horde de frénétiques & de forcenés, leur Histoire un rêve continuel; pendant quinze siecles, il ne s'est pas trouvé parmi eux un seul homme de bon sens. Telle est aussi l'idée que veulent nous en donner les Incrédules. Cependant, c'est le seul peuple de l'univers qui ait eu une croyance raisonnable, une morale pure, une police exacte, un gouvernement équitable & modéré. Les Sages de l'antiquité les mieux instruits en ont porté ce jugement ; nous le verrons ci-après. Eu égard au temps & à l'état dans lequel se trouvoient toutes les autres nations, il est impossible que ce phénomene soit arrivé sans miracle ; qu'un Législateur tel que Moïse ait pu s'élever par ses propres forces au dessus des idées, des erreurs, des préjugés universellement répandus. De quelque maniere que l'on envisage son entreprise & ses succès, il faut nécessairement y admettre du surnaturel.

Un Athée, persuadé qu'il n'y a point de Dieu, point de Providence, point de vie future ; que toute religion est un fanatisme ; que le hasard conduit tout dans l'univers ; peut supposer qu'une nation entiere a été frénétique pendant quinze cents ans, a retracé par des pratiques journalieres le souvenir de vingt miracles imaginaires, a suivi une religion différente de toutes les autres, sans que l'on puisse deviner le motif qui la lui a fait embrasser. Si dans l'origine ce peuple a vu des miracles, sa conduite n'a rien d'étonnant; s'il n'en a pas vu, sa folie est inconcevable & contraire à toutes les loix du monde moral.

Il est faux que le roman de la vie de Moïse soit *de la plus haute antiquité* (a); il est dans le goût du Talmud, & marqué au coin du Rabbinisme moderne : les Savans n'en ont jamais fait aucun cas.

§. VIII.

Quatrieme Objection. Dans tous les temps, les Juifs ont été haïs, détestés & méprisés des autres nations; ils ont passé pour des fanatiques & des visionnaires; leur religion a été regardée comme une superstition, & leur Histoire comme un roman : c'est par la prévention des Chrétiens qui l'ont adoptée, qu'elle a obtenu quelque considération dans le monde : mais cela ne prouve rien, sinon que les Chrétiens sont aussi crédules & aussi peu sensés que les Juifs (b).

(a) Quest. sur l'Encyclop. *Moïse.*
(b) Opinions des Anciens sur les Juifs; l'Esprit du Judaïsme, le Christian. dévoilé, Réflex. décisives sur le Judaïsme, 6ᵉ. Lettre à Sophie, &c.

Réponse. Ce ton dédaigneux des Incrédules est excellent pour écarter des discussions qui les incommodent ; mais il ne nous en impose pas : voyons s'il est vrai que les Juifs aient été universellement méprisés & détestés.

1°. Quels témoins allegue-t-on de ce mépris ? Les Philosophes Romains, Cicéron, Plutarque, Séneque, Tacite ; mais sur-tout les Poëtes, Horace, Juvénal, Perse, Martial, Rutilius Numatianus. La plupart confondoient les Juifs avec les Egyptiens (*a*), tant ils les connoissoient bien ; ils leur attribuent des usages & une croyance formellement contraires à ce qu'enseignent les Livres des Juifs : ils les accusent d'adorer une tête d'âne, de rendre un culte impudique à leurs Prêtres, d'être Athées, &c. Ce mépris est d'un aussi grand poids que celui des Incrédules modernes ; de part & d'autre, il est fondé sur une ignorance volontaire. Un Philosophe même a fait cette remarque (*b*). Les beaux esprits de Rome

_____

(*a*) Opin. des Anc. sur les Juifs, p. 4 & suiv.
(*b*) Recherches Philos. sur les Egypt. tome II, sect. 7, p. 172.

étoient

étoient ou Epicuriens ou Sceptiques ; ils devoient donc méprifer & détefter toute religion comme font aujourd'hui les Matérialiftes. Que prouve leur eftime ou leur mépris ?

2°. Ce mépris n'a éclaté qu'après plufieurs guerres entre les Romains & les Juifs. Ceux-ci, jaloux de leur liberté, ne purent fouffrir la tyrannie des Gouverneurs Romains, ni la brutalité de leurs foldats ; ils fe révolterent tant de fois qu'il fallut les exterminer. Or, felon l'idée des Romains, tout peuple qui leur réfiftoit étoit abominable ; on ne pouvoit en dire trop de mal : ils n'ont pas mieux traité les Gaulois que les Juifs.

Pendant que ceux-ci luttoient contre les Antiochus, le Sénat Romain trouva bon de leur accorder fon amitié ; ils furent les premiers Orientaux qui recouvrerent leur liberté, parce que Rome étoit toujours libérale du bien d'autrui (a). Lorfqu'elle eut écrafé le Royaume de Syrie, elle tomba fur les Juifs, parce qu'elle ne vouloit plus de liberté dans le monde ; il étoit tout fimple de méprifer

---

(a) *Facilè tunc Romanis de alieno largientibus.* Juftin. l. XXXVI.

un peuple assujetti, pour avoir droit de le tyranniser.

3°. Quelle induction peut-on tirer des préventions nationales ? Aucune. Les Grecs traitoient de *Barbare* tout ce qui n'étoit pas Grec ; les Romains, n'estimoient qu'eux-mêmes & les Grecs. Les Anglois, peu instruits, nous font l'honneur de nous haïr, & consentent difficilement à nous estimer : nous sommes plus équitables à leur égard. Connoît-on deux peuples voisins qui n'aient des préjugés l'un contre l'autre ?

4°. La principale raison du mépris que l'on avoit pour les Juifs, étoit la circoncision ; c'est le grand objet des railleries des Poëtes (*a*). Ce mépris est aussi sensé que celui des Asiatiques à l'égard des Européens, parce qu'ils ont des turbans, & que nous portons des chapeaux : plus les peuples sont ignorans, plus ils ont de vanité & de mépris pour les autres.

§. IX.

Laissons donc de côté les préventions absurdes. Les Philosophes plus anciens, les hommes d'Etat, les Souverains, les

_____

(*a*) Opin. des Anc. sur les Juifs, p. 15 & suiv.

Corps de République, ont-ils pensé sur le compte des Juifs comme les beaux esprits de Rome? Voilà la question: nos adversaires n'ont pas pris la peine de s'en informer.

Hermippus, Auteur ancien, cité par Josephe & par Origene, dit, dans la vie de Pythagore, que ce Philosophe avoit emprunté des Juifs une partie de la doctrine qu'il porta dans la Grece (*a*). Numénius, Pythagoricien, pensoit de même; il disoit que Platon étoit le Moïse Athénien (*b*). La plus ancienne & la plus respectable secte de philosophie avoit donc de l'estime pour les Juifs.

Si nous en croyons Cléarque, disciple d'Aristote, ce Philosophe voyageant en Asie avoit eu plusieurs conférences avec un Juif dont il faisoit le portrait le plus avantageux, & avoit beaucoup appris dans sa conversation. Aristote croyoit les Juifs descendus des Gymnosophistes Indiens, si célebres dans l'antiquité (*c*). Théophraste,

_____

(*a*) Josephe contre Appion, l. I, c. 6. Origene contre Celse, l. I, n. 15.

(*b*) Eusebe, Prép. Evang. l. IX, c. 8: l. XI, c. 10. Orig. l. IV, n. 51.

(*c*) Josephe contre Appion, l. I, c. 8: Eusebe, *ibid*. c. 5.

autre disciple d'Aristote, cité par Porphyre, représente les Juifs comme un peuple de Philosophes accoutumés à s'entretenir de la Divinité à laquelle ils rendent leur culte (*a*). Mégasthene, cité par Saint Clément d'Alexandrie, en avoit la même idée (*b*). Porphyre lui-même dit que les inventeurs de la sagesse ou de la philosophie ont été les Egyptiens, les Phéniciens, les Chaldéens, *& les Hébreux* (*c*).

Hécatée d'Abdere, Philosophe estimé d'Alexandre & de Ptolomée Lagide, avoit écrit un livre entier sur les Juifs. Il y parloit avec éloge d'un Sacrificateur nommé Ezéchias, *grand personnage* avec lequel il avoit conversé plusieurs fois sur la croyance & les loix de sa nation. Hécatée parloit si avantageusement des Juifs, qu'Hérennius Philon doutoit que cet Ouvrage fût d'Hécatée. S'il en est véritablement, disoit-il, il faut que cet Auteur se soit laissé persuader par les Juifs, & qu'il ait embrassé leur doctrine (*d*). Onoma-

---

(*a*) Porphyr. de abstin. l. II, n. 26.
(*b*) Eusebe, l. IX, c. 6.
(*c*) Théodoret, Thérapeut. 1ᵉ. Disc. p. 172.
(*d*) Josephe contre Appien, l. I, c. 8. Orig. contre Celse, l. I, n. 15.

crite avoit mis en vers une partie de leur Histoire; il ne la regardoit pas comme un Roman.

Ce ne sont-là que des fragmens sauvés des ruines de l'antiquité; mais il nous reste des monumens plus entiers.

§. X.

Strabon, parlant des Juifs, donne une haute idée de Moïse; il le loue d'avoir eu des idées plus sublimes de la Divinité, que les Egyptiens, les Grecs & les Lybiens. Il dit que Moïse quitta l'Egypte, parce qu'il ne pouvoit pas approuver les notions religieuses ni le culte des Egyptiens; qu'il fut suivi par un grand nombre d'*hommes vertueux*, qui adoroient Dieu. Moïse, dit-il, leur apprit à honorer la Divinité en esprit, sans aucune représentation sensible; à faire consister la piété dans l'innocence des mœurs & dans la vertu; à retrancher du culte tout ce qui est indécent & absurde. Strabon regarde néanmoins l'abstinence de certaines viandes, & la circoncision, comme des pratiques superstitieuses, parce qu'il n'en savoit pas la raison (a).

(a) Strabon, Georgr. l. XVI, p. 1104.

Diodore de Sicile, souvent injuste à l'égard des Juifs, fait néanmoins l'éloge de Moïse. « C'étoit, dit-il, un homme supé-
» rieur par sa prudence & par son cou-
» rage ; il s'empara de la Judée, y bâtit
» plusieurs villes, & la plus célebre de
» toutes, nommée Jérusalem ; il y cons-
» truisit un Temple, singuliérement res-
» pecté des Juifs. Il enseigna à son peu-
» ple le culte de Dieu, & institua les cé-
» rémonies de religion. Enfin, il donna
» des loix à sa nation, dont il fit une
» République. Mais il ne voulut placer
» dans le Temple aucune image des
» Dieux, jugeant que la forme humaine
» ne convient point à la Divinité. Il
» établit des cérémonies sacrées & des
» loix morales très-différentes de celles
» des autres nations : car, mécontent de
» ce que la sienne étoit bannie d'Egypte,
» il lui inspira des mœurs qui tenoient
» quelque chose de l'inhumanité & de
» l'inhospitalité, & choisissant entre eux
» ceux qui étoient les plus agréables à la
» multitude & en même temps les plus
» capables de gouverner, il en fit les Prê-
» tres de la nation. Il leur confia tout ce
» qui concernoit le culte divin, & les
» établit en même temps gardiens des

DE LA VRAIE RELIGION. 175

» loix, & juges dans toutes les causes
» importantes...... A la fin du Livre de
» leurs loix, on lit ces mots : *Moïse rap-*
» *porte aux Juifs ces paroles qu'il a en-*
» *tendues de la bouche de Dieu même.*
» Ce Législateur leur a laissé de très-
» sages instructions sur la guerre (*a*) «.
Nous verrons ailleurs s'il y a dans les
loix des Juifs des traits d'inhumanité &
d'inhospitalité.

Trogue-Pompée, dans Justin, paroît
approuver la constitution de la république Juive ; il loue ce peuple d'avoir fondé
sa prospérité sur la justice réunie à la religion : *justitiâ religione permixtâ* (*b*).

Dion Cassius dit que les mœurs & les
coutumes des Juifs sont très-différentes
de celles des autres peuples ; qu'ils n'adorent aucun des Dieux vulgaires, mais
qu'ils en honorent un seul avec beaucoup
de respect. » Il n'y a, dit-il, aucun simu-
» lacre à Jérusalem, parce qu'ils croient
» leur Dieu invisible & ineffable, & ils
» surpassent tous les autres peuples dans
» le culte religieux qu'ils lui rendent. Ils

(*a*) Fragm. de Diod. traduct. de Terrasson,
tome VII, p. 247.

(*b*) Justin, Hist. l. XXXVI.

» lui ont bâti un temple vaste & magni-
» fique, mais sans couverture; ils fêtent
» le jour que nous consacrons à Saturne.
» Ce n'est point mon dessein de m'étendre
» davantage sur leur Dieu & sur son culte,
» plusieurs Auteurs en ont parlé (a) ». Nous
ne voyons là aucune marque de mépris
pour les Juifs ni pour leur religion.

Varron approuve la coutume des Juifs
d'adorer Dieu sans aucune image sensible; les anciens Romains avoient fait de
même. Si cet usage, dit-il, eût toujours
duré parmi nous, le culte des Dieux seroit beaucoup plus pur (b).

Porphyre fait un éloge complet de la
secte Juive des Esséniens, de leurs mœurs,
de leur culte, des loix de Moïse qu'ils
observent, du courage avec lequel plusieurs Juifs souffrirent la mort sous Antiochus. » Accoutumés, dit-il, à ce genre
» de vie, & s'occupant ainsi de la vérité &
» de la piété, il est très-vraisemblable
» que plusieurs d'entre eux ont connu
» l'avenir, ayant été élevés dès leur
» tendre jeunesse dans la lecture des Livres
» sacrés, des écrits des Prophetes, & dans

(a) Hist. Rom. l. XXXVII.
(b) S. Aug. de Civit. Dei, l. IV, c. 31.

DE LA VRAIE RELIGION. 177
« l'usage de différentes purifications ; ra-
« rement ils se trompent dans leurs pré-
« dictions (a) ».

Nous ne citerons aucun des oracles allégués par Porphyre en faveur des Juifs ; ils sont trop suspects : ce Philosophe eût-il osé en faire mention, si la haine & le mépris pour les Juifs avoient été aussi universels qu'on le prétend ?

Le Compilateur des *opinions des Anciens sur les Juifs* n'a eu garde de citer aucun de ces monumens ; il a soigneusement recueilli tout ce qu'il y a d'injurieux aux Juifs dans les Auteurs Païens ; il a supprimé avec une bonne foi exemplaire tout ce qui leur est favorable.

§. XI.

Cependant il a été forcé d'avouer que les Juifs furent accueillis par plusieurs Souverains. Alexandre leur accorda le droit de bourgeoisie dans sa ville d'Alexandrie ; le fondateur d'Antioche fit de même. Les Ptolomées les protégerent en Egypte ; Philométor leur permit de bâtir un temple sur le modele de celui de Jérusalem (b) ;

(a) De l'Abstin. l. IV, n. 11 & suiv.
(b) Opin. des Anc. sur les Juifs, p. 24.

H 5

Philadephe voulut avoir une traduction de leurs Livres; la bienveillance de Cyrus pour eux est incontestable.

Joséphe rapporte plusieurs décrets du Sénat & des Empereurs Romains, par lesquels ils reconnoissent la fidélité de sa nation & les services qu'elle leur a rendus; ils ordonnent qu'elle jouisse des mêmes priviléges que les autres sujets de l'Empire, lui laissent la liberté d'observer sa religion & ses loix (*a*).

Lorsque Caligula voulut faire placer sa statue dans le temple de Jérusalem, le Roi Agrippa lui rappela les témoignages de respect & de piété que ses aïeux, & Auguste lui-même avoient donnés en faveur de ce temple, les présens qu'ils y avoient envoyés, les priviléges qu'ils y avoient attachés, les sacrifices auxquels ils avoient contribué, l'admiration dont Marcus Agrippa fut pénétré lorsqu'il fut témoin de la majesté du culte que l'on y rendoit à Dieu (*b*). Quand ce seroit Philon ou Joséphe qui auroient prêté leur plume pour faire cette Lettre elle n'en est pas moins écrite avec la noblesse de

___

(*a*) Antiq. Jud. l. XIV, c. 17, 22 : l. XVI, c. 10.
(*b*) Ambassade de Philon, c. 16.

style qui convient à un Roi. Agrippa n'auroit pas osé alléguer des faits imaginaires à un brutal tel que Caligula : celui-ci vaincu par la vérité n'osa exécuter son projet.

L'Auteur de la Philosophie de l'Histoire, Chapitre XLVI, a traité de fable ce que raconte Josephe des marques de respect qu'Alexandre donna au Grand Prêtre des Juifs & au temple de Jérusalem, lorsqu'il passa par la Judée (a). Sur quel fondement ? C'est qu'un fait favorable à une nation détestée par les Philosophes ne peut pas être vrai. Mais l'exemple de Marcus Agrippa, gendre d'Auguste, est plus récent : Est-ce encore une fable ? Le droit de bourgeoisie, accordé aux Juifs par Alexandre, prouve du moins qu'il n'avoit ni haine ni mépris pour eux.

Devenus célèbres par leurs guerres contre les Rois de Syrie, les Juifs reçurent des témoignages d'estime de la part de quelques républiques de la Grece. Il y a dans le premier Livre des Macchabées, Chapitre XII, une lettre d'Arius Roi de Sparte, au Grand Prêtre Onias, par laquelle il reconnoît que les Spartiates sont

___

(a) Antiq. Jud. l. XI, c. 7.

freres des Juifs, & descendent comme eux d'Abraham. La source de cette méprise est aisée à découvrir. Sur une ancienne tradition, les Spartiates croyoient que leur ville & plusieurs autres de la Grece avoient été fondées par des Phéniciens. Comme les Juifs habitoient près de la Phénicie, les Spartiates se persuaderent que cette nation avoit de tout temps possédé la Palestine & les côtes de la Phénicie, & qu'elle avoit autrefois envoyé des colonies dans la Grece. Jonathas, Sacrificateur, qui leur répondit au nom de sa nation, ne jugea point qu'il fût nécessaire de discuter ce point d'Histoire; il ne dit rien pour confirmer ni pour détruire leur opinion.

En mettant d'un côté de la balance tous ces témoignages anciens favorables aux Juifs, de l'autre les sarcasmes des Poëtes Latins & les invectives des Philosophes modernes, il nous paroît que ceux-ci ne l'emporteront pas; qu'il y a une différence à faire entre des déclamateurs & des hommes instruits.

Les Juifs n'ont été connus des Grecs & des Romains qu'après la captivité. Tranquilles d'abord dans leur pays, en paix avec leurs voisins, appliqués à l'agriculture, attachés à leurs loix & à leur religion, jaloux de leur liberté, ils étoient aux yeux de la raison & de la philosophie un peuple heureux & estimable. Tourmentés successivement par les Assyriens, par les Antiochus, par les Romains, ils se répandirent de toutes parts. Ces Juifs dispersés dans l'Egypte, dans la Grece, dans l'Italie s'abâtardirent sans doute. Toute la nation, livrée à l'esprit de vertige après la mort de Jésus-Christ, ne fut plus connue que par son opiniâtreté stupide ; elle prêta le flanc au ridicule & au mépris. On ne doit pas être étonné de l'aversion que tous les peuples conçurent contre elle ; cette destinée lui avoit été prédite. Nous abandonnons volontiers aux Incrédules ces Juifs dégradés. Mais ce n'est point là leur état primitif ; ceux qui n'en connoissent point d'autre confondent les époques, brouillent l'Histoire, ne savent à qui ils en veulent, en imposent aux Lecteurs, déraisonnent sous un faux air d'érudition.

Pour nous, indépendamment des motifs de religion, nous ne rougissons point de marcher à la suite de Pythagore & d'Aristote, de considérer cette nation dans son berceau & dans les divers périodes de sa durée, de consulter ses Livres, d'examiner sa croyance, ses loix, ses mœurs; elle est dans l'histoire de l'esprit humain un phénomene assez singulier pour exciter notre curiosité.

Nous aurions peut-être dû réserver ces réflexions pour le Chapitre V; mais il nous a paru nécessaire d'écarter d'abord les préventions injustes que les Incrédules s'efforcent d'inspirer à leurs Lecteurs contre les Juifs.

ARTICLE II.

Moïse est l'Auteur du Pentateuque.

§. I.

IL n'est pas étonnant que les Incrédules aient fait les plus grands efforts pour répandre du doute sur l'authenticité des cinq Livres attribués à Moïse. Dès qu'il est prouvé que ces Livres sont véritablement l'ouvrage de ce Législateur; il n'est plus possible de contester la vérité des faits qu'ils contiennent, ni la mission de Moïse, ni la divinité de la religion Juive. Un Ecrivain sensé a-t-il pu prendre les Israétes à témoin des faits miraculeux sur lesquels il fonde ses loix, si ces faits étoient faux & imaginaires ? a-t-il osé établir des fêtes & des cérémonies pour perpétuer la mémoire de ses miracles, si les Juifs ne les avoient pas vus de leurs yeux ? Une nation entiere n'a pas pu se soumettre à des loix onéreuses, à des privations, à des usages qui la rendoient odieuse aux peuples voisins, s'ils n'étoient fondés que sur des faits dont la fausseté lui étoit évidente : on ne connoît dans l'univers aucun exemple d'une pareille imbécillité.

Lorsque l'authenticité du Pentateuque est bien établie, celle des autres Livres de l'Ancien Testament qui en sont une suite ne peut être douteuse ; elle est appuyée sur les mêmes preuves ; tout l'édifice de la religion Juive est inébranlable.

Pour juger de la date du Pentateuque par la simple lecture, par le ton qui y regne, par les mœurs qui y sont décrites, il faut avoir une très-grande connoissance de l'antiquité. Il faut se placer dans les époques les plus réculées de l'Histoire, concevoir quel étoit pour lors l'état des nations, des sciences, des arts, des loix, des mœurs, du langage ; estimer quelle pouvoit être la mesure des connoissances naturelles ou acquises d'un Ecrivain tel que Moïse. Qu'un Savant, muni de toute l'érudition nécessaire, sans passion & sans préjugé, entreprenne d'examiner ainsi le Pentateuque ; qu'il le compare aux autres Livres des Juifs, aux monumens des autres nations ; qu'il pese les faits, la doctrine, les loix, l'ordre chronologique, la géographie, la langue, le style du Législateur des Hébreux ; qu'il prononce ensuite, nous ne redouterons point sa décision : plus il sera sage & habile, plus il concevra de respect pour les Livres de Moïse. Aussi ce n'est point parmi les hommes doués de ces talens rares que les Livres des Juifs ont trouvé des censeurs, ils n'y ont trouvé que des partisans & des apologistes. La foule des Ecrivains qui se sont déchaînés contre les Saintes Ecritures, n'avoient pas une seule des notions dont nous venons de parler ; avec un peu de littérature moderne, après une lecture superficielle des versions, avec la hardiesse de falsifier tous les passages, ils se sont crus en état de démontrer que le Pentateuque ne pouvoit être l'ouvrage de Moïse, qu'il a été composé dans des siecles très-postérieurs.

Si pour prouver le contraire il falloit avoir toutes les lumieres dont ils ont manqué, nous aurions à craindre nous-mêmes de ne pas réussir : mais, outre que cette question a été traitée par un grand nombre de Savans, il y a des preuves aisées à saisir, qui ne demandent ni des réflexions profondes, ni une vaste érudition ; nous nous y attacherons principalement.

Au commencement de ce siecle, lorsque le Pere Hardouin s'avisa de révoquer en doute l'authenticité de l'Enéïde de Virgile, soutint que ce Poëme & les Odes d'Horace étoient des pieces forgées au treizieme siecle, il ne persuada personne : on regarda ses dissertations comme les rêveries d'un esprit systématique qui abusoit de son érudition ; l'on ne prit pas seulement la peine de le réfuter sérieusement. S'il ne s'étoit pas rendu célebre par d'autres paradoxes, on croiroit qu'il n'a fait son *Pseudo-Virgilius* que pour tourner en ridicule les argumens de Spinosa contre l'authenticité du Pentateuque. Mais s'il revenoit au monde, quel seroit son étonnement de voir qu'il a formé une secte ; que nos plus célebres Philosophes sont ses disciples ; qu'ils tournent contre les Livres de Moïse tous les raisonnemens qu'il a faits contre l'Enéide? Ceux mêmes qui ont plaisanté de ses visions, le copient sans le savoir; c'est un phénomène assez curieux dans l'Histoire de la Philosophie.

Plus récemment, lorsque M. Macpherson publia en Angleterre les Poésies Erses, composées par les anciens peuples des montagnes d'Ecosse, quelques Littérateurs l'accuserent de les avoir supposées. Ce soupçon ne dura pas long-temps. Avec un peu de réflexion, l'on comprit qu'il étoit impossible à un Ecrivain du dix-huitieme siecle de prendre le ton, le génie, les idées, les mœurs d'un peuple qui n'est plus le même depuis mille ou douze cents ans, & qui n'a laissé aucuns mémoires. A plus forte raison, cela auroit-il été impossible à des Auteurs Juifs, dans les siecles où l'on suppose que les Livres de Moïse ont été fabriqués. Il en est de même de l'Edda des Islandois, & de tout autre Livre très-ancien. Comment les Incrédules osent-ils faire usage contre le Pentateuque d'un reproche dont l'absurdité saute aux yeux, dès qu'on veut l'appliquer à tout autre monument?

§. II.

La premiere preuve que nous apportons de l'authenticité des cinq Livres de Moïse, est le témoignage de ces Livres mêmes. D'un bout à l'autre, c'est lui qui parle comme acteur principal ; il dit que Dieu lui a donné ordre de mettre par écrit les loix qu'il impose à son peuple, & les événemens dont elles sont accompagnées. Il veut que cette Histoire soit conservée avec soin ; que l'on en fasse des copies ; que tous les Juifs soient exacts à la lire & à la consulter : il ne dit rien qui ne convienne au personnage qu'il remplit, & aux circonstances dans lesquelles il se trouve. Un imposteur dans les siecles suivans se seroit démasqué par quelque endroit.

Ce témoignage est confirmé par celui des Ecrivains Juifs postérieurs à Moïse ; tous nomment leurs loix nationales, *loix de Moïse*, & les Livres où elles sont contenues, *Livres de Moïse*. Immédiatement après sa mort, Dieu ordonne à Josué d'exécuter ponctuellement ce que Moïse lui a commandé, de ne point perdre de vue *le volume de cette loi*, de le méditer jour &

nuit (a). Avant de mourir, il écrit a
volume de la loi du Seigneur, les pro
que le peuple venoit de lui faire (b)
volume de la loi de Moïse existoit
pour lors.

Sous les Juges, il s'éleve une di
entre les Ammonites & les Israélite
premiers déclarent la guerre sous
texte de répéter une partie de leur a
territoire occupé par les derniers. Je
juge & chef du peuple de Dieu, soi
aux Ammonites qu'ils ont tort; qu'I
n'a rien usurpé sur eux ni sur les
bites; que s'il possede une portio
terrain qui appartenoit autrefois aux
bites, il l'a conquise sur les Amorr
qui l'avoient enlevée aux Moabite
conclut, que ce coin de terre appar
légitimement à son peuple comme
queur des Amorrhéens, & qu'il le po
à ce titre depuis trois cents ans (c)
détail est évidemment tiré du Livre
Nombres. Ou Jephté avoit ce Livre
les yeux, ou il en savoit exactement

(a) Josué, c. 1, ℣. 7 & 8.
(b) Ibid. c. 24, ℣. 26.
(c) Jud. c. 11, & Num. c. 21.

DE LA VRAIE RELIGION. 189

les détails géographiques dans lesquels il entre, les époques qu'il cite, démontrent que trois cents ans après Moïse on faisoit un récit fidele de ce qu'il avoit dit & ordonné, qu'on le consultoit au besoin. Le discours de Jephté est un commentaire suivi du Chapitre XXI du Livre des Nombres.

Les Livres suivans, écrits sous les Rois, citent des loix & des passages du Pentateuque, en rappellent des traits historiques, supposent les écrits de Moïse existans & connus. Point d'interruption dans cette chaîne de témoignages. Il n'est aucune époque depuis Moïse où l'on ait pu faire paroître ses Livres pour la premiere fois, sans forger en même temps tous les ouvrages postérieurs.

Pour être en droit de contredire les Archives d'une nation qui a toujours fait profession de les garder avec respect comme les titres de sa croyance, de ses droits, de ses possessions, de ses espérances, il faut des raisons démonstratives : les Incrédules en ont-ils ? Le Pere Hardouin disoit que tous les Auteurs Profanes Ecclésiastiques, Historiens, Poëtes, Commentateurs, qui ont parlé de l'Enéide de Virgile, étoient autant d'Auteurs supposés (*a*); sur le même plan, nos Critiques incrédules soutiennent que les Ecrivains sacrés qui ont fait mention des Livres de Moïse n'ont pas plus existé que lui.

L'un d'entre eux dit que les Juifs sont aussi peu capables d'attester l'authenticité des Livres de Moïse, que les Arabes la divinité de l'Alcoran (*b*).

Mais l'*authenticité* d'un Livre & sa *divinité* ne sont pas la même chose. Les Arabes sont témoins compétens pour certifier l'authenticité de l'Alcoran, pour prouver que ce Livre leur a été donné par Mahomet : quant à la divinité de ce Livre, c'est autre chose. Peuvent-ils être sûrs que Mahomet l'a reçu du Ciel, ou qu'il lui a été dicté par l'Ange Gabriel ? Ils ne l'ont pas vu, & Mahomet n'a fait aucun miracle pour le prouver. De même les Juifs sont croyables, quand ils attestent que le Pentateuque leur a été donné par Moïse ; c'est un fait palpable sur lequel ils n'ont pas pu se tromper. La divinité de ce Livre se prouve, non par des témoignages, mais par les miracles qui ont dé-

---

(*a*) Pseudo-Virgilius, p. 282.
(*b*) Bolingbroke, Œuv. tome III, p. 278.

montré la mission divine de ce Législateur: dès qu'il a été envoyé de Dieu, qu'il a parlé au nom de Dieu, ses Livres sont la parole de Dieu. Or, ses miracles sont encore des faits sensibles, palpables, attestés non seulement par la tradition constante des Juifs, mais par les effets qu'ils ont produits, par l'empreinte qu'ils ont laissée sur toute la religion & la législation des Juifs; nous le verrons ci-après. Rien de tout cela ne peut être appliqué à l'Alcoran.

§. III.

La seconde preuve de l'authenticité du Pentateuque, est l'ordre chronologique qui y est observé, & qui marche à côté des généalogies. Le premier Chapitre de l'Exode est la suite du dernier Chapitre de la Genese; celui-ci finit à la mort de Joseph en Egypte; l'Exode raconte les événemens qui s'ensuivirent, la servitude dans laquelle les Israélites furent réduits, leur délivrance par Moïse. Le Lévitique, les Nombres, le Deutéronome, succedent à l'Exode sans interruption. Depuis le second Chapitre de l'Exode, ces Livres sont en forme de Journal; l'Auteur écrit les événemens à mesure qu'ils arrivent, les réglemens de police & les loix de religion à mesure qu'il les publie. Un Ecrivain postérieur à Moïse n'auroit pas pu suivre cette méthode avec tant d'exactitude, & il ne l'auroit pas jugé nécessaire.

Il n'y a qu'un témoin oculaire des marches, des circuits, des campemens du peuple Hébreu dans le désert, qui ait pu les rapporter par ordre, en fixer le lieu & la durée, distinguer ce qui est arrivé dans tel lieu ou dans tel autre, faire cadrer le temps de chaque séjour avec la somme des quarante ans pendant lesquels le voyage a duré. Un imposteur n'auroit eu garde de se mettre dans de pareilles entraves, & s'il avoit eu l'imprudence de s'y engager, il ne s'en seroit jamais tiré.

Dans la Genese, Moïse rapporte les faits tels qu'il les savoit par une tradition dont il nous montre la chaîne; plus ils sont anciens, plus la narration est courte & sommaire. L'Histoire des seize cents ans qui ont précédé le Déluge, est renfermée en sept Chapitres; les quatre suivans racontent ce qui s'est passé pendant quatre siecles jusqu'à la vocation d'Abraham. A cette époque, le récit de l'Historien commence à être plus détaillé, parce que Moïse touchoit de très-près à Abraham, par Lévi son bisaïeul. Onze
Chapitres

Chapitres contiennent les annales de deux mille ans, pendant que les trente-neuf Chapitres suivans renferment seulement l'histoire de trois siecles. Un Ecrivain postérieur à Moïse n'eût point poussé la vraisemblance ni le naturel jusque-là : où est le faussaire qui ait su mesurer l'étendue & les détails de sa narration sur le degré précis de lumiere qu'il pouvoit avoir ? L'imposture ne suit point avec tant de perfection la marche de la vérité.

Un Auteur plus ancien que Moïse a pu écrire la Genese, s'il touchoit comme lui à la chaîne de la tradition ; mais il n'a pas pu écrire les faits racontés dans l'Exode, puisqu'ils n'étoient pas encore arrivés. Un Auteur plus récent n'a pu écrire ni l'un ni l'autre ; il falloit avoir vu l'Egypte & avoir parcouru le désert. De tous les Hébreux sortis de l'Egypte à l'âge viril, aucun n'est entré dans la terre promise, que Josué & Caleb ; les autres sont morts dans le désert (a). Ces deux hommes étoient trop jeunes pour avoir été instruits par les petits-fils de Jacob ; tous les autres avoient quitté l'Egypte dans l'adolescence. Est-ce par hasard que Moïse

_____

(a) Num. c. 14, ℣. 30 : Deut. c. 1, ℣. 35 & 38.

se trouve seul placé dans le point précis où il falloit être pour lier les faits de la Genese avec ceux des autres Livres ? Si c'est un imposteur qui, dans les siecles suivans, a mis le Pentateuque sur le compte de Moïse, il a eu la vue bien perçante; en l'attribuant à tout autre, il seroit tombé en contradiction, tout son édifice auroit croulé. Il est difficile d'attribuer à un Juif tant de discernement & de sagacité. Plus on recule l'époque de la supposition, plus on la rend absurde & impossible. Nous le verrons ci-après.

§. IV.

La troisieme preuve est le style du Pentateuque. Tout autre qu'un témoin oculaire des actions de Moïse, tout autre que Moïse lui-même n'auroit pu prendre le ton, la maniere, la naïveté de cet Auteur principal. Je n'en citerai qu'un exemple tiré du troisieme Chapitre de l'Exode. " Moïse paissoit les troupeaux de
" Jéthro son beau-pere dans le désert,
" près de la haute montagne d'Horeb;
" il apperçut un buisson embrasé qui ne
" se consumoit point : Allons voir, dit-il,
" cette merveille & pourquoi le feu ne
" consume point ce buisson. Pendant qu'il

DE LA VRAIE RELIGION. 195

„ s'avançoit, une voix part du buisson, &
„ lui crie: *Moïse, n'approche point, dé-*
„ *chausse-toi; le lieu où tu es est une*
„ *terre Sainte. Je suis le Dieu de ton pere,*
„ *le Dieu d'Abraham, d'Isaac & de*
„ *Jacob.* Moïse se cache le visage, &
„ n'ose plus lever les yeux. *J'ai vu,* dit
„ le Seigneur, *l'affliction de mon peuple*
„ *en Egypte, jai entendu ses cris, je veux*
„ *le tirer de la servitude & le conduire*
„ *dans le pays fertile & délicieux des Cha-*
„ *nanéens. Je vais t'envoyer à Pharaon,*
„ *pour que tu fasses sortir tes freres de l'E-*
„ *gypte.* Et qui suis-je, Seigneur, pour
„ obliger Pharaon à délivrer les Israéli-
„ tes ? *Je serai avec toi; & pour preuve*
„ *que c'est moi qui t'envoie, lorsque tu*
„ *auras tiré mon peuple de l'Egypte, tu*
„ *m'offriras un sacrifice sur cette montagne.*
„ Mais lorsque je dirai aux enfans d'Israël:
„ le Dieu de vos peres m'envoie vers vous;
„ s'ils me demandent votre nom, que ré-
„ pondrai-je ? *Je suis,* dit le Seigneur,
„ *celui qui est; tu leur diras: celui qui est,*
„ *m'a envoyé vers vous.* „. Le reste du Chapitre est de même style. L'Auteur de la Bible expliquée l'a indignement travesti (*a*).

―――――――――――――――

(*a*) Bible expliquée, p. 124 & suiv.

I 2

J'ose interroger ici tout Ecrivain qui a de l'ame. Un Auteur Juif quelconque eût-il imaginé cette scene, ces circonstances, ce ton naïf & sublime, ce style, digne tout à la fois de la majesté Divine & de la simplicité d'un Berger ? Je n'insisterai point sur le nom énergique & inouï que prend ici le Seigneur ; je ne veux que ces deux mots, *déchausse-toi*: un Juif qui auroit écrit quatre ou cinq cents ans après Moïse, se seroit-il avisé de cette circonstance ? Il n'est presque pas un seul Chapitre de ses Livres qui ne présente de pareils traits. Mais quand un Philosophe les lit avec une tête farcie de préventions & dans la seule vue d'y trouver à reprendre, il est stupide, il ne sent plus rien.

Ceux qui attribuent à un Auteur plus récent ces Livres si originaux, devroient du moins s'accorder avec eux-mêmes. Ils ne cessent de nous objecter l'ignorance, la grossiéreté, le fanatisme, le génie enfant & visionnaire des Juifs, & ils supposent que ces ignorans ont su prendre le ton convenable à vingt Auteurs qui ont vécu à plusieurs siecles de distance les uns des autres, & qui se trouvoient dans des circonstances toutes différentes. Les

Ecrits de Moïse ressemblent-ils à ceux des Rabbins, au Roman qu'ils ont forgé de la vie de Moïse dans les derniers siecles, ou aux rêveries du Thalmud ? Ils ne ressemblent à aucun autre. Qu'on lise Josué, Samuel, les Livres des Prophetes, ceux d'Esdras, & de qui l'on voudra ; ce n'est plus Moïse : autre ton, autre maniere, autre caractere, mais toujours propres au personnage qui est censé tenir la plume. On sent qu'il ne pouvoit & ne devoit pas écrire autrement.

Ce n'est point ici une preuve de raisonnement ni d'érudition, c'est une preuve de goût & de sentiment ; & c'est la plus forte de toutes celles que l'on a employées contre le Pere Hardouin. Il ne faut pas savoir beaucoup pour la saisir, mais il faut avoir beaucoup lu les Livres Saints, & les avoir comparés. Celui qui n'en est pas affecté ne sera convaincu par aucun argument.

§. V.

La quatrieme preuve de l'authenticité des Livres de Moïse, est la nature des choses qu'ils renferment, & la nécessité absolue dans laquelle se trouvoient tous les Juifs d'en avoir connoissance. Moïse leur prédit que lorsqu'ils seront établis dans la terre de Chanaan, ils voudront avoir un Roi ; il ordonne que ce Roi reçoive des Lévites *le Livre de la Loi*, en écrive un double de sa main, & le lise tous les jours de sa vie (*a*). C'étoit le seul Livre où il pût apprendre les loix selon lesquelles il devoit gouverner. Cet ordre fut négligé par plusieurs Rois infideles ; voilà pourquoi Josias se trouva si peu instruit lorsqu'il monta sur le trône, & fut si étonné lorsqu'on lui lut le Livre de Moïse. Selon la constitution politique des Hébreux, ce n'est point l'homme qui devoit régner, c'est la loi.

Ce même Livre étoit le seul dans lequel les Prêtres & les Lévites pussent apprendre leurs devoirs, les fonctions du culte divin, les divers ministeres dont ils étoient chargés, le détail immense de cérémonies qu'ils devoient observer. Tout y est prescrit & marqué avec la derniere précision : mais il falloit une lecture assidue pour s'en instruire. Quand le reste du peuple n'auroit eu aucune connoissance de ce Livre, il falloit nécessairement que les Lévites & les Prêtres en fissent une

---

(*a*) Deut. c. 17, ℣. 14.

étude continuelle. Il est impossible que la religion des Juifs ait été observée sans le rituel de Moïse.

Les anciens du peuple ou les Magistrats préposés pour rendre la Justice, devoient encore y puiser la regle de leurs décisions, puisqu'il renfermoit toutes les loix civiles aussi bien que les loix cérémonielles. La police ne pouvoit régner dans la nation, à moins que ce Code de loix ne fût consulté & suivi. Il contenoit des réglemens pour les mariages, pour les ventes & pour les achats, pour les successions, pour les maîtres & les esclaves, pour la punition des crimes, pour la paix & pour la guerre. Les Prêtres étoient donc dans l'impossibilité d'y rien changer; ils avoient pour surveillans tous ceux d'entre les Juifs qui savoient lire; Moïse avoit sévérement défendu d'y rien ajouter & d'en rien retrancher. Puisqu'on suppose qu'ils étoient très-superstitieux, on ne peut pas les soupçonner d'avoir altéré des loix qu'ils croyoient avoir reçues de Dieu même.

Les simples particuliers étoient très-intéressés à les connoître. Ces Livres renfermoient les généalogies des familles, les titres de leurs possessions, le détail de leurs devoirs. Il leur étoit ordonné d'en instruire leurs enfans, de leur expliquer les raisons du culte & des cérémonies, de ne s'en écarter en rien, de les avoir toujours sous les yeux (a). Lorsqu'ils les négligerent, ils en furent toujours punis; lorsqu'ils revenoient au culte du Seigneur, il falloit reprendre les leçons qu'ils avoient oubliées. Le Sabbat, ou le repos du septieme jour, leur laissoit le temps de lire Moïse; & Josephe atteste que tel étoit l'usage de sa nation: nous en voyons la preuve dans les Actes des Apôtres (b).

Lorsqu'un Israélite offroit à Dieu la dîme & les prémices des fruits de la terre, il étoit obligé d'accompagner cette cérémonie de sa profession de foi; de rappeler les principaux événemens de l'Histoire de Moïse, le voyage de Jacob en Egypte, la servitude de ses enfans, les plaies dont Dieu avoit affligé les Egyptiens, les miracles qu'il avoit faits pour délivrer son peuple, la possession qu'il lui avoit donnée de la terre de Chanaan, & d'attester ainsi que Dieu avoit accompli ses promesses (c). Il étoit donc

---

(a) Deut. c. 6 & 11.
(b) Act. c. 13, v. 27.   (c) Deut. c. 26.

impossible que la mémoire de ces faits, non plus que le souvenir des loix, s'éteignît parmi le commun de la nation.

Tant qu'elle a subsisté en corps de République, il a été impossible que le Pentateuque fût absolument oublié ou corrompu ; les exemplaires devoient en être très-communs & très-répandus. On convient que jamais peuple n'a été plus jaloux de ses loix, plus servilement attaché à ses usages, que les Juifs : avec un tel caractere, a-t-on pu leur en imposer sur les titres originaux de leur croyance ?

§. VI.

La cinquieme preuve est l'absurdité de toutes les hypotheses imaginées par les Incrédules, pour rendre vraisemblable la supposition des Livres de Moïse.

Pour forger une imposture, il faut un motif ; & quel motif a pu engager un Juif à mettre sur le compte de Moïse des Ecrits auxquels ce Législateur n'avoit eu aucune part ?

Ou les loix, la religion, les mœurs, la police, consignés dans ces Livres, existoient déjà chez les Juifs, ou ils ne les avoient pas encore. S'ils ne les avoient pas, c'est donc ce faussaire qui en est l'Auteur : comment a-t-il pu les faire adopter à sa nation ? Comment a-t-il pu lui persuader que tout cela venoit de Moïse ? En quel temps est arrivée cette imposture, & la révolution qu'elle a opérée ?

Si les loix & la religion des Juifs existoient déjà, de qui les ont-ils reçues, sinon de Moïse ? Les autres nations ont conservé le souvenir de leurs Fondateurs, de ceux qui les ont policées : les Perses citent Zoroastre ; les Egyptiens Menès ; les Phéniciens Taaut ; les Crétois Minos ; les Athéniens Cecrops ; les Romains Romulus & Numa ; les Chinois une suite d'Empereurs. Les Juifs sont-ils le seul peuple du monde qui ignore de quelle main il a reçu des loix & une religion qu'aucun autre peuple n'a connues ? Ils ne remontent point à une antiquité fabuleuse ; ils reconnoissent que leur législation est assez récente.

S'ils les tiennent de Moïse, il est donc tout simple que Moïse les ait rédigées par écrit ; il n'auroit pu les faire adopter, s'il n'en avoit pas fait l'histoire, puisqu'elles sont fondées sur des faits historiques. Assez habile pour enfanter une législation, a-t-il été assez ignorant pour ne pas savoir l'écrire ou la faire écrire, assez peu épris de son ouvrage pour ne pas le rendre durable, assez sûr de la docilité des Juifs pour confier le tout à leur mémoire ?

Les nations qui ont attribué leurs loix & leur religion à un Législateur imaginaire, ne produisent point un Code écrit où les loix soient fondées sur l'histoire, & où l'histoire serve à faire sentir la sagesse & la nécessité de chaque loi. Ce caractere décisif est tellement propre à Moïse, qu'aucun autre personnage ancien n'a su l'imiter.

En parlant de ces loix, il dit que Dieu lui a ordonné de les écrire (a) : à la fin de son ouvrage, il dit qu'il a écrit la loi, qu'il l'a remise aux Lévites, en leur ordonnant de la lire publiquement au peuple assemblé tous les sept ans pendant la fête des Tabernacles : il commande aux Lévites d'en placer le Livre à côté de l'Arche, pour servir de témoignage quand il sera mort (b). Il défend d'y rien ajouter ou d'en retrancher (c) ; il ordonne à tous les Juifs d'en instruire leurs enfans, de leur apprendre la raison & le sens des cé-

_____

(a) Exode, c. 17, ℣. 14 : c. 24, ℣. 4 : c. 34, ℣. 27, &c.

(b) Deut. c. 31, ℣. 9 & 26. (c) Ibid. c. 4, ℣. 2.

I 6.

rémonies qu'ils doivent observer (a).

A supposer qu'un imposteur ait forgé le Pentateuque, il y a inséré lui-même un moyen sûr de dévoiler sa supercherie. En quelque temps qu'il l'ait fait paroître, les Juifs savoient si on leur avoit lu ce Livre tous les sept ans, s'il étoit déposé à côté de l'Arche, si les Lévites en avoient parlé ou non, s'ils en avoient donné des copies pour les lire. Ce fourbe, assez intelligent pour accommoder sa narration au caractere de Moïse, au temps, aux lieux, aux personnes, a été assez stupide pour y mettre une preuve authentique qui déposoit contre lui, & qui devoit révolter tous les Juifs.

§. VII.

Parcourons les principales époques de l'Histoire Sainte; plaçons-nous dans laquelle on voudra; voyons si un Ecrivain quelconque a pu supposer un Livre tel que le Pentateuque, inconnu jusqu'alors. Quand il est question d'un Livre indifférent, auquel personne n'est intéressé, il peut trouver croyance chez les ignorans : mais un Livre qui décide de la religion,

_____

(a) Exode, c. 12, ℣. 26. Deut. c. 6, ℣. 20.

de la police, de la fortune, de la destinée de deux millions d'hommes, ne peut être jeté tout à coup au milieu d'eux sans conséquence.

La premiere époque depuis Moïse, est la conquête de la Palestine, & l'établissement fixe des Juifs dans cette contrée sous Josué. Ces Juifs avoient tous vu Moïse dans le désert; ils savoient si ce Législateur avoit parlé de ses Livres ou n'en avoit rien dit. Avoient-ils vécu de manne dès leur naissance, ou d'alimens ordinaires? Avoient-ils porté les mêmes habits & les mêmes souliers pendant quarante ans, comme l'assure l'Auteur du Deutéronome (a), ou avoient-ils été obligés d'en changer? Le Tabernacle, l'Arche d'Alliance, les habits des Prêtres & des Lévites, qui étoient alors sous leurs yeux, avoient-ils été faits dans le désert ou ailleurs? Ces faits sont assez sensibles, pour que les plus grossiers d'entre les Juifs pussent en rendre témoignage. Tous avoient reçu la circoncision à Galgala (b): en vertu de quelle loi? Les divers cantons que l'on assignoit aux douze Tribus,

―――――――――――――

(a) Deut. c. 8, ℣. 4 : c. 29, ℣. 5.
(b) Josué, c. 5.

la portion des terres qu'on leur accordoit, étoient censées réglées par Moïse, & prédites par le testament de Jacob (a). Chaque famille étoit donc intéressée à savoir si Moïse l'avoit ainsi ordonné ou non. En vertu des mêmes loix, les Lévites répartis dans toutes les Tribus occupoient quarante-huit villes ou bourgs avec leur territoire, jouissoient des oblations, des prémices, d'une partie des victimes offertes dans le Temple. Si la loi qui l'ordonnoit ainsi n'existoit pas, comment les onze Tribus souffroient-elles qu'ils s'en missent en possession ? Sans le Pentateuque, toute cette police ne portoit sur rien ; les Tribus pouvoient se disputer leur partage, n'avoient d'autre regle que la loi du plus fort. Etoit-ce dans ces circonstances qu'un faussaire pouvoit faire paroître un Livre rempli de loix, de partages, de réglemens, de faits inouis, de cérémonies gênantes & onéreuses, d'anecdotes déshonorantes pour plusieurs Tribus, pour plusieurs familles, pour la nation entiere ? Sans doute il n'a pas choisi le moment où deux millions de témoins oculaires, tous intéressés à la chose, pouvoient crier à l'imposture.

―――――――――――――――――

(a) Num. c. 32, 34, 35. Gen. c. 49.

Ils avoient sous les yeux les monumens des principaux faits, rapportés dans la Genese; les ruines de Sodome & de Gomorrhe, le tombeau d'Abraham, d'Isaac & de Jacob, celui de Rachel près de Bethléem, le chêne de Mambré, le puits du serment, le puits du vivant & du voyant, Béthel, la montagne de Moria, &c. Ils savoient s'ils avoient apporté avec eux les os de Joseph, & s'ils les avoient enterrés à Sichem. Ils avoient autour d'eux les Ismaélites, les Moabites, les Ammonites, les Iduméens, les Madianites, dont l'origine est assignée dans la Genese. A cette époque, le compositeur du Pentateuque étoit-il assez habile pour ajuster son histoire à tous ces monumens, ou touchoit-il encore d'assez près à la tradition des Patriarches, pour n'oublier aucun des faits historiques, dont ces monumens étoient les interpretes? Cet homme, né dans le désert, n'avoit pas vu l'Egypte: comment lier la fin de la Genese avec le commencement de l'Exode? S'il avoit appris de ses aïeux ce qui s'y étoit passé, ils avoient donc été témoins oculaires des miracles de Moïse: ces miracles une fois admis, la supposition du Pentateuque sous Josué, ou immédiatement après, ne sert plus de rien aux Incrédules ; quand elle ne seroit pas impossible, elle leur seroit encore inutile. Ils n'y ont recours que pour attaquer la vérité de l'Histoire : s'ils conviennent des faits, toute dispute est superflue.

§. VIII.

Sous les Juges, après la mort de Josué, tous les obstacles dont nous venons de parler subsistent sans exception. Les enfans & les neveux de ceux qui avoient assisté au partage de la terre promise n'étoient pas moins intéressés que leurs peres à constater la validité de leurs titres, la sûreté de leurs possessions, l'authenticité de leur généalogie. Ils n'avoient pas moins besoin de savoir la raison de tant de cérémonies, d'usages, de réglemens, auxquels ils étoient assujettis ; les restes de Cananéens dont ils étoient environnés, & qui souvent les opprimoient, les faisoient assez souvenir des loix de Moïse, qui leur défendoient d'imiter la religion & les mœurs de ces infideles. Pour rendre raison de tout, ce n'étoit plus assez de supposer le Pentateuque ; il falloit encore forger le Livre de Josué, qui en est la suite nécessaire, faire cadrer les événemens de cette nouvelle histoire avec les prédictions & les loix de Moïse.

Le Tabernacle & ce qu'il renfermoit, l'Arche d'alliance, la verge d'Aaron, les Tables de la loi, l'urne remplie de manne, les encensoirs de Coré & de ses partisans, cloués contre l'autel des parfums, la division des familles Sacerdotales & Lévitiques, l'oblation des premiers-nés, les fêtes que l'on célébroit, &c. étoient autant de leçons & de monumens historiques. Les Juifs étoient obligés de les expliquer à leurs enfans; ils ne pouvoient ignorer si ces symboles étoient récens, ou s'ils avoient été déjà les mêmes dans le désert.

3°. Sous les Rois, aucune de ces difficultés ne diminue, & il en survient de nouvelles. David, dans ses Pseaumes, célebre les principaux événemens du Pentateuque, les actions des Patriarches, les miracles de Moïse, sa législation, la conquête de la terre promise; les Pseaumes 77, 104, 105, 106, 134, 135, &c. sont historiques. Pour supposer le Pentateuque, il faut obliger les Lévites à rappeler chaque jour dans leurs Cantiques les actions principales du Législateur de la nation; si son Histoire est fausse, tous ces

Pseaumes sont absurdes. Chez toutes les nations, le peuple apprend aisément & chante habituellement les Cantiques religieux. Si les Juifs n'étoient pas instruits des faits consignés dans les Livres de Moïse, ils ne pouvoient rien concevoir à ces chants, dont ils avoient sans cesse les oreilles frappées.

Le temple bâti sous Salomon n'étoit que le tabernacle exécuté en grand; il renfermoit les mêmes symboles. Un imposteur eût été forcé alors de supposer & de concilier ensemble le Pentateuque, le Livre de Josué, celui des Juges, les écrits de Samuel, de David, & de Salomon.

Le schisme des dix Tribus, qui suit immédiatement la mort de Salomon, met une barriere invincible à l'introduction d'une nouvelle histoire & d'une législation. Quand elle seroit adoptée dans le Royaume de Juda, elle ne le seroit point dans celui d'Israël. Au milieu même de l'idolâtrie, les Israélites séparés de Juda conserverent les loix, la police civile, les coutumes & les mœurs, fondées sur le Pentateuque. Les Rois les plus impies furent souvent obligés de les respecter. Achab n'osa enfreindre ouvertement la loi qui rendoit les héritages inaliénables;

Jézabel son épouse, encore plus vicieuse que lui, fut forcée de recourir à la calomnie pour faire condamner Naboth dans la forme prescrite par la loi de Moïse, afin d'envahir la vigne de cet Israélite (a).

Sous Osée, l'un des derniers Rois, immédiatement avant la ruine de ce Royaume, les Prophetes rappellent encore les dix Tribus à l'observation de la loi (b). Les prophéties d'Osée, d'Amos, de Michée, furent adressées principalement aux Juifs du Royaume d'Israël: ces serviteurs de Dieu eurent le courage d'annoncer à des Rois impies la ruine de leur état, l'accomplissement des prédictions de Moïse, la vengeance que Dieu alloit tirer du mépris de sa loi.

Elle fut mieux suivie, & l'Histoire mieux conservée dans le Royaume de Juda, sous plusieurs Rois pieux & fideles, qui maintinrent leurs sujets dans la profession du culte, de la croyance, des loix établis par Moïse.

(a) 3. Reg. c. 21, ℣. 3, 9 & suiv.
(b) 4. Reg. c. 17, ℣. 13.

§. IX.

Plus on recule la date de la supposition du Pentateuque & des loix qu'il renferme, plus on la rend impossible. Cependant l'opinion la plus commune parmi les Incrédules, est que les Livres de l'Ancien Testament ont été composés par Esdras, au retour de la captivité de Babylone. Je dis les *Livres de l'Ancien Testament*; car il n'étoit pas possible de créer alors le Pentateuque, sans tirer encore du néant tous les autres Livres historiques & ceux des Prophetes, dans lesquels le Pentateuque est cité, qui font une allusion continuelle aux loix, à la doctrine, aux menaces, aux promesses, aux événemens renfermés dans les cinq Livres de Moïse.

Quelques Peres de l'Eglise, trompés par un passage du quatrieme Livre apocryphe d'Esdras (a), ont cru que, pendant la captivité de Babylone, la plupart des Livres des Juifs avoient péri, & qu'Esdras les avoit rétablis ou par inspiration, ou par le secours de la tradition, & sur des mémoires épars. Certains critiques ont adopté ce sentiment, & ont tâché de

_____
(a) Esdr. l. IV, c. 14, ℣. 21.

l'appuyer par différentes conjectures. Les Incrédules les ont saisies avec avidité, pour donner atteinte à l'authenticité du Pentateuque (a). De toutes les hypothèses que nous avons examinées, c'est la plus mal conçue, & la plus aisée à réfuter.

1°. Elle est contraire au témoignage exprès d'Esdras. Il faut se souvenir que sous Cyrus, soixante-treize ans avant Esdras, Zorobabel étoit revenu de Babylone avec quarante-deux mille Juifs, pour repeupler la Judée & rebâtir le Temple. Or, Esdras nous apprend que Zorobabel, Josué sacrificateur, & ses collegues, commencerent par reconstruire l'autel, pour y offrir des holocaustes, *comme il est écrit dans la Loi de Moïse, homme de Dieu* (b); qu'ils rétablirent les Prêtres & les Lévites pour louer Dieu *par l'organe de David, Roi d'Israël* (c); qu'ils les rangerent par classes pour vaquer au culte de Dieu à Jérusalem, *comme il est écrit dans le Livre de Moïse* (d). Zoroba-

---

(a) Tableau du genre hum. p. 51. Lettre de Trasib. p. 113, 272. Quest. sur l'Encyc. *Apocryphes*, &c. 12ᵉ. Lettre à Sophie, p. 162.

(b) Esdras, l. I, c. 3, ℣. ·.

(c) *Ibid.* ℣. 10.   (d) *Ibid.* c. 6, ℣. 18.

bel & ses collegues avoient donc la loi de Moïse, le Livre de Moïse, & les Pseaumes de David, avant qu'Esdras fût au monde.

Dans l'Edit d'Artaxerxès, adressé à Esdras pour son départ, il lui est ordonné d'établir des Juges & des Magistrats pour rendre la justice *à ceux qui connoissent la loi de son Dieu* (a). Avant l'arrivée d'Esdras en Judée, on y connoissoit donc la loi de Dieu. Il se nomme Scribe ou Docteur habile *dans la loi de Moïse que Dieu a donnée à Israël* ; il rappelle aux Prêtres & aux principaux Juifs, en termes exprès, la loi du Deutéronome, qui défendoit de s'allier avec des étrangeres ; il les engage à renvoyer les femmes Chananéennes & autres qu'ils avoient épousées, & ils s'y soumettent (b). L'auroient-ils fait, s'ils n'avoient été bien convaincus de la réalité & de l'antiquité de cette loi ?

Le peuple s'assemble, vient trouver Esdras, & lui dit d'apporter *le Livre de la loi de Moïse que Dieu avoit donnée à Israël* ; il leur en fait la lecture dans la place publique depuis le matin jusqu'à midi. Il fait célébrer la fête des Taber-

---

(a) Esdr. c. 7, ℣. 25.   (b) Ibid. c. 7, 9 & 10.

nacles & celle des Expiations dans le temps ordonné *par la loi de Moïse*; il la lit au peuple pendant les sept jours de la solemnité (*a*); il rétablit la police parmi les Lévites & parmi le peuple, mais toujours *selon ce qui est écrit dans le Livre de Moïse* (*b*). Pouvoit-il déclarer plus authentiquement qu'il n'en étoit pas l'Auteur?

§. X.

Plus de deux cents ans avant Esdras, les Cuthéens envoyés par le Roi de Babylone pour repeupler la Samarie, furent instruits par un Prêtre Israélite; ils mêlerent le culte du vrai Dieu & les rites de Moïse à la religion des Cuthéens (*c*). Ces Samaritains ont eu dès-lors le Pentateuque en Langue Hébraïque, & en caracteres Samaritains ou Phéniciens, qui sont les anciens caracteres Hébreux. Ils sont conformes à ceux que l'on voit sur les médailles ou sicles frappés à Jérusalem sous les Macchabées. Au lieu que les Juifs, revenus de la captivité, ont été obligés

---

(*a*) Esdras, l. II, c. 8 & 9.
(*b*) Ibid. l. II, c. 13, ℣. 1.
(*c*) 4. Reg. c. 17, ℣. 27.

dans la suite de traduire leur Pentateuque en Paraphrases Chaldaïques; les Samaritains ont traduit le leur en Samaritain moderne. Ce peuple, ennemi d'Esdras & des Juifs, qui travailla constamment à les traverser depuis leur retour, auroit-il voulu en recevoir un Livre de loix? L'antipathie & la haine des deux peuples a été constante; elle est attestée dans l'Evangile, & elle dure encore: le Pentateuque Samaritain remonte donc à une source plus ancienne que cette division. Prideaux suppose que le Pentateuque n'a été porté chez les Samaritains qu'après Esdras: mais les preuves qu'il donne de cette conjecture ne paroissent pas solides (a). Il est probable que les Samaritains ne voulurent point du Livre de Josué ni des suivans, parce que le partage de la terre promise, couché dans ces Livres, ne s'accordoit pas avec leurs prétentions.

3°. Pendant la captivité, Jérémie demeura dans la Judée pour instruire & pour consoler le peu de Juifs qui y étoient restés, ou qui s'étoient enfuis en Egypte; il leur rappelle la loi que Dieu avoit donnée à leurs peres, lorsqu'il les tira de l'E-

_____

(a) Hist. des Juifs, l. VI, p. 257, édit. in-4°.

gypte,

gypte (*a*), en particulier la loi de l'Exode & du Deutéronome, qui ordonne de mettre les esclaves en liberté à la septieme année (*b*). Il est dit dans le second Livre des Macchabées, que ce même Prophete *donna la loi* à ceux qui partoient pour la Chaldée, afin qu'ils n'oubliassent point les préceptes du Seigneur (*c*).

Le Prophete Baruch, emmené à Babylone, répete à Jéchonias & à son peuple captif les malédictions prononcées par Moïse, *lorsque par l'ordre de Dieu il écrivoit sa loi en présence des enfans d'Israël*, telles qu'elles sont dans le Lévitique & le Deutéronome. Il leur représente que ces funestes prédictions sont accomplies sur eux, en punition de leurs infidélités ; il ajoute les promesses que Dieu a faites en même temps de les replacer dans leur patrie, s'ils retournent sincérement à lui (*d*). Ezéchiel fait de même, & se sert presque des mêmes termes (*e*). Il cite aux Lévites

---

(*a*) Jérém. c. 11, ℣. 4.
(*b*) *Ibid.* c. 34, ℣. 13.
(*c*) 2. Macchab. c. 2, ℣. 2.
(*d*) Comparez Baruch, c. 2, avec Lévit. c. 26, & Deut. c. 28.
(*e*) Ezéch. c. 20, ℣. 10 & suiv.

Tome V.   K

les préceptes qui les regardoient en particulier, dans l'Exode, dans le Lévitique, dans les Nombres, dans le Deutéronome (*a*). Daniel, sur la fin de la captivité, reconnoît que Dieu a fait tomber sur son peuple toutes les malédictions *écrites dans le Livre de Moïse, serviteur de Dieu* (*b*). Ce Livre n'étoit donc pas perdu; il n'étoit inconnu ni aux Juifs de Babylone, ni à ceux de la Judée avant le retour de la captivité.

§. XI.

4°. Esdras, revenant en Judée, ne conduisoit point un peuple récemment sorti des entrailles de la terre; il est clair, par les Livres de Daniel, de Tobie & d'Esther, que les Juifs suivoient leurs propres loix pendant la captivité. Esdras ramenoit de Babylone des anciens de la nation, des hommes dont les peres avoient vu l'ancien temple, avoient pratiqué les loix, les cérémonies, les usages consignés dans le Pentateuque, & qui avoient été observés par toute la nation pendant neuf cents ans avant la captivité. Ils rappor-

---

(*a*) Ezéch. c. 44, ℣. 17 & suiv.
(*b*) Dan. c. 9, ℣. 11.

DE LA VRAIE RELIGION. 219
toient de la Chaldée les vases & les instrumens qui avoient servi au culte du Seineur avant la ruine de Jérusalem. Ils trouverent dans la Judée le nombre infini de leurs freres, qui y avoient été reconduits par Zorobabel, soixante-treize ans auparavant, & les descendans de ceux qui s'étoient enfuis ou cachés à la désolation de leur patrie. Ils virent le nouveau temple bâti sur les ruines de l'ancien, le culte rétabli, les Prêtres & les Lévites rentrés dans leurs fonctions, &c. Etoit-il possible à Esdras de faire recevoir à ces différens Juifs, sous le nom de Moïse, des Loix, un Cérémonial, des Histoires, des Livres forgés récemment, de les assujettir à une police onéreuse & sévere, de laquelle ils s'étoient écartés en plusieurs points? Ces Juifs que l'on nous peint partout comme un peuple rebelle & mutin, étoient-ils disposés à recevoir comme un ouvrage de Moïse, les imaginations d'un nouveau venu? Les Samaritains, appliqués à traverser Esdras, auroient été charmés de voir plusieurs Juifs se révolter contre lui, ils les auroient appuyés de toutes leurs forces.

On trouve fort étrange que les Juifs aient été si peu soumis à Moïse, malgré

K 2

ses miracles, & l'on suppose qu'ils ont obéi aveuglément à Esdras au seul nom de Moïse, sans voir aucun miracle.

5°. Pour rendre l'imposture complete, Esdras auroit été obligé de forger non seulement toute l'Histoire Juive, mais les Prophéties, dont plusieurs n'étoient pas encore accomplies; celle d'Isaïe & de Jérémie, sur la ruine de Babylone; celle de Daniel, sur la succession des quatre Monarchies, toutes celles qui annoncent le Messie & la vocation des Gentils. Esdras étoit-il Prophete ? Si les Livres des Prophetes existoient avant lui, il les a interpolés, en y mettant des citations & des allusions au Pentateuque, puisqu'il y en a.

Sans un attachement invincible à la loi de Moïse, sans une confiance inébranlable aux prédictions de leurs Prophetes, les Juifs auroient été des insensés de se croire captifs & exilés à Babylone, de quitter la Chaldée pour venir revendiquer leurs héritages dans un pays dévasté depuis soixante-dix ans. L'on place donc la naissance de ces Livres après une époque à laquelle ils ont produit l'effet le plus étrange sur la nation Juive.

§. XII.

6°. Esdras, Compositeur ou Restaurateur du Pentateuque, y auroit inséré sans doute le dogme de la vie future, dont il étoit persuadé; nos adversaires soutiennent qu'il n'y est pas. Selon eux, les Juifs ont tout emprunté des autres nations; des Phéniciens, le nom de Dieu *Jéhovah*; des Egyptiens, la Circoncision & leurs cérémonies; des Arabes, la fable du Paradis Terrestre; des Perses, la croyance d'une autre vie; des Chaldéens, les Diables & les Enfers (a). A la réserve des deux derniers articles, Esdras a mis toutes ces opinions dans le Pentateuque. Il a enseigné le dogme de la vie future dans ses propres Livres, & il n'a pas eu l'esprit de la glisser dans les Ecrits qu'il supposoit sous le nom de Moïse. Assez habile pour forger une Histoire de plus de deux mille ans, pour concilier les faits, les époques, le caractere des personnages, la géographie, l'état contemporain

_____

(a) Philos. de l'Hist. c. 11, 13, 15, 48, 49. Examen important, c. 5. Epître aux Romains, art. 3, p. 14. Discours de Julien, Notes, p. 46, &c.

des nations, il a eu la stupidité de n'y pas mettre un dogme essentiel que sa nation avoit adopté, & qu'il croyoit lui-même. Ainsi le supposent nos savans adversaires.

Tantôt on nous dit que les Juifs sont une horde Arabe, & ils ont reçu leurs usages des Egyptiens ; tantôt on veut qu'ils soient Egyptiens d'origine, & on leur donne pour Maîtres les Arabes.

Si l'on admet qu'ils ont demeuré successivement en Egypte, sur les confins de l'Arabie, sur ceux de la Phénicie & dans la Chaldée ; c'est justement ce que nous apprend leur Histoire. Mais comment Esdras l'a-t-il deviné, si les Juifs n'avoient point de Livres avant lui ? Comment a-t-il pu dresser des listes immenses de généalogies, si les Juifs n'ont appris à lire que chez les Chaldéens ?

″ Je pense, dit l'Auteur de l'Examen
″ Important, que les Juifs ne surent lire
″ & écrire que pendant leur captivité
″ chez les Chaldéens ; je conjecture
″ qu'Esdras forgea tous ces contes de
″ peau d'âne, au retour de la captivité ;
″ il les écrivit en lettres Chaldéennes,
″ dans le jargon du pays. Je crois que

„ Jérémie put contribuer beaucoup à la
„ composition de ce Roman (a) ".

Brillante érudition ! Les Juifs ne surent lire & écrire que pendant la captivité ; & les sicles frappés dans la Judée portent, non des caracteres Chaldéens, mais des caracteres Phéniciens ou Samaritains. Il est prouvé que les Juifs n'ont commencé à écrire leurs Livres Saints en caracteres Chaldéens que vers le temps de Jésus-Christ (b). Esdras écrivit le Pentateuque dans le jargon du pays, au lieu qu'il écrivit ses propres Livres, partie en Chaldéen, & partie en Hébreu. Les Juifs, au lieu d'emprunter les caracteres des Phéniciens, pendant qu'ils vivoient dans leur voisinage, attendirent qu'ils en fussent à cent lieues. Jérémie put contribuer à la composition de leur Histoire ; & il étoit mort 54 ans avant le retour de la captivité, 127 ans avant l'arrivée d'Esdras dans la Judée.

Voilà comme sont tissus les Romans des imposteurs : mais ce n'est point ainsi que marche l'Histoire Juive ; si Esdras l'a

---

(a) Exam. Import. c. 4.
(b) Orig. du langage & de l'écrit. p. 452. Mém. de l'Ac. des Inscr. tome XXXIX, *in*-12, p. 275.

forgée, il en savoit plus que nos Docteurs incrédules.

N'importe ; un Philosophe ne recule jamais : il est décidé dans les Questions sur l'Encyclopédie, que le Pentateuque fut long-temps ignoré, non seulement des Nations, mais des Juifs eux-mêmes ; qu'il ne s'en trouva qu'un seul exemplaire au fond d'un vieux coffre, du temps du Roi Josias ; qu'il fut perdu pendant la captivité, & restauré par Esdras (*a*). Est-il arrivé, à aucun peuple de laisser périr le Livre de ses loix ?

§. XIII.

Autre chose est, dira-t-on, de supposer des faits, autre chose de supposer un Livre qui les raconte, & de l'attribuer à un Auteur mort depuis long-temps ; il y a sans doute des faits vrais dans le Pentateuque, mais ils ont grossi à la longue. Les Juifs ont pu suivre leurs loix, leur religion, leurs coutumes par tradition pendant plusieurs siecles, comme faisoient les Patriarches : dans la suite, un Auteur a pu les écrire, sur cette tradition ou sur quelques mémoires informes ; mais

---

(*a*) Art. *Auteurs*, *Moïse*. Bible expliq. p. 207.

il a pu aussi embellir, exagérer, diviniser les faits pour flatter sa nation & trouver croyance. Chez tous les peuples, les premiers Historiens ont été des Romanciers ; on n'a pas laissé de les croire : pour démêler la vérité d'avec les fables, il a fallu dans la suite porter le flambeau de la critique sur les siecles ténébreux : mais il n'y a jamais eu de critique chez les Juifs. Leurs Livres ne méritent donc pas plus de croyance que le fatras de nos vieux Historiens.

Réponse. Des conjectures & des comparaisons faites au hasard, ne suffisent pas pour renverser des preuves. Parmi nos Romanciers, aucun n'a été assez impudent pour mettre ses Fables sur le compte d'un personnage connu ; aucun n'a osé jouer le rôle de témoin oculaire, ou d'acteur des faits qu'il forgeoit, ni en prendre à témoins ses Lecteurs ; aucun n'a donné pour monument de ces faits, les mœurs, les loix, les usages de la nation, parce qu'il n'y avoit aucun rapport entre les uns & les autres. Voilà justement ce qui a fait refuser toute croyance aux Romanciers ; le vuide qu'il y avoit entre eux & les événemens, le défaut de titres & de garans, ont démontré qu'il avoit été impossible à ces Ecrivains de savoir ce qu'ils entreprenoient de raconter.

Ce n'est point ainsi que l'Histoire Juive est tissue. Les derniers Historiens ont pour guides ceux qui les ont précédés; leurs écrits forment une chaîne continue depuis Moïse. Lorque celui-ci raconte ce qu'il a fait, il donne pour preuve les institutions qu'il laisse, & les loix qu'il établit; si les faits n'étoient pas publiquement connus, ces loix seroient absurdes, jamais les Hébreux ne s'y seroient soumis. Lorsqu'il rapporte ce qui s'est passé avant lui, il montre la succession des Patriarches, leur vie très-longue, les leçons qu'ils ont données à leurs descendans, les monumens qu'ils ont érigés, les nations voisines, dont la situation, les mœurs, les intérêts, les prétentions confirment son Histoire.

Dans cet enchaînement de faits, point de siecles ténébreux, point de vuide. La captivité de Babylone suppose l'existence précédente des Juifs dans la Palestine, sous le gouvernement de leurs Rois; l'antipathie & la haine des Samaritains atteste le schisme des dix Tribus sous Roboam; l'Histoire des premiers Rois remonte à un état différent, & au gouvernement des

DE LA VRAIE RELIGION. 227

Juges. Sous ceux-ci, les restes des Chananéens font souvenir de la conquête & du séjour de la nation dans le désert; ses courses dans le désert sont inconcevables sans la sortie d'Egypte : l'état où elle se trouvoit en Egypte, rappelle Joseph & Jacob, qui tiennent immédiatement à la chaîne des Patriarches ; tous font successivement témoins & dépositaires de la tradition primitive & des origines du monde.

§. XIV.

Il est impossible que la multitude de loix, de réglemens, de rites, d'usages prescrits dans le Pentateuque, se soit conservée par la simple tradition, & que l'on ait pu se souvenir, sans écriture, des faits & des motifs qui y avoient donné lieu. La vie des hommes n'étoit plus assez longue; la nation avoit éprouvé trop de révolutions; le tissu historique est fait avec trop de soin. Les Juifs ont toujours été persuadés qu'ils avoient un culte extérieur, une police, des usages qui avoient été inconnus à leurs peres avant Moïse : de qui la nation les a-t-elle reçus, sinon de ce Législateur ?

Quand l'Auteur de l'Histoire Juive

auroit eu des mémoires, cela ne suffit pas, à moins qu'on ne suppose qu'il les a servilement copiés; alors il n'est plus Auteur, mais simple copiste : s'il a exactement rendu les mémoires mêmes de Moïse, nous n'en demandons pas davantage.

Sur des mémoires abrégés & informes, comment un même Auteur Juif auroit-il pu prendre le style propre à chacun des Écrivains qu'il fait parler, & aux circonstances dans lesquelles ils se trouvoient ? Il soutient le ton de Législateur dans les Livres de Moïse, celui d'Historien dans la Genese, dans ceux de Josué, des Juges & des Rois ; celui de Poëte inspiré, dans les Pseaumes de David. Il a pris un style pur & nombreux en fabriquant Isaïe, concis & serré sous le nom d'Ozée, rude & agreste sous celui d'Amos. Il a affecté d'être dur & obscur, en supposant les prophéties de Michée, clair & touchant en faisant parler Jérémie, élevé & sublime sous la plume de Nahum & de Sophonie. Il a si bien imité le naturel, qu'il a persuadé à toute sa nation que vingt Ouvrages divers, tous de sa façon, étoient de vingt Auteurs & de quinze siecles différens. Pour comble de merveilles, c'est Esdras, cet Auteur si simple & si négligé dans son propre Livre, qui a fait ce qu'il y a de mieux frappé & de plus original dans les Livres Saints. Il n'a pas pu supposer ceux de Moïse, sans forger en même temps toute la suite des Ecrits qui les citent, qui y font allusion, qui en parlent comme de Livres connus.

L'Auteur du Pentateuque, loin d'embellir les faits pour flatter la vanité de sa nation, la suppose moins ancienne que les peuples voisins, & avoue qu'elle fut d'abord réduite à l'esclavage ; il rapporte plusieurs faits déshonorans pour les Patriarches, pour toute la nation, pour plusieurs tribus, pour sa propre famille, pour lui-même : il annonce aux Juifs leurs infidélités futures, & leurs malheurs.

Nous n'avons donc pas besoin d'une critique fort savante, pour sentir que les annales Juives forment une chaîne indissoluble : sans le Pentateuque, les Livres suivans n'ont pas pu exister, & la République Juive n'auroit pas pu subsister. De simples mémoires n'ont pas pu mettre un Ecrivain moderne en état de former un tissu de faits & de preuves aussi étroitement lié. On peut dire du Pentateuque ce qu'a dit de l'Evangile un Déiste célèbre, qu'il a des caracteres de vérité si grands, si frappans, si parfaitement inimitables, que l'inventeur en seroit plus étonnant que le héros.

§. XV.

Nos adversaires ont-ils de fortes raisons pour prouver que Moïse n'en est pas l'Auteur ? La plupart sont tirées de Spinosa, & aucune n'a le mérite de la nouveauté : M. Huet & Abadie y ont solidement répondu. Au lieu de répéter les mêmes objections, il auroit fallu réfuter les réponses de ces deux savans Apologistes : les Incrédules n'ont pas encore osé l'entreprendre.

Premiere Objection. Moïse n'a pas pu écrire le Pentateuque. Il est incertain si de son temps l'art d'écrire étoit déjà connu ; s'il l'étoit, l'on écrivoit tout au plus en hiéroglyphes. On ne savoit encore graver que sur la pierre, le bois, la brique ou le plomb ; toutes ces matieres étoient d'un usage trop incommode pour que Moïse ait pu y graver un Livre aussi considérable qu'est le Pentateuque. Au milieu d'un désert où il manquoit de tout, comment auroit-il pu trouver des Graveurs, & des matieres propres à faire un livre que l'on pût aisément transporter ? Il est dit dans le Deutéronome, Chapitre XXVII, ⅴ. 8, & dans Josué, Chapitre VIII, ⅴ. 31, que l'on écrivit le Deutéronome sur un autel de pierres brutes, enduites de mortier. Peut-on écrire tout un livre sur du mortier (a) ?

Réponse. Nous sommes bien plus embarrassés à concilier nos critiques, qu'à montrer comment Moïse a pu écrire. Les uns soutiennent que du temps de Moïse, l'art d'écrire n'étoit pas encore trouvé ; d'autres croient qu'il a eu des mémoires plus anciens que lui ; que l'art d'écrire est beaucoup plus ancien que Moïse ; qu'il étoit même connu avant le déluge (b). L'Auteur de la Philosophie de l'Histoire, qui juge que Moïse n'a pas pu écrire, dit que Sanchoniathon, qui vivoit à peu près en même temps, con-

───────────

(a) V. Philosophie de l'Hist. Défense de mon Oncle. Dict. Philos. *Moïse.* Questions de Zapata. Examen important. Catéchisme de l'honnête Homme. La Bible enfin expliquée. Questions sur l'Encyclopédie. L'Esprit du Judaïsme. Analyse de la Religion Chrétienne, par Dumarsais, &c.

(b) Défense des Sentim. des Théol de Holl. Lettre 7, p. 169. Conjectures sur les Mém. orig. dont Moïse s'est servi, &c. Bruxelles, 1753.

sulta les anciennes archives pour écrire l'Histoire Phénicienne ; il y avoit donc des archives du temps de Moïse. Il dit que les tables aftronomiques des Chaldéens remontent à l'année 2234 avant notre ere (a) ; c'est plus de 700 ans avant Moïse. A-t-on fait des tables aftronomiques sans écriture ? Il soutient que les Livres des Chinois & des Indiens sont plus anciens que ceux de Moïse : peut-il prouver que ces deux peuples ont su écrire avant les Egyptiens ?

Son érudition est calquée sur celle du Pere Hardouin : celui-ci prétendoit que Virgile n'a pas pu écrire l'Enéïde pendant les cinq années qui se sont écoulées depuis la composition des Géorgiques jusqu'à sa mort.

§. XVI.

Il est solidement prouvé que Moïse a fait le Pentateuque : donc l'art d'écrire étoit connu de son temps. Il l'étoit déjà du temps de Job : selon les Essais sur l'Histoire Générale (b), Job a vécu sept générations

---

(a) Philof. de l'Hift. c. 10, 13.
(b) Rem. fur l'Hift. Gén. n. 9. Queft. fur l'Encyclop. *Arabes.*

avant Moïse ; il parle non seulement de l'écriture hiéroglyphique, mais de l'écriture alphabétique : M. Goguet l'a remarqué (a).

Quoique l'on ne puisse pas fixer précisément l'époque de la naissance de cet art, il est certain que les Egyptiens, les Iduméens, les Phéniciens sont les premiers qui en aient eu connoissance : Moïse a vécu chez les premiers, & près des seconds. C'est une erreur de croire que l'on a su graver les caracteres longtemps avant de savoir les peindre. Des momies Egyptiennes que l'on juge plus anciennes que Moïse, sont chargées d'hiéroglyphes peints & non gravés ; on a donc su peindre l'alphabet dès qu'il a été trouvé : il est hiéroglyphique dans son origine. Selon M. d'Origny, il a été connu sous Sésostris, & lorsque les Israélites sortirent de l'Egypte (b). Un autre Critique dit que l'alphabet Egyptien a été retrouvé sur les bandelettes des momies (c). M. de Gébelin prouve que l'art

---

(a) Orig. des Loix, 1ᵉ. part. l. II, c. 6.
(b) Egypte ancienne, c. 9, p. 333. Chronol. Egypt. Préf. p. 29.
(c) Recherches Philos. sur les Egypt. tome II, sect. 7, p. 130.

d'écrire est plus ancien que la dispersion des peuples (*a*).

Il est faux que du temps de Moïse on ne sut graver que sur le bois, la pierre, la brique, le plomb. Quand cela seroit, Moïse auroit pu écrire le Pentateuque sur des tablettes de bois, comme les Chinois ont écrit leur Chou-King sur des tablettes de bambou. On gravoit sur la pierre ou sur la brique, les loix & les faits que l'on vouloit mettre sous les yeux du peuple ; on gravoit sur le bois, sur des lames de plomb ou de cuivre, sur des tablettes de cire, les écrits que l'on vouloit transporter. On peignoit sur les feuilles & sur l'écorce de certains arbres, sur le papyrus d'Egypte, sur des bandes de toiles imbibées de gomme, sur le vélin ou sur la peau des animaux. On ne peut fixer la date d'aucune de ces inventions, parce qu'elles sont très-anciennes ; les Grecs ne les ont connues que fort tard : mais cela ne prouve rien.

Josué envoie des Arpenteurs, pour lever le plan du pays des Cananéens, & ils le lui rapportent par écrit (*b*). Il y avoit

---

(*a*) Orig. du lang. & de l'écrit. p. 423.
(*b*) Josué, c. 15 & 18.

alors dans la Paleſtine une ville nommée *Cariath Sepher*, la ville des livres ou des archives. Les Hébreux avoient donc appris en Egypte l'art de dreſſer des plans & de faire des livres. Jamais il n'y eut de peuple policé ſans écriture ; aucune nation n'a eu des loix fixes que quand elle a ſu les écrire.

L'Auteur de la Philoſophie de l'Hiſtoire fait une injure ſanglante aux Savans qu'il veut rendre complices de ſon erreur & de ſes contradictions. Abenezra, Maimonide, Nugnez, Le Clerc, Midleton, le grand Newton, ne furent jamais aſſez ignorans pour juger comme lui que Moïſe & Joſué n'ont pas ſu écrire (*a*). Ils ont cru que Moïſe & Joſué n'avoient laiſſé que de ſimples mémoires, & qu'ils ont été rédigés par un Ecrivain poſtérieur ; ils fondent leur conjecture ſur quelques obſervations, auxquelles nous répondrons ci-après. Newton, ni les autres, n'en étoient pas moins perſuadés de l'inſpiration des Livres Saints ; ils étoient trop inſtruits pour donner dans les travers des incrédules. Il eſt humiliant pour ceux-ci de voir des erreurs d'Aſtronomie & de

---

(*a*) Philoſ. de l'Hiſt. c. 40, p. 194.

Chronologie, dans un Livre où Newton n'en voyoit point.

§. XVII.

Deuxieme Objection. Les peuples errans doivent être les derniers qui ont écrit, parce qu'ils ont moins de moyens que les autres d'avoir des archives & de les conserver ; ils ont peu de besoins, peu de loix, peu d'événemens ; ils ne sont occupés que d'une subsistance précaire, une tradition orale leur suffit. Croira-t-on que les Arabes vagabonds & voleurs, qui errent dans des montagnes de sable, aient eu des Thucydides & des Xénophons ? Les Juifs, avant Saül, ne paroissent qu'une horde Arabe du désert (*a*) : ils n'ont donc point eu de Législateur ni d'Historien.

Réponse. Les *Hébreux* sont originaires de Chaldée ; leur nom même l'atteste. Abraham, Isaac & Jacob ont habité d'abord la Palestine avec les Chananéens ou Phéniciens ; leur postérité a été plus de deux cents ans sédentaire en Egypte : or, l'Egypte, la Phénicie, la Chaldée, sont le berceau des sciences. Leur Langue

---

(*a*) Philos. de l'Hist. c. 38, 52.

n'est point l'Arabe, mais l'Hébreu des Phéniciens. Les Arabes descendent d'Ismaël, ils le savent très-bien; les Hébreux sont issus d'Isaac, ils ne l'ont jamais oublié. Pendant quarante ans, ils n'ont parcouru dans le désert qu'un terrein très-borné; ils étoient séparés des Arabes par les Iduméens & par les Madianites: cette topographie de Moïse est incontestabel. Abraham, Isaac & Jacob avoient cultivé la terre dans la Palestine: les Hébreux la cultiverent en Egypte; ils recommencerent à la cultiver dès qu'ils furent établis dans l'ancienne demeure de leurs peres. Il est prouvé que l'Ecriture a été inventée par les peuples agriculteurs (*a*).

Dans le désert même, les Hébreux n'étoient point occupés d'une subsistance précaire, la manne tomboit tous les jours; sans cette nourriture ils n'auroient pas pu vivre. Ils ont eu des archives, puisqu'ils les ont conservées; elles sont plus anciennes, plus exactes, plus certaines que celles des autres nations, plus précieuses à tous égards que les écrits de Thucydide & de Xénophon.

Que l'on y fasse bien attention. Après

_____

(*a*) Orig. du lang. & de l'écrit. p. 407.

qu'Abraham & Jacob furent sortis de la Chaldée, ce pays fut agité par les guerres des Assyriens, des Medes & des Perses ; quand Jacob eut quitté la Palestine pour se retirer en Egypte, les différentes peuplades de Chananéens se disputerent leurs possessions (*a*) ; les grandes révolutions de l'Egypte sont postérieures à la sortie des Israélites : il semble que leurs migrations aient été ménagées par la Providence, pour les mettre à couvert des mouvemens tumultueux qui changeoient la langue, les mœurs, la croyance des autres peuples. Lorsqu'ils en essuyerent eux-mêmes, leurs archives & leurs livres, leurs loix & leur religion étoient en sûreté ; elles ne pouvoient plus périr. L'objection que l'on veut tirer de leur vie errante, est justement ce qui prouve la constance & la certitude de la tradition chez eux.

D'ailleurs, la constitution singuliere de leur gouvernement & de leur religion, exigeoit que l'Histoire rendît raison de tout ; voilà pourquoi ils ont eu une Histoire dès leur naissance : cela n'est point arrivé chez les autres nations.

(*a*) Num. c. 21, Deut. c. 2.

§. XVIII.

Troisieme Objection. Philon nous apprend qu'*Israël* est un terme Chaldéen ; que ce nom fut donné par les Chaldéens aux justes consacrés à Dieu. Les Juifs n'appelerent donc Jacob *Israël*, ils ne se donnerent le nom d'Israélites que lorsqu'ils eurent quelque connoissance du Chaldéen. Or, ils ne purent avoir connoissance de cette Langue que lorsqu'ils furent esclaves en Chaldée. Puisque ce nom se trouve dans tous les Livres des Juifs, il est clair qu'ils n'ont été écrits qu'après la captivité. Il en est de même des noms *Babel, Béthel, Jahel,* &c. qui sont tous Chaldéens (*a*).

Réponse. Voici encore un vol fait au Pere Hardouin : selon lui, il y a dans l'Enéide des gallicismes & plusieurs termes de la basse Latinité, qui n'étoient point en usage au temps de Virgile.

Si l'authenticité du Pentateuque étoit attachée à l'étymologie d'un mot & à l'autorité de Philon, elle tiendroit à peu de chose. Abraham étoit Chaldéen ; il

---

(*a*) Philos. de l'Hist. c. 49. Quest. sur l'Encyclop. *Moïse*. Bible expliquée, p. 84.

fut nommé *Hébreu*, parce qu'il venoit d'au delà de l'Euphrate : il parloit donc le Chaldéen. Jacob son petit-fils se maria dans la Chaldée ; il y demeura au moins vingt ans : il a donc pu porter un nom Chaldéen sans attendre à la captivité.

Philon dit que les Livres de la Loi ont été composés par Moïse en Chaldaïque ; que la Version des Septante a été faite sur un exemplaire Chaldéen (*a*) ; a-t-il eu grand tort de confondre l'Hébreu avec le Chaldéen ? La Langue de Moïse & des Chananéens, le Chaldéen d'Abraham & de Jacob, étoient fonciérement la même Langue, puisque les deux peuples s'entendoient sans interprete. Mais depuis Jacob jusqu'à la captivité, il s'est écoulé plus de mille ans : le Chaldéen a dû changer pendant ce long intervalle par le mélange des peuples.

Philon pense qu'*Israël* est formé *Iss, rah, el*, homme qui voit Dieu ; selon Moïse, il vient de *Is, serah, el*, homme qui prévaut contre Dieu : croirons-nous plutôt un Juif hellénisse d'Alexandrie que Moïse ? Quoi qu'il en soit, les trois racines

_____

(*a*) Philon, V^{ie} de Moïse, l. II.

du mot font autant de l'Hébreu que du Chaldéen.

L'érudition Chaldaïque de l'Auteur de l'objection n'est pas imposante. *Béthel*, nom d'un lieu de la Palestine, est Chaldéen ; il faut donc que des Chaldéens y soient venus exprès pour lui donner un nom. *Babel* en Chaldéen signifie *porte de Dieu* ; en Hébreu *confusion* : une tour a-t-elle pu être nommée la porte de Dieu ? Ce nom est aussi Arabe, témoin le détroit de *Bab-el-mandab*, que nous nommons *Babelmandel*.

§. XIX.

Quatrieme Objection. Selon le Pere Hardouin, il y a dans l'Enéïde plusieurs choses que Virgile n'a pas pu écrire ; le Poëte fait allusion à des événemens postérieurs au siecle d'Auguste. Selon nos doctes Censeurs, il y a aussi dans le Pentateuque des choses que Moïse n'a pas pu écrire, & qui désignent évidemment la main d'un Auteur plus récent.

Dans le Chapitre XII de la Genese, ℣. 6, il est dit que quand Abraham arriva dans la Palestine, les Chananéens y habitoient ; cette remarque ne peut avoir été faite que par un Ecrivain qui vivoit

Tome V. L

dans un temps où les Chananéens n'étoient plus dans ce pays-là, par conséquent après la conquête de la Palestine par les Israélites.

Chapitre XIV, ℣. 14, il est écrit qu'Abraham poursuivit les Rois qui avoient pillé Sodome, jusqu'à *Dan* : or, cette ville ne fut ainsi nommée que sous les Juges ; son premier nom étoit Laïs (*a*).

Chapitre XXII, ℣. 14. La montagne de Moria, sur laquelle Abraham voulut immoler son fils, est appelée *la montagne de Dieu* ; elle ne fut ainsi nommée que plusieurs siecles après, lorsque le Temple y fut bâti.

Chapitre XXXVI, ℣. 31, l'Historien fait l'énumération des Princes qui ont régné dans l'Idumée, *avant que les enfans d'Israël eussent un Roi* : ce passage démontre qu'il écrivoit après l'établissement des Rois chez les Israélites (*b*).

Réponse. Je soutiens que toutes ces remarques démontrent invinciblement que le Pentateuque est de Moïse, & non d'un Auteur plus récent.

_____

(*a*) Jud. c. 18, ℣. 29.
(*b*) Spinosa, Tract. Théol. Polit. c. 8, Bible expliquée, p. 31, 32, 207, &c.

1°. Il dit, Gen. Chap. XII, qu'à l'arrivée d'Abraham dans la Palestine, les Chananéens y étoient déja. Chap. XIII, ℣. 7, il dit que quand Abraham revint d'Egypte, il y avoit des Chananéens & des Phérézéens. Ces derniers y étoient donc survenus depuis la premiere époque: c'est ce que l'Ecrivain sacré veut faire entendre; il ne fait donc aucune allusion à l'expulsion des Chananéens. Si l'on attribue cette remarque à un Auteur plus récent que Moïse, elle devient absurde; les Juifs auroient-ils pu chasser les Chananéens de la Palestine, si ceux-ci ne l'avoient pas habitée? Nos adversaires soutiendront ailleurs que les Juifs ont égorgé tous les Chananéens; ici on veut qu'ils les aient seulement chassés. Sous la plume de Moïe, cette observation est pleine de sagesse. Il dit, Chap. XII, que Dieu promit à Abraham de donner à sa postérité la Palestine; il fait remarquer en même temps que ce pays n'étoit cependant pas sans habitans, puisque les Chananéens l'occupoient déja; & Chap. XIII, que les Phérézéens s'y étoient encore établis. Ainsi, en rapportant la promesse, Moïse fait aussi mention des obstacles qui sembloient s'opposer à son accomplissement, obstacles d'autant plus sensibles, qu'Abraham n'avoit encore point d'enfans.

2°. Peut-on prouver que *Dan*, Chapitre XIV, est la ville de ce nom ? Elle n'étoit peut-être pas encore bâtie. On voit sur les Cartes de la Palestine & de la Syrie, que le Jourdain, près de sa source, est formé par deux ruisseaux, dont l'un se nommoit *Jor*, & l'autre *Dan* : il est donc probable que l'Auteur de la Genese a voulu parler de ce ruisseau, & non d'une ville qui n'existoit peut-être pas encore. Quand il s'agiroit de la ville de Dan, qu'en résulteroit-il ? Qu'un copiste postérieur à Moïse a substitué le nom moderne au nom plus ancien ; que la même chose a pu arriver à d'autres noms de lieu. Cela ne conclut rien.

3°. Il est faux que dans le Chap. XXII, la montagne fameuse par le sacrifice d'Abraham, soit nommée montagne de Dieu. » Abraham, dit le texte Hébreu, » nomma ce lieu, *Dieu y pourvoira* ; c'est » pourquoi on l'appelle encore aujour- » d'hui la montagne où Dieu pourvoira «. Le Temple fut bâti sur le mont de Sion, & non sur la montagne de Moriah.

4°. Le nom de *Roi*, Chap. XXXVI, n'a aucun rapport aux Rois que les Juifs eurent dans la suite; il ne désigne qu'un Chef de nation. Nous lisons, Deut. Chapitre XXXIII, ⱴ. 5, que Moïse fut *un Roi juste* à la tête des Chefs & des Tribus d'Israël. Le sens du Chap. XXXVI de la Genese est donc que les descendans d'Esaü avoient déja eu huit Chefs, avant que les Israélites en eussent aucun à leur tête.

Mais à quoi eût servi cette remarque, si elle avoit été faite du temps des Rois? A rien du tout. De la part de Moïse, elle est pleine de sens & placée à propos. Il avoit dit, Chap. XXV & XXVII, qu'en vertu de la promesse de Dieu, la postérité d'Esaü seroit soumise à celle de Jacob; il fait remarquer, Chap. XXXVI, la multitude & la puissance des descendans d'Esaü, avant que les Israélites fissent aucune figure dans le monde, avant qu'ils fussent un corps de nation; pour faire sentir le peu d'apparence qu'il y avoit pour lors que la promesse pût s'accomplir.

Comme dans la conquête de la terre promise les Hébreux ne devoient point toucher aux possessions des Ismaélites, des Iduméens, des Moabites, des Ammonites (a), il étoit nécessaire de leur

_____
(a) Deut. c. 2.

donner la généalogie de ces peuples, de leur en faire connoître les différentes branches & les limites de leurs habitations. Ces listes de peuplades & de familles, ces topographies dressées par Moïse se trouvent fondées en raison. Si on suppose qu'elles ont été faites sous les Rois ou plus tard, long-temps après la conquête, elles sont inutiles, c'est un hors-d'œuvre qui ne signifie plus rien ; alors la plupart de ces peuplades avoient disparu, s'étoient transplantées, s'étoient enlevé mutuellement leurs possessions.

Tous ces objections de Spinosa, servilement copiées par nos Philosophes, loin de donner la moindre atteinte à l'authenticité des Livres de Moïse, la démontrent invinciblement ; elles ne peuvent aboutir qu'à couvrir nos adversaires de ridicule. Ils n'ont pas seulement lu les passages sur lesquels ils argumentent.

§. XX.

Cinquieme Objection. Il est dit dans la Genese, Chap. XXIII, ⅴ. 16, qu'Abraham acheta des Héthéens un champ & une caverne pour servir de tombeau à Sara son épouse, & qu'il les paya quatre cents sicles d'argent, *monnoie de bon aloi* : or, du temps d'Abraham ni même de Moïse, il n'y avoit point encore de monnoie frappée au coin. La Genese n'a donc été écrite que dans les temps postérieurs, lorsque l'argent monnoyé fut connu. Dans un endroit, nous lisons que ce champ étoit en Hébron; dans un autre, qu'il étoit à Sichem : comment concilier tout cela (*a*) ?

Réponse. Le Pere Hardouin reproche aussi des anachronismes à Virgile. Le texte porte qu'Abraham *pesa* quatre cents sicles d'argent qui a cours chez le marchand. Le *sicle* étoit donc un poids, & non une monnoie de compte frappée au coin (*b*). Avant l'invention de la monnoie, on a fait le commerce avec les métaux réduits en lames ou en lingots; il se fait encore ainsi à la Chine & chez d'autres nations : les Chananéens ou Phéniciens qui ont été les premiers négocians, ont sans doute connu cet usage de très-bonne heure. L'évaluation des *sicles* faite dans la Bible expliquée porte à faux, puis-

---

(*a*) Quest. sur l'Encyclopédie, *Argent*. Bible expliquée, p. 59.

(*b*) Dissert. sur l'antiq. de la Monnoie, Bible d'Avignon, tome I, p. 609.

qu'il ne s'agit pas ici d'argent monnoyé.

S'il y a une erreur de géographie, elle n'est dans aucun des Livres de Moïse. La Genese dit que Jacob, mort en Egypte, fut porté dans la Palestine, & enterré dans le tombeau qu'Abraham avoit acheté d'Ephron le Héthéen, vis-à-vis de Mambré (*a*). On voit ailleurs que ce tombeau étoit à Hébron, nommé autrement *la ville d'Arbé* près de Mambré (*b*), où Abraham & Jacob avoient demeuré. Dans Josué, on lit que les os de Joseph, rapportés d'Egypte, furent enterrés à Sichem dans un coin du champ que Jacob avoit acheté d'Hémor, pere de Sichem, pour le prix de cent jeunes brebis (*c*). Ces deux tombeaux sont très-différens. Il est vrai que l'Auteur des Actes des Apôtres semble les avoir confondus ; il dit : „ Jacob alla en Egypte, il y mourut lui & „ nos peres ; ils furent transportés à Sichem, & mis dans le tombeau qu'Abraham avoit acheté à prix d'argent des „ enfans d'Hémor, fils de Sichem (*d*) ".

Mais, 1°. le mot de *fils* n'est point dans le Grec. 2°. *Ils furent transportés*, peut

---

(*a*) Gen. c. 50, ℣. 13.   (*c*) Josué, c. 24, ℣. 32.
(*b*) Ibid. c. 35, ℣. 27.   (*d*) Act. c. 7, ℣. 15 & 16.

s'entendre des enfans de Jacob, & non de Jacob lui-même; les uns furent enterrés à Hébron avec Abraham; les autres à Sichem avec Joseph: ce fait étoit trop connu des Juifs, pour que l'Auteur des Actes eût à craindre de n'être pas entendu. Cette objection est empruntée des Rabbins (a).

§. XXI.

Sixieme Objection. L'Auteur du Pentateuque parle ordinairement de Moïse à la troisieme personne; ce n'est donc pas lui qui écrivoit. Dans quelques endroits du Deutéronome, Moïse parle lui-même aux Juifs, preuve qu'alors l'Ecrivain copioit les propres termes de Moïse, & qu'ailleurs il composoit de génie.

Exode, Chap. VI, ⅴ. 26 & 27, il est dit: « c'est cet Aaron & ce Moïse auxquels » Dieu commanda de faire sortir de » l'Egypte les enfans d'Israël; ce sont eux » qui parlerent à Pharaon, &c. ». Jamais un Ecrivain, parlant de lui-même, ne s'est ainsi exprimé.

Ce même Auteur dit plusieurs choses que Moïse n'auroit pas pu dire décemment

---

(a) *Munimen fidei*, 2ᵉ. part. c. 63.

L 5

de lui-même; que Dieu parloit à Moïse face à face, comme un ami à son ami, Exode, Chap. XXXIII, ⱴ. 11; qu'il étoit le plus doux des hommes, Num. Chapi-XII, ⱴ. 3, 7, 8; qu'il étoit un homme divin, Deut. Chap. XXXIII, ⱴ 1; qu'il n'y eut plus jamais en Israël de Prophete semblable à Moïse, Deut. Chapitre XXXIV, ⱴ. 10. Dans ce même Chapitre, sa mort est rapportée; sans doute Moïse n'a pas écrit après sa mort.

Réponse. Le Pere Hardouin objecte aussi contre l'Eneïde, que le Poëte, au lieu de faire toujours parler les acteurs de son Poëme, parle souvent lui-même; ce qui est contraire aux regles du Poëme épique.

Dans la Genese, l'Auteur ne parle point du tout de lui-même; voilà déjà un Livre entier auquel l'objection ne touche point. Dans le Deutéronome, il parle presque toujours comme acteur; il dit aux Juifs: *Dieu nous a parlé à Horeb; je vous ai dit alors, vous avez vu, vous avez entendu, nous avons campé à tel endroit, le Seigneur m'a ordonné,* &c. Ce Livre est donc encore de Moïse. Esdras, dans les siens, parle de lui-même, tantôt à la premiere, & tantôt à la troisieme personne; Xénophon, César, Josephe l'Historien, font de même : cé ton est plus modeste que l'égoïsme ; il ne prouve donc rien contre l'Auteur du Pentateuque.

Exode, Chap. VI, le Verbe *est*, *sont*, ne se trouve point ; il y a seulement *le Moïse*, *le Aaron* : or, en Hébreu, le pronom démonstratif se met devant les noms propres, sans conséquence & sans changer le sens de la phrase (*a*).

Moïse disoit, sans indécence & sans vanité, que Dieu lui parloit face à face, comme un ami à son ami, puisque cela étoit vrai : il étoit forcé de le dire, pour prouver sa mission & faire respecter son ministere. Il écarte tout soupçon de vanité, en confessant ses fautes, & le châtiment qu'il en devoit subir ; il répete trois ou quatre fois que, pour le punir de sa défiance, Dieu l'a condamné à mourir dans le désert, & à ne point entrer dans la terre promise (*b*).

Lorsqu'il se donne le titre d'*homme de Dieu*, cela ne signifie point homme divin, ou d'un mérite supérieur à l'humanité,

---

(*a*) V. Réponses crit. aux difficultés des Incrédules, tome I, p. 73.

(*b*) Num. c. 20, ℣. 12. Deut. c. 1, ℣. 37. c. 32, ℣. 51.

mais ministre de Dieu, envoyé de Dieu : l'Ecriture nomme ainsi plusieurs Prophetes (a).

Il fait observer qu'il est le plus doux des hommes, dans une circonstance où son frere & sa sœur s'élevoient contre lui : il le dit pour témoigner qu'il ne leur avoit donné aucun sujet de plainte. C'est une apologie qu'il fait de sa conduite, & non un éloge qu'il se donne.

Le dernier Chapitre du Deutéronome, où la mort de Moïse est rapportée, ne contient que douze versets : il a évidemment été écrit par Josué, & il se lie naturellement au premier Chapitre de son Livre. La division des Livres, des Chapitres, des versets de l'Histoire Sainte, est très-moderne : dans l'origine, tout alloit de suite & sans interruption.

Quoiqu'il y eût peu de temps écoulé depuis la mort de Moïse, Josué a pu dire : *Il ne s'est plus élevé dans Israël un Prophete semblable à Moïse*; c'est un aveu modeste de sa part ; il signifie : quoique successeur de Moïse, je ne suis plus un Prophete semblable à lui, honoré comme

---

(a) 1. Reg. c. 2. ℣. 27 : c. 9, ℣. 6. 3. Reg. c. 13, ℣. 1. 4. Reg. c. 1, ℣. 9 : c. 4, ℣. 9.

lui d'entretiens immédiats avec Dieu, ni doué d'un pouvoir aussi étendu de faire des miracles. Tel est évidemment le sens du texte.

§. XXII.

Septieme Objection. On lit dans l'Exode, Chap. XVI, ⋎. 35, que les Israélites ont mangé de la manne pendant quarante ans, jusqu'à ce qu'ils entrassent dans le pays de Chanaan : Moïse n'a pas vécu jusqu'à cette époque ; il n'a donc pas pu écrire ces paroles.

Le premier verset du Deutéronome est certainement d'un Auteur qui écrivoit dans la Judée & en deçà du Jourdain : ,, Voici, dit-il, les paroles que Moïse ,, adressa aux Israélites *au delà du Jour-* ,, *dain* dans la plaine du désert ''. Moïse n'a jamais passé le Jourdain.

Dans le Chap. III, ⋎. 11, il s'exprime ainsi : ,, Og, Roi de Basan, étoit le seul ,, qui restât de la race des Géans. On ,, montre à Rabbath, ville des Ammo- ,, nites, son lit de fer, long de neuf ,, coudées, & large de quatre ''. Ces paroles sont évidemment d'un Ecrivain qui a vécu sous les Rois, & lorsque David prit la ville de Rabbath (*a*) : il cite ce lit de fer comme un monument du fait arrivé sous Moïse.

Dans ce même Chapitre, ℣. 14, il dit que Jaïr, fils de Manassé, donna au pays de Basan le nom *de villes de Jaïr*, & que ce nom leur est demeuré *jusqu'aujourd'hui* : cette maniere de parler ne convient point à un Auteur contemporain. Nouvelle objection calquée sur le Pere Hardouin.

Réponse. Nos Critiques prouvent, par toutes ces objections, qu'ils ne sont pas fort habiles en fait d'Hébraïsmes, ou ils affectent une ignorance qui ne leur fait pas honneur. Il est clair par le premier Chapitre de Josué, que les Israélites sont entrés dans la terre promise immédiatement après la mort de Moïse ; & avant sa mort, la tribu de Ruben & celle de Manassé s'étoient déja emparées de tout le pays des Chananéens situé à l'orient du Jourdain. Moïse, qui, la veille de sa mort, voyoit encore tomber la manne, n'a donc rien hasardé en écrivant que cette nourriture n'avoit point cessé jusqu'à la conquête de la Palestine par les Israélites.

(*a*) 2. Reg. c. 12, ℣. 30.

Si le mot *au delà du Jourdain* prouve que le Deutéronome a été écrit dans la Judée & à l'occident de ce fleuve, ce même mot, répété vingt fois dans Josué, prouvera que son Livre a été écrit à l'orient du fleuve, ou dans le désert. Cet Ecrivain, parlant des peuples qui étoient entre le Jourdain & la Méditerranée, dit qu'ils habitoient au delà du Jourdain (a) : il est cependant certain qu'alors Josué avoit passé le Jourdain, & qu'il étoit du même côté qu'eux. Il y a plus. Dans le Chapitre XII, il parle des peuples qui demeuroient *au delà* du Jourdain du côté de l'orient, & de ceux qui habitoient *au delà* du Jourdain du côté de l'occident : à moins que cet Auteur n'ait été en délire, il faut que le terme Hébreu signifie aussi-bien *en deçà* qu'*en delà* ; il doit donc se rendre par *contre* ou *vis-à-vis* ; & l'on pourroit en citer cent exemples. Aussi Pagnin n'a point traduit *trans Jordanem*, mais *in transitu Jordanis*, au passage du Jourdain : or, le *passage* ne désigne pas un côté plutôt que l'autre. Dans le premier verset du Deutéronome, *contre le Jourdain* désigne clairement le côté orien-

---

(a) Josué, c. 9, ℣. 1.

tal du fleuve, par les noms des lieux qui y sont placés; & dans le Chap. IV, ℣. 47 & 49, Moïse dit formellement que ces lieux étoient à l'orient du Jourdain. L'Auteur de la Bible expliquée, qui ose traiter d'*impudens* les commentateurs qui ont fait cette remarque, page 201, mérite seul cette épithete injurieuse.

Le ℣. 11 du Chap. III, est mal traduit par Spinosa & par ses Copistes. Il y a littéralement: « Og, Roi de Basan, » étoit resté seul de la race des Réphaïm; » voilà son lit de fer; n'est-il pas à Rab- » bath des enfans d'Ammon? Sa longueur » de neuf coudées, & sa largeur de qua- » tre ». Il n'y a rien là qui désigne un événement passé depuis long-temps. Croirons-nous, avec Spinosa, que les Ammonites ont conservé comme *une relique* (a), pendant quatre cents ans & jusqu'à David, ce lit de fer pour le montrer aux curieux? Si nous adoptions de pareilles visions, les Incrédules s'égayeroient à nos dépens.

Lorsqu'il est dit que le nom des villes de Jaïr leur est demeuré *jusqu'aujourd'hui*; que le tombeau de Moïse est resté inconnu

---

(a) Tract. Théol. Polit. c. 8, p. 240. Bible expliquée, p. 204.

jufqu'aujourd'hui, &c. cette maniere de parler, très-fréquente dans l'Ecriture, ne marque pas toujours un laps de temps fort long. Dans le Chap. X du Deut. ℣. 8, Moïse dit qu'après la mort d'Aaron, Dieu a séparé la tribu de Lévi pour porter l'arche du Seigneur, & le bénir *jufqu'aujourd'hui* ; il parle d'un choix fait depuis très-peu de temps. Josué, Chapitre IX, ℣. 27, dit qu'il a condamné les Gabaonites qui l'avoient trompé, à porter de l'eau & du bois pour le service du Tabernacle *jufqu'à préfent* ; c'étoit un événement très-récent. Dans le Chap. XV, ℣. 63, il dit que la tribu de Juda n'a pas pu détruire les Jébuséens, habitans de Jérusalem, & qu'ils y ont demeuré *jufqu'aujourd'hui* : or, ces Jébuséens furent exterminés immédiatement après la mort de Josué, Jud. Chap. I, ℣. 8. Donc on ne peut pas supposer que ces paroles ont été écrites après Josué. On retrouve des exemples de la même façon de parler dans le Nouveau Testament, & dans Saint-Jérôme (*a*).

(*a*) Défense des sentim. des Théol. de Holl. 8e. Lettre, p. 194.

§. XXIII.

Huitieme Objection. Spinofa prétend que Moïfe a écrit des Livres, mais qu'ils font différens du Pentateuque, & que nous ne les avons plus. Le Pere Hardouin dit auffi que Virgile avoit promis, dans fes Géorgiques, de chanter les exploits d'Augufte, & non ceux d'Enée, & qu'il n'eft pas probable que le Poëte ait voulu manquer de parole.

Dans le Chap. XVII de l'Exode, ⅴ. 14, Dieu ordonne à Moïfe d'écrire dans un Livre la victoire des Ifraélites fur Amalec, & de le confier à Jofué : mais il n'eft pas dit dans quel Livre. Au Chap. XXI des Nombres, ⅴ. 14, il eft parlé d'un Livre des guerres du Seigneur, & l'Auteur en cite un paffage que nous ne trouvons point ailleurs ; c'eft probablement dans ce Livre que Moïfe écrivit la guerre contre Amalec : or ce Livre ne fubfifte plus.

Au Chap. XXIV de l'Exode, ⅴ. 7, Moïfe lit au peuple *le Livre de l'Alliance* : ce Livre ne renfermoit que ce qui eft contenu dans les Chapitres précédens ; favoir, depuis le fecond verfet du Chapitre XX, qui contient le Décalogue, jufqu'au premier verfet du Chap. XXIV.

Josué y ajouta dans la suite la troisieme alliance que le peuple conclut avec Dieu à Sichem, Jos. Chap. XXIV, ℣. 26. Ce Livre, qui contenoit la premiere alliance faite sous Moïse, & la troisieme à laquelle présida Josué, est perdu.

D'ailleurs, Moïse n'a ordonné aux Israélites de conserver que la seconde alliance qui fut conclue dans le pays de Moab, Deut. Chap. XXIX, avec le Cantique dont elle est suivie; c'est cette alliance, contenue dans trois Chapitres, que Moïse ordonne aux Lévites de lire au peuple tous les sept ans à la fête des Tabernacles, Deut. Chap. XXXI, ℣. 10, & qu'il leur commande de placer à côté de l'Arche, ℣. 26. Il n'y a aucune preuve que Moïse ait ordonné de conserver de même tout le reste.

Quoiqu'il soit assez probable que Moïse a écrit toutes ses loix, cependant nous ne devons point l'affirmer sans des témoignages positifs (a).

Réponse. Telle est la méthode de Spinosa, de substituer des visions au texte des Livres Saints, & d'exiger des passages formels qui les réfutent; d'insister sur un

_____

(a) Tract. Théol. Polit. c. 8, p. 244 & suiv.

verset qui semble le favoriser, & d'en supprimer vingt autres qui le contredisent ; d'attaquer les Livres que nous avons, par ceux que nous n'avons plus.

Il faut se souvenir que le mot de *Livre* ne signifie pas toujours un Ouvrage complet ; qu'il se prend souvent pour une Partie, une Section un Chapitre, d'un écrit quelconque : c'est de cette signification même que Spinosa fait un abus continuel.

1°. Supposons qu'il y ait eu un Livre *des guerres du Seigneur* ; que Moïse y ait écrit la victoire sur Amalec ; que ce Livre soit perdu ; s'ensuit-il de là qu'il ne l'a pas écrite dans l'Exode où nous la lisons ? Le texte de l'Exode est formel. » Ecris ceci » dans le Livre pour servir de mémoire, » & fais-en souvenir Josué ; car j'effacerai » la mémoire d'Amalec de dessous le » ciel «. Il est clair, par les trois Livres de l'Exode, des Nombres, du Deutéronome, que Moïse les écrivoit par maniere de Journal, à mesure qu'il recevoit de nouveaux ordres du Seigneur, qu'il faisoit de nouvelles loix, qu'il arrivoit de nouveaux événemens. Lorsque Dieu lui dit, *écris ceci dans le Livre*, il est évident que cela signifie, écris ceci dans ton Livre, dans le Livre que tu écris actuellement.

Recourir à un prétendu Livre perdu, au lieu du Livre existant, c'est s'aveugler au grand jour.

Une preuve que le Livre où Moïse écrivit la victoire sur Amalec, ne se perdit pas, c'est qu'il répete la même chose dans le Deutéronome, Chap. XXV, ℣. 17. Samuël en fait souvenir Saül dans le premier Livre des Rois, Chap. XV, ℣. 2, & l'engage à exécuter l'anathême que Dieu avoit prononcé contre Amalec. Il est encore parlé de cette victoire dans le Livre de Judith, Chap. IV, ℣. 13, avec toutes les circonstances rapportées dans l'Exode. Donc c'est l'Exode & non un autre Livre qui a servi aux Juifs de monument de la défaite d'Amalec sous Moïse, & de la malédiction portée contre lui.

§. XXIV.

2°. Supposons encore que le *Livre de l'alliance*, qui fut lu par Moïse au peuple assemblé à Horeb, n'ait renfermé pour lors que le Chap. XX de l'Exode, & les trois suivans; ce Livre augmenta tous les jours, puisque Moïse y ajoutoit les nouvelles loix qu'il recevoit de Dieu. Lorsque Josué dit qu'il écrivit *dans le volume de la loi du Seigneur*, l'alliance que le peuple venoit de faire à Sichem, est-il bien certain que ce volume ne contenoit rien de plus que les quatre Chapitres de l'Exode dont nous venons de parler? Sur quoi fondé Spinosa prétend-t-il que ce volume ne renfermoit pas aussi la seconde alliance conclue à Moab, alliance que Moïse, selon Spinosa même, avoit ordonné aux Lévites de conserver? N'est-il pas ridicule de vouloir que Josué ait joint son alliance à un cahier dont Moïse, selon Spinosa, n'avoit point ordonné la conservation, plutôt que de la joindre à celui que l'on devoit conserver, & qui étoit déposé à côté de l'Arche dans le tabernacle?

3°. Il est encore plus absurde de prétendre que Moïse avoit commandé aux Lévites de garder & de lire au peuple cette seconde alliance faite à Moab, & qu'il n'avoit pas ordonné aussi de conserver & de lire la premiere conclue à Horeb, & qui renfermoit le Décalogue. Le Décalogue étoit-il moins essentiel à conserver que ce qui est contenu dans le Chap. XXIX du Deutéronome & les suivans? Moïse dit formellement, Chapitre XXXI, ⱱ. 9, qu'il écrivit *cette loi*; qu'il la donna aux enfans de Lévi; qu'il leur ordonna de la lire au peuple tous les sept

ns; qu'après avoir achevé le volume, il
e fit mettre par les Lévites à côté de
'Arche, ℣. 24. Or, le Chap. XXIX du
Deutéronome & les suivans ne renferment point de loi; il n'y a que des promesses faites au peuple lorsqu'il observera
a loi, & des menaces lorsqu'il s'en écartera. Moïse a-t-il été assez insensé pour
ordonner la conservation de ces promesses
& de ces menaces, sans ordonner de conserver plutôt les loix mêmes qui en font
l'objet ?

4°. C'est le comble de l'absurdité d'avouer que Moïse a écrit lui-même ces
promesses & ces menaces; qu'il a pris toutes les précautions possibles pour qu'elles
fussent conservées, & de dire qu'il est
seulement probable que Moïse a écrit
toutes ses loix, ou qu'après les avoir écrites
il n'a pas ordonné qu'on les conservât.
De quoi pouvoient servir des promesses &
des menaces à ceux qui n'auroient pas eu
les loix mêmes ?

Il est donc évident que Moïse a écrit
successivement toutes les loix renfermées
dans l'Exode, dans le Lévitique, dans les
Nombres, dans le Deutéronome, selon
l'ordre des temps, & à mesure que Dieu
lui ordonnoit de les publier, qu'il a écrit

de même sans interruption les événemens relatifs à ces loix, les promesses & les menaces par lesquelles Dieu leur donnoit la sanction; qu'après avoir complété le volume immédiatement avant sa mort, il le remit aux Prêtres & aux Lévites, leur ordonna de le placer dans le Tabernacle à côté de l'Arche d'alliance, & de le lire au peuple tous les sept ans, pendant les sept jours de la fête des Tabernacles; que c'est ce volume même que nous nommons le Pentateuque.

C'est en vertu de cette ordonnance, que le Livre autographe de Moïse fut trouvé dans le Temple, sous le regne de Josias, 4. Reg. c. 22; qu'Esdras, revenu de Babylone, fit célébrer à Jérusalem la fête des Tabernacles pendant sept jours, & lut chaque jour au peuple la loi de Moïse depuis le matin jusqu'à midi; 2. Esdr. c. 8. Si la loi qu'il falloit lire au peuple n'avoit consisté que dans quatre Chapitres du Deutéronome, il n'y auroit pas eu pour une demi-heure de lecture.

Outre les mesures que Moïse avoit prises pour la conservation du Livre qui renfermoit l'Histoire, les Loix, le Droit civil & politique de son peuple, il avoit gravé le Décalogue sur deux tables de pierre,

pierre, & les avoit renfermées dans l'Arche (a). Il commanda à Josué de le graver encore sur un autel de pierres à l'entrée de la terre promise, & cela fut exécuté (b). Il ordonna que lorsque la nation auroit un Roi, il demandât aux Lévites *le Livre de la Loi*, qu'il en écrivît un double de sa main, & qu'il le lût tous les jours de sa vie (c). Il ne pouvoit pas pousser plus loin les précautions, pour assurer l'authenticité & la conservation de ses Livres.

§. XXV.

Neuvieme Objection. Si les Livres de Moïse sont aussi anciens, aussi authentiques, aussi dignes d'attention que nous le supposons, comment s'est-il pu faire qu'ils n'aient pas été connus des autres nations ; que les Sages qui ont voyagé dans toutes les contrées de l'Asie pour s'instruire, n'en aient pas ouï dire quelque chose, n'aient pas été curieux de s'en informer ? Il est bien singulier qu'un trésor de sagesse & de connoissances utiles soit ainsi demeuré enfoui dans le centre de l'univers

---

(a) Deut. c. 10, ℣. 4 & 5.
(b) Ibid. c. 27, ℣. 5. Josué, c. 8, ℣. 32.
(c) Deut. c. 17, ℣. 14.

Tome V.

policé, sans que personne en ait eu le moindre soupçon.

Le Pere Hardouin observoit aussi très-doctement, que si Virgile eût composé l'Enéide, il seroit fort surprenant qu'Horace & Pline n'en eussent rien dit.

Réponse. Nous avons démontré dans l'article précédent, que rien n'est plus faux que ces ténebres dans lesquelles on suppose que les Livres Juifs sont demeurés ensevelis pendant tous les siecles ; ils ont été connus autant qu'ils pouvoient l'être. Mais il n'est point de bizarreries & d'inconséquences que nos adversaires ne se permettent.

1°. Ils posent pour maxime que les Juifs ont été haïs, détestés, méprisés par les autres nations. Si cela est vrai, faut-il chercher une autre raison du peu d'empressement qu'ont eu les Chaldéens, les Phéniciens, les Egyptiens, les Grecs & les Romains, de connoître les Livres, l'Histoire & la Religion des Juifs ? Si l'on disoit : Les Sages des autres nations s'en sont informés soigneusement, ils ont interrogé les Juifs, ils ont lu leurs Livres, & après avoir examiné mûrement le tout, ils l'ont jugé absurde & n'en ont fait aucun cas ; ce fait bien prouvé formeroit du moins un préjugé contre les Juifs. Mais non; l'on commence par supposer que personne n'a daigné s'en instruire, & l'on veut que nous rendions raison de cette indifférence. Les préjugés nationaux, l'antipathie des peuples, sont-ils fondés en raison ? Ce ne seroient plus des préjugés. Le fait supposé par nos adversaires peut donc servir de réponse à leur objection.

2°. Les Juifs étoient la seule nation qui fît profession d'adorer un seul Dieu, & de détester les Divinités du paganisme, qui eût horreur de leur culte; tout homme élevé dans le paganisme devoit donc avoir une égale aversion pour la religion Juive. Sommes-nous fort curieux d'examiner les dogmes, les titres, les preuves d'une religion que nous croyons déja fausse par le seul préjugé d'éducation ? L'antipathie qui regne entre les religions moins opposées que le Judaïsme & le Paganisme, doit nous faire assez concevoir celle qui a dû se trouver entre les Juifs & les autres peuples. Les Grecs devoient avoir beaucoup plus de prévention contre la religion des Juifs, que contre celle des Egyptiens, puisqu'ils croyoient retrouver une partie de leurs Dieux dans ceux de l'Egypte :

cependant ils nous ont donné très-peu de connoissance de la religion des Egyptiens; ils ne savoient pas seulement ce que c'étoit que leurs propres Dieux.

3°. Moïse est le plus ancien des Ecrivains connus ; il a vécu plus de cinq cents ans avant Homere. Nous ne connoissons l'antiquité que par les Grecs, & ceux-ci n'ont commencé à sortir de chez eux que plusieurs siecles après Homere. Il ne leur a donc pas été possible de connoître les Juifs avant le retour de la captivité : Hérodote, leur premier Historien, n'a vécu qu'après cette époque. Pour juger des Livres des Juifs, il falloit savoir l'Hébreu ; les Grecs n'avoient aucun motif de l'apprendre : ils n'ont donc pu connoître ces Livres que quand ils ont été traduits en Grec, & ils ne l'ont été que plus de deux cents ans après la captivité. Depuis que cette traduction existe, y a-t-il quelque Ecrivain Grec ou autre qui ait témoigné l'avoir lue & en faire peu de cas ? On n'a commencé à écrire contre les Livres Saints que depuis la naissance du Christianisme.

4°. Les Chaldéens, les Phéniciens, les Egyptiens, ont eu avant les Grecs des Livres de Religion, de Théologie ou de

Mythologie: les Auteurs Grecs les ont-ils mieux connus que ceux des Juifs, en ont-ils rendu meilleur compte? Ils n'ont lu ni Taaut, ni Sanchoniathon, ni Zoroastre, parce qu'ils n'en entendoient pas le langage; ils n'ont parlé de la religion des Perses, que d'après les conversations qu'ils avoient eues avec les Mages; ils nous ont donné très-peu de connoissance de celle des Egyptiens; ils n'en étoient pas mieux instruits que de celle des Juifs.

Il y a donc de la puérilité à répéter sans cesse que les Livres de Moïse n'ont pas été connus; qu'aucun Auteur ancien n'en a parlé; que personne n'a daigné les lire: quand cela seroit aussi vrai qu'il est faux, il s'ensuivroit seulement que les anciens peuples se connoissoient très-peu, se méprisoient communément; qu'il faut se défier des préventions nationales, ne juger de l'antiquité qu'après de mûres réflexions.

§. XXVI.

Dixieme Objection. Il est fort étonnant, dit l'Auteur des Questions sur l'Encyclopédie, que Sanchoniathon n'ait pas parlé d'Adam, d'Eve, de Noé, de Moïse ni de ses miracles; cela prouve que Sanchoniathon est plus ancien que Moïse. Même silence dans Hérodote (a).

Réponse. Porphyre, mieux instruit, & dont Eusebe nous a conservé le témoignage, dit : » Sanchoniathon de Béryte
» s'attacha scrupuleusement à la vérité
» dans son Histoire des Juifs ; il avoit
» puisé tout ce qu'il en dit dans leurs
» monumens, qui lui avoient été commu-
» niqués par Hiérombal, Prêtre de Jévo.
» Il dédia son Histoire à Abibal, Roi de
» Béryte, qui l'approuva ainsi que ceux
» qu'il avoit commis pour l'examiner.
» Or, le temps où vivoit Sanchoniathon
» est bien plus ancien que la guerre de
» Troye ; il approche de celui de Moïse,
» comme on peut le voir par la succession
» des Rois de Phénicie (b) «. Cet Auteur a-t-il pu faire une histoire vraie des Juifs, sans parler de Moïse & de ses miracles ? Les monumens des Juifs qui lui avoient été communiqués étoient les écrits mêmes de Moïse ; les Juifs n'en ont jamais connu d'autres. Il est faux, selon Porphyre, que Sanchoniathon ait vécu avant Moïse ; il

---

(a) Quest. sur l'Encyclop., *Adam, Babel, Histoire*. Bible expliquée, p. 26.

(b) Eusebe, Prépar. Evangél. l. I, c. 10.

lui est postérieur. Le silence d'Hérodote prouve qu'il ne connoissoit pas les Livres de Moïse ; mais il ne connoissoit pas non plus ceux de Sanchoniathon.

Onzieme Objection. Il est avéré, par l'Ecriture même, que le premier exemplaire connu de la loi de Moïse fut trouvé du temps de Josias, & que cet unique exemplaire fut apporté au Roi par le Secrétaire Saphan. Or, entre Moïse & cette aventure il y a onze cent soixante-sept ans, selon le comput Hébraïque. Ce Livre, trouvé sous Josias, fut inconnu jusqu'au retour de la captivité de Babylone, & il est dit que ce fut Esdras, inspiré de Dieu, qui mit en lumiere toutes les Saintes Ecritures (a) «.

Réponse. C'est à nos adversaires de prouver que le Livre apporté à Josias étoit le *premier exemplaire connu*, *l'unique exemplaire de la loi de Moïse* : nous soutenons que c'étoit l'original même écrit de la main de ce Législateur. Il faut prouver encore qu'avant cette époque on n'en avoit point tiré de copies, quoique Moïse l'eût ordonné. Dieu commandoit à Josué

(a) Quest. sur l'Encyclop. *Bacchus*, *Moïse*. Dict. Philos. *Moïse*. Bible expliquée, &c.

de lire le *Livre de la Loi de Moïse* (*a*); David exhortoit Salomon son fils à garder les Commandemens du Seigneur, *selon qu'il est écrit dans la Loi de Moïse* (*b*). Josaphat envoya dans les villes de Juda des Officiers, des Lévites & des Prêtres, pour instruire le peuple; ils portoient avec eux *le Livre de la Loi du Seigneur* (*c*). C'étoit plus de deux cents ans avant Josias. Enfin, il faut prouver que ce Livre fut inconnu jusqu'au retour de la captivité de Babylone; nous avons fait voir le contraire ci-dessus, §. 10 & 11; le Livre qui attribue à Esdras les Saintes Ecritures est apochryphe & sans autorité.

§. XXVII.

Douzieme Objection. Chez les Juifs, comme chez les Egyptiens, les actes publics étoient confiés aux Prêtres, tous ignorans & menteurs; ils ont été les maîtres d'y inférer ce qu'ils ont voulu, & ils ont eu grand soin de n'y mettre que ce qui leur étoit favorable; ils ont forgé la

---

(*a*) Josué, c. 1, ℣. 8.
(*b*) 3. Reg. c. 2, ℣. 3.
(*c*) 2. Paral. c. 17, ℣. 8, 9.

religion Juive comme toutes les autres ; le Pentateuque ne mérite pas plus de croyance que l'histoire de Manéthon.

Réponse. Si tout ce qui part de la main des Prêtres est suspect, nous ne devons ajouter foi aux annales d'aucune nation ; les Prêtres en ont été les premiers dépositaires, non seulement chez les Egyptiens & chez les Juifs, mais chez les Phéniciens, les Chaldéens, les Indiens : les Romains mêmes n'avoient d'autres monumens anciens que les annales des Pontifes. Cela semble prouver que chez aucune nation policée les Prêtres n'ont été des ignorans.

Il est faux que chez les Juifs les Livres Saints fussent entre les mains des Prêtres seuls ; Moïse avoit pris de bonnes précautions pour que ses loix fussent entre les mains de tout le monde : c'étoit le code civil, criminel, politique, militaire & religieux de la nation. Dans une république où les chefs de famille avoient beaucoup d'autorité (a), ils étoient forcés d'apprendre & de méditer les loix.

Il est faux que les Prêtres Juifs n'aient écrit que ce qui leur étoit favorable.

(a) Exode, c. 18, ⱽ. 25.

Moïse rapporte plusieurs faits désavantageux à la Tribu de Lévi, ses propres fautes, celles d'Aaron son frere, la révolte d'une partie des Lévites, &c. Samuel a raconté dans ses Livres les crimes des enfans d'Héli, les plaintes du peuple contre ses propres enfans, les prévarications des Prêtres aussi bien que celles du peuple. Il en est de même des Livres des Prophetes & de ceux d'Esdras. On calomnie donc les Prêtres, quand on les accuse d'avoir forgé, altéré, interpolé les Livres Saints.

Parmi tous ces Critiques dont nous venons de résoudre les objections, y en a-t-il un seul qui ait eu les connoissances nécessaires pour raisonner sur l'antiquité ? Ils n'ont égard ni aux époques de l'Histoire, ni à la différence des langues & des mœurs, ni à la situation respective des nations, ni à l'état de la société : c'est néanmoins sur ces considérations réunies qu'un homme sensé asseoiroit son jugement. Quand il verra toutes ces circonstances conciliées dans les écrits de Moïse, il ne s'amusera point à épiloguer sur un verset, à chicaner sur un mot. Il comprendra qu'un Livre âgé de trois mille cinq cents ans, écrit dans une Langue morte depuis plus de vingt siecles, ne peut pas ressembler à un ouvrage moderne; les Livres des Indiens & des Chinois, beaucoup moins anciens, sont plus obscurs que ceux de Moïse.

Cependant nos adversaires tirent de leur incapacité même le droit de nous insulter. » Si des personnes, disent-ils, » amoureuses du merveilleux, ou inté- » ressées à le faire croire, donnent la tor- » ture à leur esprit pour rendre ces sot- » tises vraisemblables, on doit se mo- » quer de leurs efforts; que s'ils joignoient » à leur absurdité l'insolence d'affecter du » mépris pour les Savans, & la cruauté de » persécuter ceux qui douteroient, ce se- » roient les plus exécrables de tous les hom- » mes (a) «. Nous n'avons rien à répondre à de pareilles grossiéretés: mais le nom de Savans ne convient guere à des plagiaires toujours revêtus des dépouilles d'autrui, & qui font de la Littérature sacrée & profane un vrai brigandage.

(a) Philos. de l'Hist. c. 52, p. 260.

ARTICLE III.

Il n'y a aucune raison de douter de l'authenticité des Livres de l'Ancien Testament, postérieurs au Pentateuque.

§. I.

L'EXACTITUDE avec laquelle Moïse avoit écrit les événemens qui intéressoient sa nation, étoit un exemple qui ne pouvoit manquer d'être suivi par ses successeurs. Le Pentateuque renferme des prédictions qui devoient s'accomplir dans la suite des temps, des loix dont l'exécution devoit régler le sort des Israélites, des promesses & des menaces dont il étoit essentiel de vérifier les suites. Cette histoire manqueroit d'une attestation nécessaire, si elle n'avoit pas été continuée sur le même plan pour les siecles suivans. En général, le zele de religion est le premier motif qui a mis la plume à la main des anciens Écrivains ; un peuple Athée, toujours stupide, n'auroit jamais pensé à faire une histoire : de la part des Incrédules, c'est un trait d'ingratitude & de mauvaise foi,

DE LA VRAIE RELIGION. 277
d'affirmer que le zele de religion a nui au progrès des sciences.

Josué, successeur de Moïse, étoit intéressé à rendre compte de la fidélité avec laquelle il en suivoit les leçons ; Dieu lui avoit commandé de ne s'en écarter en rien. Son Livre, comme ceux de Moïse, est écrit en forme de Journal ; tout autre que lui n'auroit pu faire une narration aussi exacte. Dieu avoit tout réglé par Moïse ; Josué exécute : il suit à la lettre tout ce qui avoit été ordonné touchant la conquête du pays de Chanaan. Près de mourir, il assemble les Israélites, leur rappelle les principaux événemens arrivés sous Moïse, les exhorte à demeurer fideles au Seigneur, leur en fait jurer la promesse. Les cinq derniers versets du Chapitre XXIV, qui rapportent sa mort & sa sépulture, ont été ajoutés pour compléter son Livre par l'Ecrivain qui a continué l'Histoire dans celui des Juges.

Sous les Rois, ou plus tard, un Historien n'auroit pas pu placer dans la narration de Josué, les topographies, les noms de lieu, de peuples, de familles, d'habitations qu'elle renferme. Tout cela changea pendant près de quatre cents ans qui s'écoulerent depuis la mort de Josué jusqu'au regne de Saül ; on le voit par le Livre des Juges. Un imposteur n'auroit eu garde de se mettre dans de pareilles entraves ; c'étoient autant de témoins qui auroient déposé contre lui, s'il avoit altéré la vérité, ou pris le personnage de contemporain sans l'être en effet.

Nous ne copierons point les preuves qu'a données M. Huet de l'authenticité du Livre de Josué, ni ses réponses aux objections de Spinosa (a). De semblables discussions sur tous les Livres de l'Ancien Testament nous méneroient trop loin. La conquête de la Palestine, par Josué, est attestée par un monument qui n'a été connu que fort long-temps après. Procope, dans son Histoire des Vandales (b), dit que l'on voyoit sur la côte occidentale de l'Afrique, dans la Numidie Tingitane, une inscription Phénicienne conçue en ces termes : *C'est nous qui fuyons le brigand Josué, fils de Navé*. On sait que les Chananéens fugitifs allerent fonder différentes colonies en Afrique, dans la Grece & ailleurs : l'Histoire Grecque a placé les émigrations des Phéniciens ou

---

(a) Démonstr. Evang. Prop. 4, p. 199.
(b) Livre II, c. 10.

Chananéens à la date des conquêtes de Josué.

§. II.

L'opinion commune & la plus probable, est que le Livre des Juges & celui de Ruth ont été écrits par Samuel sur les mémoires contemporains des Chefs qui avoient gouverné la nation depuis Josué jusqu'à Saül. Ces deux Livres, & le premier des Rois jusqu'au vingt-cinquieme Chapitre, paroissent avoir été faits de suite, sans aucune division : nous avons déjà remarqué que la distribution actuelle de l'Histoire Juive a été faite dans les siécles postérieurs, en faisant plus d'attention à la date des événemens qu'à la différence des Ecrivains : c'est un corps d'annales composé successivement par des contémporains. Telle a été la croyance constante des Juifs, & l'on n'a rien de solide à lui opposer.

Ces Auteurs de différens âges se rendent témoignage les uns aux autres. Esdras parle des prophéties de Zacharie & d'Aggée ; il cite Jérémie & les Pseaumes qui se trouvent encore cités dans les Livres des Rois & des Paralypomenes, aussi bien que les écrits de Salomon. Jérémie fait mention de Michée, & il est rappelé lui-même par Daniel. Tobie rapporte une prophétie d'Amos; deux autres célebres prophéties d'Isaïe se trouvent tout au long dans le quatrieme Livre des Rois. Le troisieme fait mention de Josué, dont le Prophete Habacuc célebre aussi les miracles. Tous ces Ecrivains étoient connus de l'Auteur du Livre de l'Ecclésiastique, qui faisoit leur éloge du temps des successeurs d'Alexandre. Au lieu d'accumuler ici toutes ces citations, nous invitons le Lecteur à parcourir seulement les marges d'une Bible, & à y remarquer la concordance des différens Livres de l'Ecriture, le rapport qu'ils ont entre eux, la force qu'ils se prêtent, l'impossibilité qu'il y a eu dans tous les temps d'en forger un seul, sans s'exposer à être réfuté par tous les autres.

Dans cette suite d'annales composées sur le même plan, les événemens précédens sont rappelés & rapprochés des faits postérieurs; tous tiennent ensemble; les uns sont préparés par les autres; les derniers confirment les premiers. Quoique les dates n'y soient point marquées avec la derniere précision & relativement à une époque générale, il y a cependant une suite chronologique : on ne peut pas confondre ce qui s'est fait sous les Rois avec ce qui est arrivé sous les Juges ou sous Josué. La narration est appuyée par les noms propres des lieux, par leurs variations mêmes ; cette Histoire se trouve souvent liée à celle des différens peuples dont les Juifs étoient environnés. Les Généalogies & les détails de Géographie, qui paroissent souvent minutieux, ne sont pas inutiles ; ils prouvent que tout a été écrit par des Auteurs qui vivoient sur les lieux, & qui avoient vu la plupart des faits. Aucune Histoire des peuples anciens ne porte autant de caracteres de sincérité & de certitude.

§. III.

Sous les Rois, elle est encore plus à l'abri des soupçons ; leur succession est marquée aussi bien que celle des Pontifes. David, dans ses Pseaumes, fait une allusion continuelle à l'Histoire des siecles précédens, & à celle de son temps : il faut nécessairement savoir cette Histoire pour les entendre. Sous Roboam, le schisme des dix Tribus met un obstacle invincible à la témérité des Historiens & à la supposition d'une fausse Histoire. Les regnes collatéraux des Rois d'Ifraël & de Juda se servent d'appui; leurs diffentions continuelles mettent les Ecrivains dans la nécessité de s'obferver. Sous les derniers Rois, Ifaïe & Jérémie confirment, par leurs prédictions, les événemens paffés ou préfens, & en annoncent de nouveaux; ils tracent la deftinée des peuples voifins, auffi bien que celle des Juifs. La difperfion des dix Tribus prépare le Royaume de Juda à la révolution que ces Prophetes lui prédifent.

David & Salomon eurent des relations avec les Rois d'Egypte & avec ceux de Tyr. Jofephe, Saint Clément d'Alexandrie, Eufebe, rapportent plufieurs témoignages des Auteurs Phéniciens & Chaldéens, qui confirment les faits de l'Hiftoire Juive; elle fe trouve mêlée à celle des Affyriens, des Chaldéens & des Perfes pendant la captivité. Les Incrédules conviennent affez que depuis cette époque elle commence à être plus connue des nations voifines, & plus à l'abri de la critique.

Il feroit donc inutile d'examiner en détail quels font les différens Auteurs des Livres des Rois, de ceux des Paralypomenes, de Tobie, d'Efther, de Judith, d'Esdras, des Macchabées, des Prophetes ; M. Huet, Dom Calmet & d'autres ont produit les preuves de leur authenticité, & ont répondu aux difficultés minutieuses des Critiques. Que prouvent contre un corps d'Histoire suivie des remarques grammaticales sur certains mots, de prétendues contradictions entre un verset & un autre, quelques difficultés de concilier la chronologie, quelques versets ajoutés à un Livre par l'Auteur du Livre suivant ? De pareilles objections peuvent-elles renverser toute certitude historique ? Il n'y a pas un seul Livre ancien écrit dans une langue morte qui ne fournisse matiere aux mêmes reproches. Lorsqu'il est question des Auteurs profanes, on loue le travail des Savans qui cherchent à les concilier & à les éclaicir : dès qu'il s'agit des Livres des Juifs, les Incrédules ne veulent plus de cette méthode. Selon eux, tout est faux ; tout est contradictoire & absurde ; plus de conciliation, plus d'éclaircissement, plus de critique, que pour détruire.

§. IV.

De vrais Savans ne penseront jamais ainsi. Sans l'Histoire Juive, celle des anciens peuples seroit cent fois plus obscure.

Il est impossible de former un système de chronologie, sans prendre celle des Hébreux pour base : depuis que l'on a éclairci celle des Egyptiens, elle se trouve parfaitement d'accord avec celle des Juifs, & aucune autre ne peut les ébranler. Aucune Histoire ne remonte aussi haut, ne renferme de plus grands événemens, ne peint aussi bien les anciennes mœurs, ne jette autant de jour sur l'origine & les migrations des peuples. Quand on ne l'envisageroit que comme une Histoire profane, ce seroit encore le plus précieux de tous les Livres. Il n'est aucun corps de législation aussi ancien & aussi complet que celui de Moïse ; aucun n'a été formé comme celui-là d'un seul coup ; aucun qui ait duré aussi long-temps sans altération, qui ait tenu contre des révolutions aussi terribles. Ce phénomene sans doute mérite d'occuper une place dans le tableau de l'esprit humain. Quand nous pourrions oublier que les Livres des Juifs contiennent la seule religion raisonnable qu'il y ait eu au monde pendant trois mille ans, nous ne croirions pas encore avoir droit de les négliger.

Pour rendre cette Histoire méprisable, on dit que les Juifs ont été sans cesse asservis par les Egyptiens avant Moïse, par les Chananéens sous les Juges, par les Assyriens & les Chaldéens sous les Rois, par les Syriens & les Grecs après la captivité; enfin par les Romains, qui les ont exterminés.

Soit. Ce sort leur a été commun avec toutes les nations; tous les peuples ont été successivement conquérans ou conquis, excepté les Sauvages & les peuples errans. Dans les premiers âges, une nation conquise devenoit esclave ou tributaire du vainqueur. Les Chinois ont été subjugués par les Tartares; les Indiens par les Mahométans; les Egyptiens par les Assyriens, par les Grecs, par les Sarrasins; les Assyriens par les Medes; les Medes par les Perses; les Perses par les Musulmans; les Grecs par les Romains; les Romains par les Barbares. Toute nation laborieuse, sédentaire, modérée, sera tôt ou tard la proie & la victime d'un peuple brigand & injuste. Nous n'examinerons pas lequel des deux est plus estimable aux yeux de la raison & de la philosophie; il s'agit seulement de savoir si l'Histoire des Juifs est vraie & authentique. Nous verrons dans la suite si leurs loix étoient sages, leurs mœurs raisonnables, leur sort moins heureux que celui des autres nations. Il est assez singulier qu'un peuple que l'on veut absolument avilir ait eu un corps d'annales mieux faites & mieux conservées, que tous ces peuples respectables qui ont eu le précieux talent de ravager l'univers. Les Juifs n'ont eu qu'une seule guerre offensive, celle qu'ils ont entreprise pour s'établir; dès ce moment, ils n'ont plus pensé à inquiéter leurs voisins. Si tous les autres avoient fait de même, il y auroit eu moins de sang répandu, & le genre humain eût été moins malheureux. Mais il est décidé que l'on reprochera aux Juifs la paix & la guerre, le mal qu'ils ont fait, & celui qu'ils ont souffert, leur prospérité, & leurs malheurs.

ARTICLE IV.

Le texte des Livres de l'Ancien Testament a été conservé pur & sans altération considérable.

§. I.

UN peuple convaincu de la divinité des Livres dans lesquels il puise sa croyance & ses loix, ne se résoudra jamais à les altérer, ni à recevoir comme authentiques des copies qu'il soupçonneroit de n'être pas conformes aux originaux. Le respect dont les Chinois sont pénétrés pour leurs Livres classiques, suffit pour faire présumer qu'ils n'ont jamais tenté d'y faire aucun changement. Les raisons par lesquelles on prouve que les Parses ont conservé religieusement les Livres de Zoroastre (*a*), ont encore plus de poids pour nous convaincre que les Juifs ont gardé scrupuleusement & dans toute leur intégrité ceux de Moïse & des Prophetes. Que les Philosophes Indiens aient touché

(*a*) Mém. de l'Acad. des Inscript. *in*-12, tome XLVI, p. 483 & suiv.

à leurs Bédangs ou Schafters, cela eſt prouvé par la différence énorme qui ſe trouve entre les exemplaires des différentes ſectes : mais jamais les différentes ſectes de Juifs ne ſe ſont reproché d'avoir corrompu le texte des Livres Saints. La conformité qui ſe trouve entre le Pentateuque Hébreu, le Samaritain, les Paraphraſes Chaldaïques, & la Verſion des Septante, démontrent que les Juifs ſont à couvert de reproche ſur la conſervation des Ecritures.

Selon l'opinion des Incrédules, les Sectateurs des fauſſes religions ont été tous les plus honnêtes gens du monde, les Juifs ſeuls & les Chrétiens ont été des fauſſaires : la vérité eſt que les plus grands impoſteurs, en fait de Livres, ont été les Philoſophes, & les Hérétiques leurs diſciples ; nous le verrons ailleurs.

Mais pour réfuter pleinement leurs ſoupçons, nous ſommes obligés de rendre compte des moyens dont la divine Providence s'eſt ſervie pour rendre impoſſible dans tous les ſiecles l'altération des monumens de la révélation. Nous avons ſur ce ſujet un ſavant Ouvrage du P. Fabricy (a);

(a) Des titres primitifs de la Révélation, 2 vol. in-8°, Rome, 1772.

il suffira d'en donner un extrait fort abrégé, & d'y ajouter quelques réflexions.

Jésus-Christ a cité les Livres de l'Ancien Testament comme parole de Dieu ; c'est sur son autorité & sur le témoignage des Apôtres que nous les recevons comme tels. Du temps de Jésus-Christ & des Apôtres, ces Livres étoient donc dans un état d'intégrité irréprochable ; c'en est assez pour tranquilliser un Chrétien, & confirmer sa foi. Lorsque Jésus-Christ veut convaincre les Saducéens de la résurrection des corps, & de la vie à venir, les Pharisiens de l'indissolubilité du mariage, & de l'obligation d'assister les peres & meres, il en appelle au texte de Moïse. Souvent il a reproché aux Docteurs Juifs de corrompre la loi de Dieu par de fausses interprétations & de fausses traditions ; mais il ne les a jamais accusés d'en avoir altéré le texte ou négligé la conservation. Nous prouverons que depuis Jésus-Christ il est impossible que les Livres Saints aient été altérés sur aucun fait ou sur aucun dogme.

§. II.

En remontant jusqu'à Moïse, les mêmes argumens qui prouvent que ses Livres n'ont pas pu être supposés dans les siecles suivans, démontrent aussi qu'ils n'ont pas pu être essentiellement altérés. Moïse avoit fait placer son exemplaire original dans le Tabernacle à côté de l'Arche, & il devoit servir à vérifier les copies. Les Prêtres & les Lévites étoient obligés de lire la loi au peuple, de veiller à son exécution, d'y étudier les devoirs de leur ministere; les Juges & les Rois devoient y apprendre la Jurisprudence; les peres de famille y trouvoient la généalogie de leurs ancêtres, & les titres de leurs possessions. Il est donc impossible que les copies ne se soient pas multipliées pendant le temps qui s'écoula depuis Moïse jusqu'aux Rois. Les Prophetes qui parurent pendant ce temps-là & sous les Rois, n'auroient pas souffert que l'on fît aucun changement dans les Livres Saints: dans tous les Livres qui ont été écrits depuis Moïse, nous n'en voyons aucun où l'on ait osé contredire le texte du Pentateuque.

Après le schisme des dix Tribus, les sujets du Royaume d'Israël ne se plongerent pas tous dans l'idolâtrie, il y eut parmi eux un grand nombre d'adorateurs du vrai Dieu; ce fait est certain par les Livres des Rois, par celui de Tobie, par plusieurs textes des Prophetes. Parmi les Idolâtres mêmes, les Livres de Moïse étoient encore le code du droit civil & politique; ils étoient donc lus & conservés. Si on les avoit altérés dans le Royaume d'Israël, ils ne l'auroient pas été dans celui de Juda. La conformité du Pentateuque Samaritain avec celui des Juifs prouve que dans l'un ni dans l'autre Royaume, avant ni après la captivité, on n'a point attenté à l'intégrité du texte. La haine irréconciliable des deux peuples ne permet pas de penser qu'ils aient jamais pu s'accorder à corrompre aucun Livre. Les deux textes comparés servent l'un à l'autre de garant & de regle pour juger des changemens qui auroient pu s'y glisser.

§. III.

Ceux qui prétendent qu'Esdras rassembla les Livres des Juifs, leur donna une nouvelle forme, en changea le texte comme il lui plut, commencent par supposer que, pendant la captivité, les Juifs avoient oublié entiérement l'Hébreu, adopté la langue & les caracteres Chaldéens. Ce fait est absolument faux. A la réserve de cinq ou six Chapitres d'Esdras, qui sont écrits en Chaldéen, le reste de ses deux Livres est en Hébreu. Est-il probable qu'Esdras qui écrivoit pour les Juifs de son temps, l'ait fait dans une Langue dont ils n'avoient plus l'usage ? Aggée, Zacharie & Malachie, qui ont prophétisé après la captivité, ont écrit en Hébreu & non en Chaldéen. La lecture que les Juifs étoient obligés de faire pour lors du texte Hébreu, en conserva nécessairement l'intelligence parmi eux. Il est dit dans le second Livre d'Esdras, Chap. VIII, que ce Docteur, accompagné des Prêtres & des Lévites, lut au peuple le Livre de la loi de Moïse; qu'ils le lui firent entendre, & que le peuple comprit ce qu'on lisoit. Il ne paroît point qu'on l'ait expliqué dans une Langue différente de l'Hébreu. Ce n'est que sous les Macchabées, après les persécutions que les Juifs essuyerent de la part des Rois de Syrie, que leur langage usuel reçut beaucoup d'altération. La multitude des Syriens qui se répandirent parmi les Juifs, versa nécessairement dans le langage populaire plusieurs termes Syriaques, comme le séjour des Juifs à Babylone y avoit déjà glissé plusieurs termes Chaldéens. Cette double altération rendit aux Juifs l'Hébreu moins intelligible; & c'est postérieurement à cette époque que furent composées les premieres Paraphrases Chaldaïques, dont le style est mélangé des trois Langues dont nous venons de parler.

Il est bon de remarquer que le peuple peut encore entendre une Langue écrite, sans être en état de la parler purement. Le peuple de nos Provinces, où il y a divers jargons ou patois, entend très-bien le François le plus pur, quoiqu'il soit incapable de le parler. Les Juifs pouvoient avoir une Langue déjà très-corrompue, sans avoir perdu entiérement l'intelligence de celles de leurs peres.

Une nouvelle preuve que le texte Hébreu étoit encore lu & entendu sous les Macchabées, & même long-temps après, c'est que les Juifs qui se sont établis à la Chine y ont porté avec eux le texte Hébreu, & le conservent encore. De quoi leur eût-il servi, si aucun d'eux ne l'entendoit plus ? Or, on tient pour certain que leur transmigration s'est faite deux cents ans avant Jésus-Christ, ou deux cents ans après (a). Il est donc très-probable que du temps de Jésus-Christ même, on lisoit encore

---

(a) Histoire des Huns, par M. de Guignes, tome I, p. 26.

dans les Synagogues le texte Hébreu pur, puisque les Paraphrases Chaldaïques ne remontent guere plus haut que le siecle de Jésus-Christ.

Quand Esdras, quatre cents ans auparavant, auroit voulu faire quelque altération dans le texte des Livres Saints, lui eût-il été possible d'en venir à bout? De son temps, la multitude des Israélites transportés dans l'Assyrie & dans la Médie, par Salmanasar, y étoient encore; ils n'en sont jamais revenus en corps de nation. Il y avoit parmi eux des sectateurs zélés de la loi de Moïse; nous le voyons par l'histoire de Tobie & de Raguel. Il n'est pas probable qu'ils eussent perdu de vue le texte d'une loi qu'ils observoient à la rigueur. Il étoit resté à Babylone & dans la Perse un très-grand nombre des Juifs transplantés par Nabuchodonosor, & qui n'en revinrent ni avec Zorobabel, ni avec Esdras. Ils avoient formé des établissemens dans le lieu de leur exil, selon l'avis de Jérémie, & ils y jouissoient d'un sort paisible. Sans doute ils n'avoient pas laissé perdre les Livres de la loi du Seigneur, que ce Prophete leur avoit remis lorsqu'ils étoient partis de la Judée. Enfin, les Samaritains avoient le Pentateuque depuis près de deux siecles. Esdras pouvoit-il faire recevoir à tous les Juifs, ainsi dispersés, des Livres dont ils n'auroient eu aucune connoissance auparavant, ou un texte essentiellement différent de celui qui avoit été lu par leurs peres ?

§. IV.

Environ un siecle avant les Macchabées, le Pentateuque avoit été traduit en Grec, à l'usage des Juifs établis à Alexandrie & répandus dans l'Egypte. Il n'est pas nécessaire de fixer précisément la date de cette version des Septante, ni celles des Paraphrases Chaldaïques (a) ; mais il est évident que ces traductions, rapprochées du texte Hébreu, servent à en prouver invinciblement l'intégrité. Il n'étoit plus possible de l'altérer essentiellement, sans que le Grec, le Chaldéen & le Samaritain déposassent contre les changemens qui y avoient été faits.

Sous les Macchabées, ou immédiate-

(a) V. Daniel, traduit par les Septante, *in-fol.* Rome, 1772. 1e. Dissert. p. 309 & suiv. L'Editeur prouve que cette version fut faite la septieme année du regne de Ptolomée Philadelphe, pag. 552.

ment après, l'on vit naître chez les Juifs la secte des Saducéens; celle des Pharisiens & celle des Esséniens; la rivalité qui régnoit entre elles les mettoit hors d'état de former de concert le dessein d'altérer leurs Livres. Si l'une l'avoit tenté, l'autre eût réclamé sur le champ contre cette infidélité. Les Karaïtes, dont la secte est encore plus ancienne que le siecle de Jésus-Christ, rejeterent toutes les traditions des Pharisiens ou Rabbanites, & s'attacherent précisément à la lettre des Livres Saints: cette différence entre eux subsiste encore aujourd'hui. Nouvel obstacle à l'altération du texte Hébreu; il est le même chez les uns & chez les autres, & ils n'ont jamais eu là-dessus aucune contestation.

À peine l'Evangile fut-il annoncé, qu'il s'éleva des disputes très-vives entre les Apôtres & les Juifs, sur le sens des Prophéties & de plusieurs passages des Livres Saints; les Apôtres ni leurs Disciples n'ont point accusé les Juifs d'avoir corrompu le texte. Il est vrai que quelques Peres des premiers siecles leur ont fait ce reproche; mais il n'étoit fondé que sur la différence qui se trouvoit entre le texte Hébreu & la version des Septante, & il ne tomboit pas sur un grand nombre de passages.

D'autres Peres, qui ont examiné le texte avec plus de soin, tels qu'Origene & Saint Jérôme, ont absous les Juifs de cette accusation.

Après la destruction de Jérusalem & la dispersion des Juifs, sous Tite & Vespasien, cette nation a moins négligé que jamais le texte de ses Livres. Vers le sixieme siecle de notre Ere, les Rabbins ont imaginé la massore & les points voyelles, pour fixer la prononciation de l'Hébreu, & le sens qu'on lui donnoit communément; ils ont poussé l'exactitude jusqu'à compter non seulement tous les mots de la Bible, mais toutes les lettres de chaque Livre, à supputer combien de fois le même mot se trouve dans le texte Hébreu, &c. L'on peut juger par ce travail minutieux, du respect que les Juifs ont eu pour leurs Livres Saints. Il a été à peu près le même dans tous les siecles, & il l'est encore dans les différentes contrées de l'univers où les Juifs sont dispersés.

§. V.

Les Peres de l'Eglise & les Docteurs du Christianisme n'ont pas eu moins de zele; ils ont travaillé avec plus d'intelligence & de succès. Dès le premier siecle, l'Ecriture fut traduite en Syriaque, non sur la version Grecque des Septante, mais sur le texte Hébreu, & cette traduction subsiste encore. Au troisieme, le savant Origene entreprit un travail qui a rendu son nom immortel; il plaça dans un même ouvrage & sur différentes colonnes : 1°. le texte Hébreu, écrit en caracteres Chaldéens : 2°. ce même texte écrit en caracteres Grecs, méthode bien plus propre à en fixer la prononciation que les points des Massorethes : 3°. la version Grecque des Septante : 4°. celle d'Aquila, Juif converti : 5°. celle de Symmaque : 6°. celle de Théodotion. C'est ce que l'on a nommé les Héxaples d'Origene. Il y ajouta dans la suite deux autres versions Grecques; il eut soin de marquer jusqu'aux plus légeres différences de ces traductions. La perte d'un monument si utile mérite tous nos regrets; il n'en reste que des fragmens.

Les saints martyrs Pamphile & Lucien, Hésychius, Prêtre Egyptien, secondoient les travaux d'Origene, & placerent son ouvrage dans leurs bibliotheques. Ils rassemblerent tout ce qui pouvoit servir à l'intelligence du texte sacré; ils revirent la version des Septante, & la corrigerent sur le texte Hébreu; ils firent usage de toutes les regles de critique que les Savans observent aujourd'hui dans l'examen des manuscrits & des textes anciens : cet art si nécessaire s'est formé sur les leçons qu'ils en ont données, & sur la marche qu'ils ont suivie. Avant cette époque, avoit-on fait chez aucune nation d'aussi grands efforts pour parvenir à la connoissance des monumens de l'antiquité ? Aujourd'hui de frivoles Littérateurs, qui n'en ont pas la moindre notion, viennent nous dire que les études religieuses ont retardé le progrès des sciences.

Au quatrieme siecle, S. Jérôme n'épargna ni veilles ni dépenses pour apprendre des Juifs la Langue Hébraïque; il s'y rendit aussi habile qu'il étoit possible de le faire pour lors. Il rassembla un grand nombre de manuscrits pour les comparer. Sur le texte Hébreu, revu avec une exactitude infinie, il entreprit de corriger la version Latine ou Vulgate commune, qui avoit été faite sur le Grec des Septante, & de la rendre plus conforme à l'original Hébreu. C'est à ses soins que l'Eglise Latine est redevable de la Vulgate, telle que nous l'avons aujourd'hui.

§. VI.

Le P. Fabricy a très-bien prouvé que dans les siecles qui ont suivi l'inondation des Barbares, le texte Hébreu n'a point été entiérement négligé ni inconnu; l'étude de cette Langue a continué chez les Chrétiens & chez les Juifs, & l'on a retrouvé plusieurs anciens manuscrits dans les Bibliotheques. A la renaissance des Lettres, au quinzieme siecle, cette étude s'est ranimée comme toutes les autres; les Catholiques & les Protestans de différentes communions l'ont cultivée à l'envi: l'émulation qui a régné entre eux a fait éclore une infinité d'ouvrages estimables. Mais nous devons sur-tout aux Savans de l'Eglise Romaine les concordances Hébraïques, Grecques & Latines, si utiles pour l'intelligence & la conservation des Livres Saints.

Les Bibles Polyglottes dans lesquelles on a rassemblé le texte Samaritain, le texte Hébreu, les Paraphrases Chaldaïques ou Targums, la version des Septante, la vulgate Latine, la traduction Syriaque, la version Arabe, & quelques autres moins anciennes, achevent de mettre dans le plus grand jour l'intégrité du texte, en rendent l'intelligence plus fûre & plus facile qu'elle ne fut jamais. L'on a compris que les anciennes Langues Orientales n'étant que différens dialectes nés d'une même Langue, leur comparaison étoit le moyen le plus infaillible pour découvrir la signification de tous les termes, que la réunion de ces témoins divers formoit en faveur de l'intégrité du texte une démonstration sans replique.

Il est impossible que la multitude immense d'éditions qui ont été faites du texte Hébreu, & la quantité prodigieuse de manuscrits que l'on a confrontés, n'aient produit beaucoup de variantes ; il en est de même de tous les Livres du monde dont on a fait un grand nombre de copies, & qui ont été souvent cités. Les Critiques mêmes les plus obstinés à exagérer ces différences, conviennent qu'elles n'alterent point le sens du texte sur les faits, sur le dogme, sur les loix, ni sur la morale ; que ce texte n'est point essentiellement corrompu.

Nous devons juger des variantes du texte Hébreu, comme de celles du texte Grec du Nouveau Testament. Lorsque le Docteur Mill les eut recueillies, & qu'elles furent annoncées au nombre de trente mille, on crut d'abord que l'authenticité du texte en recevroit atteinte, & certains Critiques voulurent en triompher. Par un examen exact de ces variantes, il est démontré que le très-grand nombre sont minutieuses, indifférentes ou incertaines, & ne changent rien du tout au sens du texte; qu'il y en a très-peu qui varient la signification, mais sur des objets très-peu importans; que dans ces cas-là même, la leçon commune est très-bien appuyée, & peut être défendue; que leur uniformité, loin de jeter aucun doute sur l'authenticité du texte, la prouve invinciblement.

On ne doit donc prendre aucun ombrage du travail des Savans Anglois, qui s'attachent à rassembler toutes les variantes du texte Hébreu, manuscrit ou imprimé; cet ouvrage ne peut être que très-utile, & l'on doit présumer que les Auteurs ne s'écarteront point des regles sages & judicieuses que le P. Fabricy leur a tracées. Dans le *Prospectus* que l'on a donné de ce recueil immense, il y a une observation qui mérite la plus grande attention; c'est que plus les manuscrits Hébreux sont anciens, mieux ils s'accordent avec les anciennes versions & avec le

Nouveau Testament. Cette seule remarque suffit pour réfuter les censures indiscretes que l'on a souvent faites de la fidélité & de l'exactitude des anciens Traducteurs.

§. VII.

Il y a eu dans tous les temps des Critiques soupçonneux qui ont prétendu que le texte Hébreu étoit corrompu ; ils en ont exagéré les fautes ; ils ont proposé des corrections ou par conjecture, ou sur les variantes des manuscrits. Le Pere Fabricy donne plusieurs exemples de ces corrections hasardées, & l'on pourroit y en ajouter bien d'autres. La témérité de ces Critiques est venue, 1°. de ce qu'ils ne comprenoient pas assez le sens des termes qu'ils vouloient réformer, ni les différentes inflexions que les mots Hébreux peuvent recevoir, ni la vraie racine dont ils descendent. Avant de savoir si un mot qui paroît extraordinaire, ou qui est écrit singuliérement, est véritablement Hébreu ou non, il faut avoir quelque connoissance des autres Langues Orientales, de l'Arabe, du Chaldéen, du Syriaque, de l'Ethiopien ; comparer le terme douteux avec les racines de ces Langues & leurs dérivés ; & peu de Critiques ont pris cette précaution. 2°. Les uns se sont prévenus en faveur du texte Samaritain; les autres pour la version des Septante ou la traduction Syriaque : ils ont voulu corriger le texte Hébreu sur l'un ou l'autre de ces monumens ; & c'est peut-être ceux-ci qu'il auroit fallu réformer sur le texte Hébreu. 3°. Quelques-uns ont eu une confiance excessive à la ponctuation des Masforethes, aux traditions Rabbiniques, aux citations du Thalmud ; & ces différens guides ne sont rien moins qu'infaillibles. Un Critique attentif à toutes les erreurs que ces divers préjugés peuvent causer, ne proposera point à la légere des changemens à faire dans le texte.

Un entêtement contraire a souvent dicté aux Protestans des censures outrées de la Vulgate Latine : pour la déprimer, ils ont élevé jusqu'aux nues l'inccorruptibilité & la clarté du texte Hébreu ; ils ont cru l'entendre infiniment mieux que l'Interprete Latin : la traduction qu'ils ont donnée à leur maniere, de beaucoup de termes & de passages, ne fait aucun sens, & vaut beaucoup moins que celle qu'ils vouloient réformer. Les plus savans d'entre eux ont été ordinairement les plus circonspects : mieux instruits que les autres des divers sens que le texte pouvoit avoir, ils n'ont point affecté de condamner les versions; ils sont convenus qu'elles pouvoient être fondées.

§. VIII.

Nous avouerons volontiers qu'il a été très-difficile dans tous les temps de donner des Livres de l'Ancien Testament une traduction parfaite, qui ne s'éloignât jamais du sens du texte, qui rendît exactement la valeur de tous les termes : un des plus anciens Traducteurs des Livres Saints en est convenu (*a*); l'on peut donner plusieurs raisons de cette difficulté. 1°. Lorsqu'on a commencé à traduire les Livres Hébreux, cette Langue n'étoit plus vivante, ni parlée par les Juifs dans sa pureté; il s'y étoit glissé des termes Chaldéens & Syriaques; plusieurs mots Hébreux avoient changé de signification. C'est ce qui arrive à toutes les Langues par le mélange des peuples, & par le seul changement de prononciation. Il eût fallu que le Traducteur eût une connoissance parfaite, non seulement des deux Langues, dont l'une devoit être interprete

---

(*a*) Prologue de l'Ecclésiastique.

de l'autre, mais encore de la littérature Orientale ; un tel homme étoit difficile à trouver, soit chez les Juifs, soit chez les autres nations. 2°. Les Livres de Moïse traitent d'une infinité de matieres différentes ; il y a des détails d'Histoire, de Géographie, de Physique, d'Histoire naturelle, de mœurs, d'arts, de loix, de cérémonies, des remarques sur les nations voisines de la Palestine, des allusions à leurs usages, des descriptions de lieux qui avoient changé de face, de peuples qui n'existoient plus, ou qui étoient devenus méconnoissables. Moïse avoit vu ce qu'il racontoit, ou il le tenoit de témoins bien instruits : il auroit fallu avoir des connoissances aussi étendues que les siennes, pour rendre parfaitement ses idées dans une Langue différente. 3°. Dans les siecles dont nous parlons, les sciences n'étoient pas aussi cultivées qu'elles le sont, ni les sources d'érudition aussi abondantes ; on n'avoit pas réduit l'étude des Langues en méthode ; on n'avoit encore ni grammaire, ni dictionnaire, ni concordance ; on n'avoit point comparé les Langues ; il étoit difficile de trouver un homme qui en eût appris un grand nombre. Les peuples se connoissoient moins ;

on faisoit moins attention aux idées, aux mœurs, aux opinions des différentes nations. Les Juifs avoient éprouvé des révolutions terribles; ils étoient fort différens de ce qu'ils avoient été sous Moïse & dans les siecles suivans.

Saint Jérôme avoit senti la nécessité d'être sur les lieux, de connoître la Palestine & les environs, pour traduire exactement les Livres Saints; il y donna tous ses soins, il a dû réussir mieux qu'un autre. Mais il eut besoin des Juifs pour apprendre l'Hébreu; ses Maîtres de Langue n'avoient ni autant de génie, ni autant de connoissances que lui; il ne s'est pas flatté d'avoir atteint le dernier degré de la perfection, ni d'avoir acquis toutes les lumieres qu'il auroit désirées. Il a fait tout ce que l'on pouvoit faire dans son siecle, l'Église Chrétienne lui a des obligations éternelles; ceux qui ont pris la liberté de le censurer & de déprimer ses travaux, n'en savoient pas assez pour les apprécier; sa version est incontestablement la meilleure de toutes celles qui ont été faites.

§. IX.

Concluerons-nous qu'il est donc inutile d'étudier le texte après lui ; qu'il est impossible d'apprendre ce qu'il n'a pas pu savoir, de mieux prendre le sens de quelques termes ou de certaines expressions ? Non, sans doute. L'étude des Langues s'est perfectionnée par leur comparaison ; la Physique & l'Histoire Naturelle ont fait des progrès ; le monde & les peuples qui l'habitent sont plus connus, & l'on a comparé leurs mœurs ; les traductions sont multipliées ; les Savans de toutes les nations ont médité sur le texte sacré : il est impossible que tant de nouveaux secours ne produisent une augmentation de lumieres.

Il n'y a point de nouvelles découvertes à faire sur le dogme ni sur la morale des Livres Saints ; l'un & l'autre ont été enseignés dans toute leur perfection par Jésus-Christ, & ils sont immuables : mais sur mille objets de curiosité, & indifférens à notre foi, l'on peut encore éclaircir le texte sacré ; on le fait tous les jours avec succès. Supposer que c'est une énigme indéchiffrable, c'est le langage de la paresse, de l'ignorance ou de l'irréligion.

Par ce simple exposé, il est clair que de tous les Livres du monde il n'en est aucun qui ait été conservé avec plus de soin, surveillé avec plus d'attention, examiné dans tous les temps avec plus de sévérité que l'Ecriture Sainte. La divine Providence, qui l'avoit donnée pour servir de monument à la révélation, ne l'a point abandonnée à la négligence ni à la témérité des hommes ; elle a ménagé les événemens de la maniere la plus propre à en assurer la conservation. Elle en a fait dépendre les intérêts, la destinée, les espérances d'une nation entiere ; elle a permis des divisions dans le sein de cette nation même, pour prévenir tout danger d'une altération faite de concert. Elle a dispersé les Juifs en différentes contrées, pour qu'ils y portassent avec eux ce témoignage des volontés divines, le dépôt des prophéties qui annonçoient au monde un Sauveur & une loi nouvelle. Elle a voulu que ce Livre fût traduit en différentes Langues vers le temps de la venue du Messie, afin que toutes les nations pussent être instruites de ses desseins éternels, & qu'il y eût par-tout des témoins de leur accomplissement. Elle s'est servie de l'incrédulité même des Juifs, &

de leur attachement servile à la lettre du texte, pour le rendre plus authentique. Les peuples se sont succédés, les Empires ont été renversés, la terre dévastée, les bibliotheques réduites en cendres; le plus ancien Livre du monde a survécu à tous les autres, il a triomphé de toutes les révolutions; depuis trois mille cinq cents ans, il décide du sort de plusieurs peuples, & il durera tant qu'il y aura sur la terre des adorateurs du vrai Dieu.

§. X.

Premiere Objection. Selon l'opinion commune des Savans, l'ancien Hébreu étoit écrit sans voyelles; un Encyclopédiste en est allé chercher la raison bien loin. ″ Les ″ Sages de la haute antiquité, dit-il, ont ″ eu pour principe, que la science n'étoit ″ point faite pour le vulgaire; que les ″ avenues en devoient être fermées au ″ peuple, aux profanes & aux étrangers.... ″ Voilà pourquoi l'Ecriture n'a point été, ″ dès son origine, livrée & communiquée ″ aux hommes en son entier; les signes ″ des consonnes ont été montrés au vul-″ gaire, mais les signes des voyelles ont ″ été mis en réserve comme une clef & ″ un secret qui ne pouvoit être confié

» qu'aux seuls gardiens de l'arbre de la
» science. Le peuple fut donc toujours
» obligé d'aller chercher le sens & l'in-
» telligence des Livres dans la bouche
» des Sages, & chez les administrateurs
» de l'instruction publique : ceux-ci étoient
» ainsi les maîtres de n'enseigner au peu-
» ple que ce qu'ils jugeoient à propos (a) ».

Réponse. Ces conjectures ne sont conformes, ni au caractere général des hommes, ni au génie particulier des Savans, ni à l'objet de l'institution primitive de l'Ecriture. De tout temps, les Savans ont été accusés, non de cacher leurs connoissances, mais de les étaler avec trop d'ostentation, & de vouloir paroître plus habiles qu'ils n'étoient en effet. Le premier usage que l'on a fait de l'art d'écrire, n'a certainement pas été de composer des Livres scientifiques, mais de faire des notes, de dresser des comptes, de donner des signes de créance, de noter des faits : de quoi auroient servi ces signes, si l'on n'en avoit pas donné la clef ? L'on n'a pas plus pensé à la cacher qu'à rendre obscurs les hiéroglyphes dont on se servoit avant l'invention de l'alphabet.

(a) Encyclop. *Hébreu*, Langue Hébraïque, p. 80.

Il est absolument faux que chez les Hébreux, non plus que chez les autres peuples, l'écriture ait été sans voyelles; par conséquent il est absurde de demander raison de ce fait, & d'en tirer des conséquences à perte de vue. M. Court de Gébelin a démontré sans replique, que l'alphabet Hébreu a toujours eu des voyelles; qu'elles y sont encore; que si elles manquent dans quelques mots, c'est qu'ils ont été écrits par abréviation, comme l'on fait encore souvent dans nos Langues modernes; les points voyelles n'ont été inventés dans la suite que pour suppléer à ces voyelles supprimées (a). Aussi l'on peut lire & entendre l'Hébreu sans points, tout comme nous lisons les anciens manuscrits où les abrévations sont fréquentes, tout comme on lisoit autrefois l'écriture en notes.

Il est donc clair que l'écriture n'étoit pas plus difficile à lire chez les Hébreux que chez nous, & que pour apprendre à lire on n'avoit pas besoin de recourir aux Prêtres. Quand Moïse ordonne à chaque Israélite de lire, de méditer, de transcrire sa loi, de l'avoir toujours de-

_____

(a) Orig. du Lang. & de l'Ecrit. p. 438 & suivant

vant les yeux, il ne lui ordonne pas de recourir aux leçons des Prêtres. Si nous accusions les Chinois d'avoir conservé exprès l'écriture hiéroglyphique, afin d'obliger le peuple de passer par les mains des administrateurs de l'instruction publique, nous leur paroîtrions fort ridicules.

Cela posé, toutes les conjectures de l'Encyclopédiste tombent d'elles-mêmes. Il est faux que les anciens Sages & les Prêtres aient introduit l'art d'écrire sans voyelles, afin de se rendre maîtres de la croyance des peuples. Il est faux que dans les révolutions qui sont survenues à la nation Juive, les Livres Saints aient pu devenir inintelligibles par la perte ou par la rareté de la clef des voyelles. Il l'est que les Romanciers aient pu aisément abuser des écritures ainsi séparées des voyelles. Il l'est que quand les Lévites tomboient dans l'idolâtrie aussi bien que le peuple, ils n'aient laissé paroître que des exemplaires de la loi sans voyelles, & qu'ils aient ainsi contribué à la faire méconnoître & oublier. Il l'est que l'écriture Hébraïque ait été une énigme dont il ait été facile d'abuser, & qu'il y ait eu des raisons essentielles pour l'ôter des mains de la multitude & de celles de l'étranger.

Tome V.   O

Il y a de l'absurdité à demander comment Dieu, ayant donné à son peuple une loi dont il avoit si sévérement commandé l'observation, a pu permettre que l'écriture en fût si obscure & si difficile (*a*). Cette difficulté prétendue est une pure imagination. Chez les Juifs, le Roi avoit des Secrétaires & des Gardes des Archives (*b*); les Secrétaires du Roi & ceux du Temple étoient différens (*c*); les contrats se faisoient par écrit (*d*), & les divorces par un billet (*e*). Nous ne pensons pas que les Prêtres eussent la clef de toutes ces écritures.

§. XI.

Deuxieme Objection. ” Quoique Moïse ” eût ordonné à chaque Israélite de lire, ” de méditer, de transcrire sa loi, & que ” les enfans des Rois ne fussent pas eux-” mêmes exempts de ce devoir, selon ” toute apparence il en a été de ce précepte ” comme de tant d'autres que les Hé-” breux n'ont point pratiqués. ... On sait

---

(*a*) Encyclop. *ibid.*
(*b*) 2. Reg. c. 8, ℣. 16.
(*c*) 4. Reg. c. 12, ℣. 10.
(*d*) Jérém. c. 32.   (*e*) Deut. c. 24, ℣. 1.

» que leur infidélité sur tous les points
» de leur loi, a été presque aussi continue
» qu'inconcevable. Ils l'oublierent au point
» que ce fut une merveille sous Josias de
» trouver un Livre de Moïse, & que sous
» Esdras il fallut renouveler la fête des
» Tabernacles qui n'avoit point été cé-
» lébrée depuis Josué. La conduite des
» Juifs dans tous les temps qui ont pré-
» cédé le retour de Babylone, est donc un
» monument constant de la rareté où ont
» dû être les Ouvrages de son premier
» Législateur (a) «.

Réponse. L'Auteur attribuoit, il n'y a qu'un moment, l'oubli & l'ignorance de la loi de Dieu à la difficulté de l'écriture, à la négligence ou à la malice des Prêtres, au caractere mystérieux du Législateur; à présent il en accuse l'infidélité du peuple, & sa résistance à l'ordre formel du Législateur. Comment accorder l'ordre formel donné par Moïse avec le mystere affecté par tous les anciens Sages? L'inconséquence de l'Encyclopédiste est aussi étonnante que la négligence des Juifs.

Dans les Livres de Moïse, les faits, les dogmes, la morale, les rites, les

---

(a) Encyclop. *ibid.*

usages civils & politiques, les titres des possessions, les généalogies tiennent ensemble ; la mémoire des uns n'a pu se conserver sans les autres. Le besoin continuel a donc forcé les Juifs, dans tous les temps, à lire les Livres du Législateur. On n'a pas pu s'en passer dans le Royaume d'Israël, non plus que dans celui de Juda ; pendant la captivité, non plus qu'après le retour ; dans les temps d'idolâtrie, non plus que dans les momens de la plus grande piété ; parce que la constitution de la République & l'état des particuliers y étoient attachés.

Les infidélités continuelles des Juifs ne prouvent pas plus la rareté de leurs Livres, que les désordres des Chrétiens ne prouvent la rareté des exemplaires de l'Evangile ; autrefois comme aujourd'hui on péchoit par malice & non par ignorance. Lorsque les Juifs idolâtres revenoient à résipiscence, ils n'alléguoient point pour excuser leur turpitude, la rareté des copies de la loi, la difficulté de lire, la négligence ou la malice des Prêtres ; ils se reconnoissoient inexcusables : les Prophetes qui ont souvent reproché des prévarications aux Prêtres, ne leur ont jamais allégué celle-là.

Que l'exemplaire autographe de Moïse, trouvé dans le Temple, ait fait beaucoup d'impreſſion ſur Joſias, cela n'eſt pas étonnant. Manaſsès & Amon, ſes prédéceſſeurs, avoient été deux impies, leurs regnes avoient duré 57 ans (a). Joſias étoit fort jeune, puiſqu'il étoit monté ſur le trône à l'âge de huit ans : il n'avoit pas été inſtruit de la loi du Seigneur ; il fut ſaiſi de crainte lorſqu'il lut les menaces prononcées par Moïſe contre les prévaricateurs. Mais lorſqu'il les fit lire au peuple aſſemblé, il n'eſt pas dit que les auditeurs en aient été étonnés ; on connoiſſoit ces menaces de tout temps ; ce n'eſt pas par ignorance qu'on les avoit bravées (b).

Il eſt faux que la fête des Tabernacles n'ait pas été célébrée depuis Joſué juſqu'à Eſdras : il eſt dit de Salomon, qu'il fit obſerver réguliérement les trois grandes ſolemnités de la loi, la Pâque, la Pentecôte, la fête des Tabernacles (c). Si on lit dans le ſecond Livre d'Eſdras, que les Juifs ne l'avoient pas faite *de même* depuis

---

(a) 4. Reg. c. 21.
(b) *Ibid.* c. 22 & 23. 2. Paralyp. c. 33 & 34.
(c) 2. Paralyp. c. 8, ℣. 13.

Josué (a), cela signifie qu'ils ne l'avoient pas célébrée avec autant de pompe & d'éclat qu'ils le firent sous Esdras. Il est dit de même ailleurs, que depuis Samuël la Pâque n'avoit pas été faite avec autant de solemnité que sous Josias (b).

§. XII.

Troisieme Objection. Il est impossible que depuis Moïse jusqu'à Esdras la Langue Hébraïque n'ait pas changé beaucoup ; cependant elle se trouve tellement la même dans tous les Livres écrits pendant cet intervalle de mille ans, qu'il semble que tous n'aient été que d'un seul temps & d'une même plume. Il est donc très-probable que tous ces Livres ont été écrits ou du moins retouchés par Esdras, ou par un autre Auteur (c).

Réponse. L'Auteur de l'objection fournit lui-même la réponse. Il observe que, malgré l'uniformité de langage dans les divers Livres de l'Ancien Testament, le caractere particulier de chaque Ecrivain s'y fait néanmoins sentir, comme nous

---

(a) 2. Esdr. c. 8. ℣. 17.
(b) 4. Reg. c. 35, ℣. 18.
(c) Encyclop. *Langue Hébr.* p. 85.

l'avons remarqué ailleurs : cela ne seroit pas, si un seul Auteur les avoit composés ou refondus. Il ajoute que l'Hébreu de Moïse ayant cessé d'être Langue vivante, après quatre ou cinq siecles, est devenu immuable. » La nécessité, dit-il, de se faire
» entendre par l'ordre des mots comme
» par les mots mêmes, a contribué à ré-
» pandre sur toute la Bible l'uniformité
» de style. Renfermés dans d'étroites bar-
» rieres, les Auteurs sacrés ont écrit sur le
» même ton, quoique nés en différens
» âges, & quoiqu'on remarque en eux
» un esprit plus ou moins sublime.... le
» dernier de tous, au bout de dix siecles,
» a été obligé d'écrire comme le premier «.

Nous n'avouons pas néanmoins que l'Hébreu de Moïse ait cessé d'être Langue vivante après quatre ou cinq siecles ; cela n'est arrivé qu'à la captivité de Babylone, ou quelque temps après. Jusqu'alors les Juifs avoient eu peu de relation avec les autres peuples ; leur Langue n'a pu changer ni par le mélange, ni par la connoissance des autres Langues. Depuis trois cents ans, le François est devenu méconnoissable ; mais le patois des peuples isolés de nos Provinces est demeuré le même. Nous sommes persuadés que le langage de l'intérieur de l'Arabie n'a pas plus changé que les mœurs des Arabes depuis quatre mille ans.

Quand l'Hébreu auroit cessé d'être vulgaire beaucoup plutôt, il a toujours été la Langue savante & sacrée chez les Juifs, comme le Latin l'est parmi nous: or, malgré les révolutions arrivées dans la Langue Latine, on a vu des hommes qui avoient acquis l'habitude de l'écrire aussi purement que s'ils avoient vécu au siecle d'Auguste. L'uniformité de la Langue écrite ne prouve donc rien contre la différence & la succession des siecles.

§. XIII.

Quatrieme Objection. ,, La substitution
,, des caracteres Chaldéens aux lettres Hé-
,, braïques, les vicissitudes qu'a éprouvées
,, la Langue Sainte aussi bien que les Lan-
,, gues profanes, doivent nous rendre sus-
,, pects les Ouvrages de la Bible. Quand
,, ils auroient été dans l'origine inspirés
,, par la Divinité, les hommes y ont mis
,, la main, & tout ce qui passe par leurs
,, mains est sujet à s'altérer. Quelle certi-
,, tude avons-nous de lire aujourd'hui
,, les choses comme elles ont été écrites
,, par Moïse & par les Prophetes ? Un

» mot, une syllabe, une lettre, trans-
» posés ou changés, suffisent pour altérer
» le sens de toute une phrase. Pendant
» une longue captivité, les Juifs n'ont eu
» ni Prêtres, ni Temples, ni Autels; sans
» doute ils ont perdu pendant ce temps-là
» le fil de leur tradition, & la vraie façon
» de lire leurs Ouvrages sacrés. Dans ce
» cas, à quoi peut se réduire leur auto-
» rité (a) « ?

Réponse. Ce raisonnement profond tend à démontrer que nous ne pouvons ajouter foi à aucun Livre fort ancien; que nous n'entendons plus Cicéron ni Virgile, parce que le Latin a changé; que les monumens destinés à conserver l'Histoire sont justement ce qui sert à la corrompre. Applaudirons-nous à cette rare sagacité?

La substitution des lettres Latines aux caracteres Gothiques, n'a certainement pas changé la lettre ni le sens des anciens Livres; il en a été de même des caracteres Chaldéens substitués aux lettres Hébraïques ou Samaritaines, parce que ces deux caracteres sont exactement de même valeur : on peut le voir par la comparaison

---

(a) Esprit du Judaïsme, c. 10, p. 143.

du texte Hébreu avec le Pentateuque Samaritain.

La Langue Hébraïque n'a pas éprouvé plus de vicissitude *dans les Livres Saints*, que le Latin n'en a éprouvé dans les écrits de Cicéron & de Virgile. Pourquoi donc serions-nous moins assurés d'avoir les Livres de Moïse tels qu'ils sont sortis de sa plume, que nous ne le sommes d'avoir ceux des Auteurs Latins ? Je soutiens que nous le sommes infiniment davantage. Outre la certitude des regles de critique, nous avons pour garans le respect que les Juifs ont toujours eu pour leurs Livres sacrés, la nécessité continuelle dans laquelle ils ont été de les lire, la conformité entre les textes & les versions, l'œil de la Providence qui n'a cessé de veiller sur les titres de la révélation, le témoignage de l'Eglise Chrétienne fondé sur la parole de Jésus-Christ & des Apôtres.

Il est faux que pendant la captivité les Juifs aient été sans Prêtres ; au retour il s'en trouva deux cent quatre-vingt quatre dans la seule ville de Jérusalem (a) ; ils eurent même deux Prophetes célebres, Ezéchiel & Daniel.

(a) 2. Esdr. c. 11, ℣. 18.

ARTICLE V.

De l'inspiration, ou de la divinité des Livres Saints.

§. I.

APRÈS avoir prouvé l'authenticité des Livres de l'Ancien Testament, il est question de savoir quel degré d'autorité nous devons leur attribuer. Quand nous aurions fait voir que ces Livres ne renferment rien que de vrai, que Moïse, Auteur du Pentateuque, a été revêtu d'une mission divine; que la collection de ces Livres a été conservée sans altération : il ne s'ensuivroit pas encore que tous ont une autorité divine & doivent être la regle de notre foi. Quand nous aurions montré en détail qui en sont les Auteurs, sommes-nous en état de prouver que chacun d'eux a été divinement inspiré? Tous n'ont pas été doués de la même mission que Moïse : Esdras, que l'on croit Auteur des Paralypomenes & des Livres qui portent son nom, n'a donné aucune marque d'inspiration ; sur quoi fondés attribuerons-nous à ses Ecrits la même autorité qu'à ceux de Moïse & des Prophetes?

D'ailleurs, nous recevons comme Livres Saints ou inspirés, des Ecrits pour lesquels les Juifs n'ont pas eu la même vénération, le Livre de la Sagesse, l'Ecclésiastique, ceux des Macchabées, &c.; quelle preuve avons-nous de l'inspiration ou de l'infaillibilité de leurs Auteurs?

Sans examiner de quelle maniere les différentes communions Chrétiennes répondent à ces questions, nous disons que nous recevons tous ces Livres comme parole de Dieu sur l'autorité de Jésus-Christ & des Apôtres, qui les ont donnés comme tels à l'Eglise: fait dont l'Eglise elle-même nous rend témoignage. Si ceux qui ne reconnoissent point l'autorité de l'Eglise ont d'autres preuves solides de leur croyance, elles nous sont inconnues. Nous persistons à dire comme Saint Augustin : ,, Pour moi, je ne croirois pas ,, à l'Evangile, si l'autorité de l'Eglise ,, Catholique ne m'y déterminoit (a) ". Nous ne nous piquons point d'avoir une foi plus éclairée ni plus solide que ce savant Pere de l'Eglise.

(a) L. V, contra Epist. fundam.

Quel est l'Auteur de tel Livre ? étoit-il inspiré ou non ? Les Juifs ont-ils regardé son Ouvrage comme canonique ? Ont-ils eu dans tous les temps un canon ou catalogue des Livres Saints, qui fût admis universellement ? Le jugement de la Synagogue est-il une regle que nous soyons obligés de suivre, &c. ? Toutes ces questions nous sont indifférentes, aussi bien que les disputes qu'elles ont fait naître parmi les Savans. Nous nous reposons sur la tradition constante & universelle de l'Eglise ; ce titre nous suffit : nous prouverons dans la suite (*a*), qu'aucun autre ne peut fonder aussi solidement la foi de tous les hommes savans ou ignorans.

§. II.

Nous ne prétendons pas néanmoins exclure les autres caracteres qui peuvent nous engager à donner aux Livres Saints toute notre confiance ; nous avons grand soin de les rappeler à nos adversaires. 1°. La plupart de ces Livres ont été écrits par des Auteurs dont la mission divine est invinciblement prouvée ; tels sont Moïse & les Prophetes. Dieu auroit tendu

_____

(*a*) 3ᵉ. Part. ci-après, c. 8, art. 1.

à son peuple un piége inévitable, s'il avoit permis que des hommes envoyés de sa part pour annoncer ses volontés, mêlassent dans leurs écrits l'erreur avec la vérité. 2. Ils renferment une doctrine irrépréhensible; on ne peut les convaincre d'erreur, ni sur le dogme, ni sur la morale, ni sur les faits : nous verrons que tous les efforts des Incrédules, pour prouver le contraire, n'aboutissent à rien. Dans les siecles où ils ont écrit, ces vérités n'étoient point assez connues chez les différentes nations, pour que des Auteurs Juifs aient pu en parler avec autant de lumiere & de sagesse, si Dieu ne leur avoit pas prêté une assistance particuliere. 3°. Tous ces Auteurs montrent une sincérité, un amour pour la vertu, un respect pour la Divinité, que l'on ne trouve point dans les Auteurs profanes : nous en citerons des traits dans la suite. Mais tous ces caracteres sont hors de la portée du commun des fideles; il leur falloit une voie plus simple & plus analogue à leur foible capacité : Dieu la leur a donnée dans l'enseignement de son Eglise, organe éternel de ses volontés.

Que Jésus-Christ & ses Apôtres aient regardé comme parole de Dieu les Livres de l'Ancien Testament, & les aient donnés comme tels aux fideles, nous en sommes convaincus : 1°. par la multitude des passages qu'ils en ont cités pour appuyer leur doctrine ; on peut les voir dans les tables placées à la fin de toutes les éditions de la Bible : 2°. par la maniere dont ils se sont exprimés ; ils disent que l'Esprit-Saint a parlé par la bouche de David & des Prophetes ; que ces saints hommes de Dieu ont parlé par l'inspiration du Saint Esprit, &c. (a). Mais le simple fidele n'a pas besoin de ces citations & de ces passages : l'Eglise lui enseigne que telles ont été les leçons de Jésus-Christ & des Apôtres ; ce témoignage lui suffit.

Que l'Eglise elle-même ait constamment persévéré dans cette croyance, on le prouve en premier lieu, parce qu'elle a rejeté de son sein les Hérétiques, qui nioient la divinité de l'Ancien Testament, tels que les Manichéens, les Marcionites, & d'autres. En second lieu, par la méthode suivie dans tous les Conciles, & observée par tous les Peres de l'Eglise, de con-

---

(a) Luc, c. 1, ℣. 70. Act. c. 1, ℣. 16. 2. Petri, c. 1, ℣. 21, &c.

damner & de réfuter toutes les hérésies par des passages de l'Ancien Testament, aussi bien que du Nouveau, de les alléguer pour confirmer ce que l'on enseigne aux fideles, de faire lire ces Livres dans les assemblées religieuses & dans la liturgie, d'en tirer la plupart de ses prieres & de ses cantiques. En un mot, l'Eglise Catholique d'aujourd'hui nous met à la main l'Ancien Testament, comme parole de Dieu, & elle fait profession de ne croire & de n'enseigner que ce qu'elle a reçu par tradition depuis Jésus-Christ.

§. III.

En quoi consiste l'inspiration de ces Livres? Nouvelle question sur laquelle les Incrédules ne cessent de nous en imposer. Sommes-nous obligés de croire que Dieu a révélé immédiatement aux Auteurs sacrés tout ce qu'ils ont écrit; qu'il leur a suggéré le style, les expressions, les termes dont ils se sont servis? Jamais l'Eglise ne l'a ainsi décidé.

Dieu a révélé sans doute aux Auteurs sacrés ce qu'il leur étoit impossible de savoir par la lumiere naturelle & par des recherches humaines: tels sont les événemens futurs, sur-tout ceux qui dépendoient immédiatement de la puissance & de la sagesse divine; les Prophetes n'ont pu les savoir & les annoncer que par révélation. Le dogme & la morale leur ont été révélés en ce sens, qu'ils les tenoient par une tradition certaine qui remontoit à la premiere révélation faite à Adam & aux Patriarches. Il en est de même des faits dont aucun homme n'avoit été témoin, telle que la création. Nous admettons encore une *révélation immédiate*, pour toutes les choses que Moïse & les Prophetes assurent formellement avoir reçues de la bouche de Dieu même.

Il n'est pas nécessaire d'attribuer à une révélation semblable les faits historiques dont les Ecrivains sacrés ont pu avoir connoissance, soit par eux-mêmes, soit par des témoins bien instruits. Il suffit que Dieu les ait excités à écrire par un mouvement surnaturel de sa grace, pour que nous puissions dire avec vérité qu'ils l'ont fait par *inspiration*.

Nous croyons enfin que Dieu a veillé sur eux, leur a donné l'*assistance* de son esprit, pour les préserver de toute erreur sur le dogme & sur la morale. Ces trois secours supposés, il est vrai de dire que ce qui a été écrit par ces Auteurs est la parole de Dieu ; que nous devons à leurs Livres une soumission entiere de cœur & d'esprit.

Si quelques Théologiens anciens ou modernes ont poussé plus loin l'inspiration des Livres sacrés, leur opinion ne fait pas regle ; aucune loi, aucune décision de l'Eglise ne nous force à l'adopter.

Par les regles de la critique, nous sommes suffisamment assurés de la fidélité de nos versions : mais le simple fidele n'a pas besoin de consulter ces regles. En vertu de l'assistance que Dieu donne à son Eglise, nous sommes certains qu'une version qu'elle approuve rend suffisamment le sens du texte ; qu'elle peut servir à régler notre foi & nos mœurs, mais en y joignant toujours l'enseignement public de cette même Eglise, qui fixe le vrai sens dans lequel nous devons entendre le texte & les versions. Sans ce garant, les contestations sur l'exactitude des Copistes, sur l'authenticité des manuscrits, sur les divers sens d'un mot, sur ses équivalens dans une autre Langue, reviendroient à tout moment ; le simple fidele ne sauroit jamais à quoi s'en tenir : Dieu n'auroit pourvu ni à la perpétuité ni à la certitude de la foi dans son Eglise.

§. IV.

Ces observations fort simples, auxquelles les Incrédules ni les Protestans n'ont jamais voulu prêter l'oreille, font aisément concevoir en quel sens le Concile de Trente a déclaré la Vulgate *authentique* ou *faisant autorité*. Par cette décision, disent-ils, le Concile donne à une version la préférence sur le texte, ce qui est absurde, ou il déclare la Vulgate parfaitement conforme au sens du texte, & exempte de fautes : question de Critique & de Grammaire, sur laquelle il prononce témérairement.

Pour prendre le sens d'une décision quelconque, la premiere chose à faire est d'examiner quel étoit l'état de la question qui y a donné lieu. Or, les Catholiques & les Protestans étoient-ils en dispute pour savoir si le texte des Livres Saints étoit authentique, & si les versions devoient y prévaloir ? Jamais cette contestation n'a eu lieu entre eux. Il est donc absurde de supposer que le Concile a statué sur un point sur lequel on ne contestoit pas.

D'ailleurs il s'explique très-clairement. Il se propose de décider, *entre toutes les éditions Latines* des Livres Saints, qu'elle est celle que l'on doit regarder comme authentique, & il déclare que c'est la Vulgate (*a*). Les Protestans, obstinés à décrier cette version, ne vouloient lui accorder aucune autorité ; ils l'accusoient d'erreur sur tous les points où elle les condamnoit ; ils lui opposoient les versions qu'ils avoient faites eux-mêmes, ou le texte dont ils tordoient le sens à leur gré (*b*). C'est sur cet abus que le Concile a prononcé. En déclarant la Vulgate *seule authentique*, il veut qu'elle prévaille aux autres *versions Latines*, faites par les Hérétiques ou par des Auteurs sans aveu ; jamais il n'a prétendu qu'elle l'emportât sur le texte ou sur les anciennes versions Grecques, Syriaques, &c. à l'autorité desquelles elle n'a point dérogé.

Une nouvelle preuve de l'intention du Concile, c'est qu'il ordonne que l'on fasse de cette version Vulgate, une édition *la plus correcte* qu'il sera possible : il ne la suppose donc pas exempte de fautes. Dans

---

(*a*) Concil. Trid. Seff. IV.
(*b*) Fra-Paolo, Hist. du Concile de Trente, l. II, p. 138.

l'édition faite fous Clément VIII, on en a corrigé plus de quatre mille. Il est dit dans la Préface, que l'on a consulté avec soin les Manuscrits *Hébreux & Grecs*, & les Commentaires des anciens Peres : on s'est donc servi du texte pour corriger cette version. Le Cardinal Ximenès, à la tête de sa Polyglotte, parlant à Léon X, lui fait observer qu'il est utile à l'Eglise de donner au public les originaux de l'Ecriture, soit parce qu'il n'y a *aucune traduction* qui puisse les représenter parfaitement, soit parce que l'on doit, selon les Saints Peres, avoir recours au texte Hébreu pour les Livres de l'Ancien Testament, & au Grec pour ceux du Nouveau. Personne n'a imaginé qu'en cela le Cardinal Ximenès ait contredit la décision du Concile de Trente (*a*).

§. V.

Il ne nous est pas possible de répondre en détail à toutes les objections qui ont été faites par les critiques Protestans, ou par les Incrédules, pour montrer que certains Livres de l'Ecriture, tels que le

---

(*a*) Discours sur la divin. des Ecritures, Bible d'Avignon, tome I.

Cantique, la Sagesse, Tobie, Judith, les Macchabées, &c. ne sont ni authentiques ni inspirés ; qu'ils contiennent des erreurs dans les faits ou dans le dogme : ces discussions nous meneroient trop loin. Les Commentateurs ont résolu toutes les difficultés dans les dissertations qu'ils ont placées à la tête des différens Livres de l'Ecriture.

L'Auteur des Pensées Philosophiques paroît fort mal instruit de notre croyance. « La divinité des Ecritures, dit-il, n'est » point un caractere si clairement em- » preint en elles, que l'autorité des His- » toriens sacrés soit absolument indé- » pendante du témoignage des Auteurs » profanes. Où en serions-nous, s'il fal- » loit reconnoître le doigt de Dieu dans » la forme de notre Bible ?..... Moïse & » ses Continuateurs ne l'emporteroient » pas sur Tite-Live, Salluste, César & » Josephe, tous gens qu'on ne soupçonne » pas assurément d'avoir écrit par inspi- » ration (a) «.

Réponse. Nous croyons la divinité des Ecritures, non sur un caractere empreint en elles, non sur la forme de notre Bible,

---

(a) Pensées Philos. n. 45.

non sur l'élégance & la sublimité du texte & des versions, mais sur la parole de Jésus-Christ & des Apôtres dont l'Eglise rend témoignage. Qu'elle ait reçu d'eux l'Ancien & le Nouveau Testament comme parole de Dieu, c'est un fait qu'elle seule peut & doit attester; les Auteurs profanes n'ont rien à y voir.

„ Vous me présentez, dit-il encore,
„ un volume d'écrits dont vous prétendez
„ me prouver la divinité : mais cette
„ collection a-t-elle toujours été la même ?
„ Pourquoi en a-t-on retranché tel Ou-
„ vrage qu'une autre secte révere, &
„ conservé tel autre qu'elle a rejeté ? Si
„ l'ignorance des Copistes & la malice
„ des Hérétiques ont souvent corrompu des
„ manuscrits, il faut les restituer dans
„ leur état naturel, avant d'en prouver
„ la divinité. Or, qui chargerez-vous de
„ cette réforme ? L'Eglise ? Mais je ne
„ peux convenir de l'infaillibilité de l'E-
„ glise, que la divinité des Ecritures ne
„ me soit prouvée : me voilà donc dans
„ un scepticisme nécessité.

„ On ne répond à cette difficulté qu'en
„ avouant que les premiers fondemens
„ de la foi sont purement humains; que
„ le choix entre les manuscrits, la resti-

» tution des passages, enfin la collection,
» se sont faits par des regles de critique;
» & je ne refuse point d'ajouter à la di-
» vinité des Livres sacrés, un degré de
» foi proportionné à la certitude de ces
» regles (a) ».

Réponse. Il est faux que l'infaillibilité de l'Eglise ne puisse se prouver que par l'Ecriture; nous la prouverons ailleurs par la mission même de Jésus-Christ & des Apôtres. L'Eglise, revêtue de cette même mission, nous garantit la divinité de l'Ecriture, l'intégrité du texte, la fidélité des versions, le sens dans lequel nous devons les entendre. Sans cette caution, les fideles ne seroient sûrs de rien; la discussion des regles de critique n'est pas faite pour eux.

Il est donc faux que les premiers fondemens de notre foi soient purement humains; la mission divine de Jésus-Christ, des Apôtres, de l'Eglise, n'est point un fondement humain; les preuves de cette mission sont palpables, & à portée de l'homme le plus ignorant : nous le montrerons dans son lieu.

Nous opposera-t-on les variantes des

___

(a) Pensées Philos. n. 60.

manuscrits?

manuscrits ? On ne peut en citer aucune qui donne atteinte au dogme, à la morale, aux faits sur lesquels est fondée la révélation ; cet inconvénient est le même à l'égard de tous les Livres anciens, & souvent copiés. Mais, encore une fois, l'autorité de l'Eglise nous sert de garant contre les fautes des Copistes, contre la malice des Hérétiques, contre l'infidélité des Traducteurs.

Il n'a donc pas été nécessaire que Dieu fît un miracle continuel pour prévenir les fautes des Copistes. L'assistance que Dieu a promise à son Eglise n'exclut point le travail, l'étude, l'usage des regles de la critique ; mais notre foi ne porte pas sur la certitude de ces moyens naturels. Lorsque Dieu veut efficacement une fin, nous pouvons nous reposer sur sa Providence du choix des moyens qu'il prendra pour exécuter sa promesse.

§. VI.

Selon l'Auteur des Questions sur l'Encyclopédie, c'est une grande question parmi les Théologiens de savoir si les Livres purement historiques des Juifs ont été inspirés. » Le Clerc, dit-il, & d'au- » tres Théologiens de Hollande, préten-

» dent qu'il n'a pas été nécessaire que
» *Dieu dictât* les annales Hébraïques,
» que cette partie a été abandonnée à la
» science & à la foi humaine. Grotius,
» Simon, Dupin, ne s'éloignent pas de
» ce sentiment (*a*) «.

Réponse. Il est clair que ce Philosophe n'entend pas seulement la question. Nous disons nous-mêmes qu'il n'a pas été nécessaire que Dieu *dictât* mot pour mot les annales Hébraïques; nous ne pensons pas néanmoins qu'il les ait abandonnées à la science & à la foi humaine. 1°. Il a *révélé* aux Historiens les faits dont ils ne pouvoient pas être informés par des moyens naturels. 2°. Il les a portés à écrire par un mouvement surnaturel de la grace, & rien n'empêche d'appeler ce mouvement une *inspiration*. 3°. Il les a préservés d'erreur sur le dogme, sur la morale, sur les faits même les moins essentiels; c'est ce que nous nommons *assistance du Saint-Esprit*. Les Sociniens & leurs adhérens ne l'entendent pas ainsi; mais leur opinion ne nous touche en rien.

Quoique la nôtre soit solidement fondée sur l'autorité de l'Eglise, nous con-

---

(*a*) Quest. sur l'Encyclop. *Histoire*, p. 42.

venons qu'elle ne suffit pas pour satisfaire les Incrédules & pour leur inspirer du respect envers les Livres Saints. Après en avoir prouvé l'authenticité & la conservation, il nous reste à montrer que ces divins Livres ne contiennent rien qui ne soit conforme à la vérité, & à répondre aux objections de nos adversaires. On verra par la multitude de leurs recherches, & par le vain étalage de leur érudition, à quel danger seroient exposés les simples fideles, s'ils n'avoient pas un guide infaillible au milieu des ténebres & des écueils que l'irréligion a semés sur leurs pas : on reconnoîtra la sagesse des précautions que l'Eglise a prises pour ne pas abandonner à toutes sortes de mains ces Livres si respectables & si utiles, mais dont la malice humaine a tant fait d'abus, & qui ont essuyé tant d'assauts dans tous les siecles.

CHAPITRE TROISIEME.

De la vérité de l'Histoire Juive dans ses différentes époques.

§. I.

IL n'est pas étonnant qu'un Incrédule qui ouvre nos Livres Saints, y trouve à chaque page des sujets de scandale. Partout ces Livres nous montrent la Providence divine attentive aux actions & à la destinée du genre humain, fidelle à suivre depuis le commencement du monde jusqu'à nous un plan uniforme, dont la religion paroît être l'unique but & le principal objet. Le monde tiré du néant, renouvelé par un déluge universel, les nations dispersées & plongées dans l'erreur, une seule famille préservée de l'idolâtrie, & qui devient la tige d'un peuple nombreux ; ce peuple instruit & gouverné par une suite de miracles, & souvent infidele, mille révolutions qui n'aboutissent qu'à la venue de Jésus-Christ & à l'établissement du Christianisme : ce tableau, capable de confondre l'incrédulité, doit nécessairement la révolter; il n'est pas un seul de ces événemens qu'elle ne soit intéressée à détruire. Le dogme de la création & de la Providence sape le Matérialisme par la racine; les miracles qui prouvent invinciblement la révélation, anéantissent le Déisme: ces miracles, enchaînés à une multitude d'autres faits incontestables, déconcertent le Pyrrhonisme historique, derriere lequel toutes les sectes de mécréans cherchent à se retrancher. Il a donc fallu que ces ennemis divers se réunissent, pour attaquer chacun à leur maniere une histoire qui ne peut subsister avec leurs opinions. Mais au milieu du désordre & de la confusion qui regnent parmi eux, il est impossible qu'ils suivent la même marche, ou qu'ils lancent leurs traits du même côté; souvent ils tournent leurs armes les uns contre les autres, & ne réussissent qu'à se détruire mutuellement.

Un fameux Déiste a fait cet aveu remarquable: ″ Ceux qui ajoutent le moins ″ de foi à l'histoire Mosaïque, convien- ″ dront volontiers que les cinq Livres de ″ Moïse contiennent des traditions d'une ″ très-haute antiquité, dont quelques- ″ unes ont été confirmées & transmises

» par d'autres nations & par d'autres Hif-
» toriens. Plufieurs de ces traditions peu-
» vent être vraies, quoiqu'elles ne puif-
» fent fervir de caution l'une à l'autre....
» Trois ou quatre nations voifines dont
» nous avons quelque connoiffance, fem-
» blent avoir eu un fond commun de
» traditions qu'elles ont accommodées à
» leurs différens fyftêmes de Religion, de
» Philofophie & de Politique (*a*) «.

Mais il nous paroît que plufieurs traditions femblables chez différentes nations
affez éloignées l'une de l'autre, & qui
ont eu enfemble très-peu de liaifons,
fervent de caution l'une à l'autre ; elles
viennent évidemment d'une fource commune : par-là même elles nous atteftent
la vérité de l'Hiftoire Sainte, qui fait def-
cendre le genre humain d'un feul homme,
& qui enfeigne qu'après le déluge le
monde a été repeuplé par la feule famille
de Noé.

Quelques difficultés que les Incrédules
aient pu raffembler contre cette hiftoire,
elle porte des caracteres de vérité que
rien ne peut obfcurcir. Ceux qui l'ont
écrite font profeffion d'une candeur &

(*a*) Bolingbr. Œuv. tome III, p. 280 & fuiv.

d'une sincérité à toute épreuve ; ils semblent avoir pris toutes les précautions possibles pour être à l'abri de soupçon, ou pour se réfuter eux-mêmes s'il leur étoit arrivé de déguiser le vrai. Il faut nous arrêter d'abord à ces caracteres originaux & persuasifs : les Incrédules n'en parlent jamais, parce qu'ils n'ont rien à y opposer.

§. II.

1°. Nous ne voyons point dans Moïse le même foible que chez les Historiens Grecs & Romains, qui affectent de présenter les événemens de la maniere la plus honorable à leur nation. Moïse n'attribue à la sienne ni une antiquité fabuleuse, ni de brillantes conquêtes, ni de vastes possessions, ni une destinée plus avantageuse qu'aux autres peuples ; tout au contraire, il nous montre les Egyptiens, les Chananéens, les Iduméens, les Chaldéens, rangés en corps de nation, gouvernés par des Chefs ou par des Rois dans un temps où le pere des Hébreux n'étoit encore qu'un seul homme sans enfans ; à peine ses descendans sont-ils multipliés, qu'ils sont réduits en esclavage : à côté des promesses les plus magnifiques,

Moïse a soin de placer tous les obstacles qui semblent en rendre l'exécution impossible.

Ce qu'il fait à l'égard de la nation, il l'observe encore envers les familles. Dans la généalogie des Patriarches, souvent les cadets sont préférés aux aînés, & cette préférence est ordinairement fondée sur quelque événement peu honorable aux descendans de ceux-ci. Le testament de Jacob couvre d'une tache éternelle plusieurs tribus d'Israélites; celle de Lévi, dans laquelle Moïse étoit né, se trouve du nombre. Il ne craint point de consigner dans les annales de sa nation, ces anecdotes fâcheuses; il étoit bien sûr de ne pas être contredit par ceux même qui y étoient le plus intéressés.

En parlant des Patriarches, il raconte leurs fautes & leurs défauts avec autant de soin que leurs vertus; il ne déguise point ses propres torts, il en fait l'aveu & le répete; il parle de la punition qu'il doit subir; il ne dissimule rien de ce que l'on peut reprocher à sa famille; il ne cesse de représenter aux Hébreux leurs infidélités & celles de leurs peres. Les Incrédules veulent tirer parti de cette sincérité même; ils relevent les traits défavantageux fous lefquels Moïfe a peint tant de perfonnages ; ils demandent fi ce font-là les hommes auxquels Dieu devoit accorder une protection furnaturelle.

Avant de condamner la Providence, il faudroit citer dans l'univers une nation ou une famille qui eût mieux mérité les bienfaits du Ciel ; il faudroit prouver que Dieu fait une injuftice quand il accorde aux hommes des graces dont ils font indignes. Moïfe étoit plus fage que fes cenfeurs ; il vouloit convaincre les Juifs que la prédilection dont Dieu les honoroit, étoit un don purement gratuit, un effet de fa miféricorde, qui, loin de les énorgueillir, devoit les humilier ; il vouloit les rendre dociles & reconnoiffans, fideles à Dieu, foumis à fes ordres. Ce n'eft point là le procédé d'un fourbe & d'un impofteur ; l'amour-propre, la vanité nationale, l'intérêt perfonnel, l'ambition, la politique humaine, ne s'expriment point ainfi. Le langage de Moïfe n'eft point celui des paffions, mais celui de la vérité & de la vertu.

§. III.

2°. Il ne cherche point à fe perdre dans les ténebres d'une antiquité fabuleuse. Loin de prolonger la durée du monde, il l'abrege trop selon les Philosophes, & choque de front les préjugés de toutes les nations. Peu content de mettre des entraves si étroites à son Histoire, il retranche encore plus de seize cents ans de son calcul, par l'époque du déluge universel; il le place tout au plus neuf cents ans avant lui. Si l'on avoit pu citer de son temps un monument de l'industrie humaine qui eût seulement mille ans d'antiquité, Moïse étoit confondu. Il nous apprend que cent ans après le déluge, arriva la confusion des Langues & la dispersion des peuples. Si au siecle de Moïse deux nations avoient pu attester qu'elles parloient le même langage depuis huit à neuf cents ans, il eût été réfuté : mais il ne redoutoit pas cette épreuve. Il cite en témoignage du fait, le nom & les restes de la tour de Babel, qui devoient encore subsister pour lors.

Il appuie sa chronologie, non sur des périodes astronomiques ou sur des observations célestes que l'on peut fabriquer après coup, mais sur le nombre des générations, & sur l'âge des Patriarches qu'il a soin de fixer. Il distingue les événemens qui se sont passés sous chacun d'eux ;

il en indique les preuves & les monumens répandus sur la face de la terre, & qui subsistoient sous les yeux de ceux auxquels il parloit. Il soutient les faits par des détails géographiques ; il en désigne le lieu précis ; il en place la scene dans le centre de l'univers habité & connu ; il dévoile l'origine de tous les peuples voisins ; il les place par familles dans leurs diverses contrées : il donne ainsi pour témoins de sa narration tous les signes qui auroient pu le démentir s'il en avoit imposé.

Nous connoissons chez les autres peuples, des Historiens qui ont essayé de dévoiler l'origine des choses, & de nous conduire au berceau du genre humain. Pourquoi n'ont-ils pas indiqué aussi-bien que Moïse, le temps, les lieux, les monumens, les preuves qui auroient pu appuyer leur récit ? L'histoire fabuleuse des Chinois, des Indiens, des Chaldéens, des Phéniciens, des Egyptiens, des Grecs, semble remonter plus haut que Moïse : pourquoi n'est-elle pas accompagnée des mêmes signes de vérité ? Lorsque ces premiers Historiens ont voulu parler de pays qu'ils n'avoient pas vus, de peuples qu'ils ne connoissoient pas, d'événemens auxquels ils ne tenoient par aucune chaîne, ils ont bronché à chaque pas, ils ont tout confondu : l'on n'a pas de peine à démontrer leurs erreurs. Comment Moïse, qui a écrit avant eux tous, a-t-il été mieux instruit ? Dans quelle source a-t-il puisé ses connoissances ?

Il peint les mœurs antiques des nations avec une telle exactitude, que l'on n'a pas encore pu le trouver en défaut sur un seul article. Ce qu'il a dit des Egyptiens, des Arabes, des Phéniciens, est confirmé par les Ecrivains postérieurs, sacrés & profanes, & se trouve parfaitement conforme à l'état de la société, tel qu'il devoit être dans les siecles dont il parloit. En faisant une Histoire de deux mille cinq cents ans, il n'a pas déplacé un seul fait important. On ne peut pas lui reprocher d'avoir mis sous une époque, des mœurs, des migrations de peuples, un langage, des inventions, des usages, qui ne conviennent qu'à d'autres siecles ou à d'autres climats. Voilà, pour un homme exercé à la critique, la pierre de touche infaillible qui distingue l'Historien d'avec le Romancier.

Moïse ne cherche point à étaler de l'érudition, à piquer la curiosité ou à la satisfaire; il ne dit que ce qui est nécessaire relativement au but qu'il se proposoit. Ses Livres supposent des connoissances immenses, eu égard au siecle où il écrivoit; mais il les a placées de maniere que l'on ne peut pas l'accuser d'éblouir ses Lecteurs, ni de rien accorder à l'amour-propre.

§. IV.

3°. Chez lui les faits ne sont point isolés, ils tiennent les uns aux autres; l'Histoire des derniers âges est préparée par celle des siecles précédens. Chacune des parties étoit nécessaire pour l'instruction des Juifs, & ne pouvoit être placée autrement : sans la Genese, l'Exode seroit inintelligible; il falloit que les Hébreux fussent instruits de l'histoire de leurs peres, pour concevoir leur propre destinée; tout étoit fondé sur des promesses divines faites quatre cents ans auparavant : le dogme même & les loix portent sur des faits, & souvent la morale sert à les retracer. Moïse ordonne aux Juifs de bien traiter les étrangers, parce qu'ils ont été eux-mêmes étrangers en Egypte; de ménager les esclaves, parce qu'ils ont senti eux-mêmes les rigueurs de l'esclavage; de regarder tel peuple comme ami, tel autre comme ennemi, à cause des bons ou mauvais procédés qu'ils ont éprouvés de leur part, &c.

Nous avons déja observé que Moïse seul se trouve placé dans le point où il falloit être pour lier l'Histoire des Patriarches avec sa propre Histoire; qu'un Auteur plus ancien ou plus récent n'auroit pas pu le faire; que ses détails sont toujours relatifs au degré de connoissance qu'il a pu avoir: il parle très-succinctement des siecles anciens; sa narration s'étend à mesure que les temps sont plus voisins & peuvent lui être mieux connus; il traite tout autrement les faits dont il a été témoin, que ceux qu'il savoit par la tradition de ses ancêtres.

Si tous ces traits réunis ne caractérisent point un Ecrivain judicieux, instruit, sincere, irrécusable, nous prions les Incrédules d'en assigner d'autres, de nous montrer dans l'antiquité profane un Auteur qui les ait possédés dans un degré plus éminent que Moïse.

Ce que nous disons de ce Chef des Historiens sacrés, convient à tous les autres avec proportion, parce qu'ils l'ont pris pour modele. Les différens Livres historiques de l'Ancien Testament, sont évidemment composés par des Auteurs contemporains & témoins des événemens; ils parlent avec candeur, avec impartialité; ils disent le bien & le mal; ils rapportent les infidélités de la nation, & ses malheurs; les crimes des Prêtres & des Rois, les menaces des Prophetes, & leur accomplissement. Ils racontent avec le même sang froid une bataille perdue ou une victoire remportée, un châtiment du ciel ou un bienfait : ils ne craignent point d'être accusés d'imposture ou de déguisement. Aucun autre peuple n'a eu un corps d'annales aussi suivies, aussi détaillées, aussi authentiques; c'est aux Livres Saints qu'il faut nécessairement recourir, pour juger du mérite des fragmens d'Histoires que nous tenons des autres nations.

§. V.

La plupart des objections des Incrédules contre l'Histoire Juive, regardent moins la personne des Auteurs que la substance même des faits; plusieurs sont des miracles : un Philosophe peut-il les croire, ou donner son suffrage aux Livres qui les rapportent ?

Ces Histoires sacrées, disent-ils, sont

des contes Arabes inventés d'abord pour bercer les petits enfans, & qui n'ont aucun rapport à l'essentiel de la loi Juive. Ces contes ayant été insérés peu à peu dans le Catalogue des Livres Juifs, devinrent sacrés pour ce peuple, & ensuite pour les Chrétiens qui leur succéderent (*a*).

Avant de prononcer despotiquement sur une pareille question, il auroit fallu acquérir un peu plus de capacité. Nous avons fait voir que dans les Livres de Moïse tout se tient; qu'il ne rapporte aucun fait qui ne soit intimement lié à l'essentiel de la loi. Si nos Critiques avoient daigné consulter les témoignages des Historiens profanes, par lesquels Josephe a eu soin de confirmer les principaux faits consignés dans les Livres Saints, ils auroient vu que cette Histoire ne marche pas seule; que le fond étoit très-connu de l'antiquité; que les événemens les plus remarquables sont attestés par les monumens des anciens peuples (*b*). Si ce n'est qu'un recueil de contes ridicules, pourquoi les Incrédules sont-ils obligés d'en

---

(*a*) Bible expliquée, p. 57.
(*b*) V. Grotius. Vérité de la Rel. Chrét. l. I, c. 16.

travestir la narration, d'altérer le texte & les versions, de défigurer les faits, de brouiller les époques, pour donner à cette Histoire un air fabuleux? Il n'est pas besoin de se mettre en si grands frais pour réfuter des contes Arabes.

Ils ont cru faire un grand reproche aux Livres de Moïse, en disant qu'ils sont écrits sans ordre. C'est, disent-ils, un fatras de faits historiques, de loix, de dogmes, d'usages civils, politiques & religieux, compilés sans goût, sans discernement, sans précision. Le Pentateuque, dit un de ces Docteurs, est un recueil informe d'aventures extravagantes ou atroces, d'ordonnances & de loix politiques, parmi lesquelles on trouve deux ou trois bonnes maximes; tout y est mêlé & confondu. (a).

Nous osons soutenir que cela devoit être ainsi. L'Histoire Sainte, écrite autrement, ne seroit plus croyable; l'ordre dont nous sommes si jaloux dans nos compositions modernes, auroit tout détruit. Nous n'insisterons point sur la différence du goût qui a régné dans les différens siecles, sur l'analogie qui doit se trouver

---

(a) Tableau Philos. du genre humain, p. 24.

entre le ton d'un Historien, & le degré de civilisation auquel ses Lecteurs sont parvenus; cette observation est trop subtile pour nous. Mais si Moïse avoit mis d'un côté la suite des faits, de l'autre les réglemens & les loix, ici le dogme & la morale, là les rites & les usages religieux; quelle force ces morceaux divers pourroient-ils se prêter? Il a fait mieux; toute la chaîne marche de concert selon l'ordre des temps, & les divers anneaux se tiennent: les loix servent de preuve aux faits; les faits sont le fondement & la justification des loix; celles-ci seroient absurdes & insensées, si les faits n'étoient pas vrais, & les faits ne seroient pas suffisamment attestés, si les loix ne leur servoient de garans.

Les Juifs étoient donc obligés d'apprendre en même temps leur Histoire, leur Religion, leur Jurisprudence; ils ne pouvoient savoir l'une sans l'autre. On se plaint parmi nous de ce que le citoyen, même instruit, n'a aucune connoissance des loix sur lesquelles sont fondés son état & sa fortune; de ce qu'il est obligé de s'en rapporter aux Jurisconsultes; de confier aux lumieres & à la bonne foi d'autrui ses intérêts les plus chers. Si cette plainte est fondée, les Juifs étoient plus sages ou plus heureux que nous; ils ne pouvoient avoir ni mœurs, ni religion, sans connoître leurs loix.

Nous verrons dans la suite de l'Histoire, que les événemens qui y sont rapportés ne sont point tels que les Incrédules affectent de les peindre; qu'en prodiguant les épithetes injurieuses à ceux qui respectent les Livres Saints, ils ne font que se rendre méprisables aux yeux des hommes instruits.

Pour éviter la confusion dans une matiere qui pourroit nous mener fort loin, nous partagerons l'Histoire en différentes époques. Dans le premier article, nous parlerons de la création & de l'antiquité du monde. Dans le second, du déluge universel, de la confusion des Langues, de la dispersion des peuples. Le troisieme aura pour objet la vocation d'Abraham, la suite de sa vie, l'état de ses descendans jusqu'à la sortie d'Egypte. Nous examinerons dans le quatrieme, si les Juifs étoient Egyptiens d'origine; quelle a pu être la cause de leur sortie de l'Egypte. L'essentiel est de montrer que toutes les parties de cette Histoire se soutiennent; que s'il y a un fait qui ne soit pas vrai, tout le reste doit être également faux, non seulement dans les Livres des Juifs, mais dans tous les monumens de l'antiquité profane. Alors nous ferions réduits à la philosophie de l'Histoire, & il faudroit conclure à tout brûler : mais les incendiaires de bibliotheques ne furent jamais propres à perfectionner les sciences.

ARTICLE I.

De la Création & de l'antiquité du monde.

§. I.

Nous avons prouvé dans la premiere Partie de cet Ouvrage, que la matiere n'a pu exister que par création ; que le monde n'est point éternel ; qu'il porte dans sa constitution physique & morale des marques évidentes d'une durée très-bornée. Selon l'Histoire de Moïse, il n'y a pas actuellement plus de six mille ans que le monde existe, & quatre mille quatre cents ans avant nous, il a été noyé dans les eaux d'un déluge universel. Des Philosophes mêmes, qui ne soutiennent point l'éternité du monde, jugent néanmoins que ce calcul est trop borné; que le globe terrestre porte des signes d'une antiquité plus reculée. Ils se fondent encore sur la version des Septante, qui lui attribue près de mille huit cents ans de durée plus que le texte Hébreu. D'autres jugent que l'histoire de la création, tracée par Moïse, est absurde & inconcevable : selon quelques-uns, il est fort douteux si les termes dont il se sert signifient la création proprement dite. Examinons toutes ces opinions, en commençant par la derniere.

Aucune Langue connue n'a un terme consacré uniquement à exprimer la création prise en rigueur; cette idée ne peut être rendue que par une périphrase. Les Verbes qui la désignent en Hébreu, en Grec, en Latin, en François, peuvent avoir un autre sens; dans l'origine, ils signifient *pousser dehors*, *produire*, *enfanter*. Cela n'est pas étonnant; la création n'est point une des premieres idées qui viennent à l'esprit des peuples, & on peut la rendre autrement que par un terme sacramentel. Si l'on veut argumenter sur le mot, on prouvera que quand nous disons, *Dieu a créé le monde*, nous n'exprimons point en François la création rigoureuse, puisque nous disons aussi *créer une charge*, un office, une rente, une pension. Dans ces façons de parler, créer ne signifie point produire de rien, ou opérer par le seul vouloir.

Lorsque Moïse a dit dans le premier verset de la Genese, *au commencement Dieu créa le ciel & la terre*, que vouloit-il faire entendre ? D'où tirerons-nous le sens de ses paroles ?

Nous le tirerons, 1°. des autres termes dont il s'est servi. *Dieu dit, que la lumiere soit, & la lumiere fut* ; il n'est pas possible de mieux exprimer le pouvoir créateur. Moïse répete les mêmes paroles à l'égard de la plupart des êtres auxquels Dieu donne l'existence, pour nous faire comprendre que la puissance divine opere par le seul vouloir, sans avoir besoin de matiere, de sujet ou d'instrument pour produire de nouvelles substances.

2°. Des autres Ecrivains sacrés qui n'ont point eu d'autre maître que Moïse. Selon le Psalmiste, *Dieu a dit, & tout a été fait ; il a commandé, & tout a été créé* (a). Judith, dans son Cantique, parle de même : *Vous avez dit, Seigneur, & tout a été fait ; vous avez soufflé, & tout*

(a) Pseaume 148, ℣. 5.

a été créé (*a*). Le Prophete Isaïe n'est pas moins énergique. » Je suis le Seigneur » qui ai fait toutes choses ; j'ai fait seul » l'immensité des cieux & l'étendue de la » terre. Je suis le premier & le dernier » (ou l'Eternel) : ma main affermit la » terre, ma droite a mesuré les cieux ; je les » ai appelés, & ils se sont présentés (*b*) «. La mere des Macchabées dit à son fils, que Dieu a fait de rien le ciel, la terre, tout ce qu'ils renferment, & la race humaine (*c*).

3°. Des autres dogmes que Moïse a professés. Il enseigne clairement l'unité, la spiritualité, l'éternité, la toute-puissance de Dieu ; toutes ces vérités se tiennent : Moïse en a senti la connexion ; donc il a cru la création proprement dite. Les Philosophes qui ne l'ont point admise, ont été forcés par les conséquences, à supposer que le monde est éternel, que Dieu est l'ame du monde, que les ames humaines en font une portion (*d*). Ou il faut

---

(*a*) Judith, c. 16, ℣. 17.
(*b*) Isaïe, c. 45, ℣. 24 : c. 48, ℣. 12.
(*c*) 2. Macchab. c. 7, ℣. 28.
(*d*) Mém. de l'Acad. des Inscript. tome XLVII, pag. 54, 55.

montrer les mêmes erreurs dans Moïse; ou il faut avouer que la notion d'un Dieu créateur l'en a préservé.

4°. Nulle part il n'a parlé de matiere préexistante ou éternelle; il nomme Dieu *celui qui est*; il lui fait dire, *voilà mon nom pour l'éternité*. Ce titre est exclusif: les Philosophes ne se sont pas ainsi exprimés. Celse reproche à Moïse le dogme de la création comme une erreur (*a*). Ce n'est donc pas sur un mot isolé que nous le lui attribuons, mais sur la totalité & l'enchaînement de sa doctrine.

Il n'a pas dit que Dieu a *créé la matiere*; qu'importe? *Matiere*, dans son origine, exprime du bois ou de la pierre, parce que ce sont les matériaux communs de nos ouvrages. Les Philosophes lui ont donné un sens abstrait & général, lui ont fait signifier toute substance étendue & solide: mais Moïse a vécu avant les Philosophes.

Il n'a pas dit que l'univers *est fait de rien*; il ne devoit pas le dire, puisque l'univers a une cause; c'est Dieu qui l'a fait. Moïse a sagement prévenu l'abus de cet axiome prétendu: *rien ne se fait de rien*.

─────────────

(*a*) Dans Orig. l. I, n. 21.

§. II.

§. II.

Nos adversaires se trompent quand ils disent que la création est une idée philosophique & récente; elle est très-ancienne & très-populaire. Dans l'Edda des Islandois, dans les anciens Romans, les Fées, les Enchanteurs, les Magiciens, les Sorciers, produisent des êtres par un mot, par un coup de baguette, par un souffle; le peuple le croit : n'est-ce pas là créer ? Refusera-t-on le même pouvoir à Dieu?

Selon la lettre de Thrasibule à Leucippe, les traditions des Juifs sur l'origine du monde sont conformes à celles des Chaldéens (a). On prétend que plusieurs Lettrés Chinois, fondés sur leurs Livres classiques, ont attribué la naissance du monde & de la matiere à la toute-puissance de Dieu (b); que la création se trouve dans les Livres de Zoroastre (c), & dans les Shasters des Indiens (d). Avant la naissance de la Philosophie chez les Grecs,

___

(a) Lettre de Thrasib. p. 107.
(b) Chou-King, Disc. Prélim. p. 45. Nouv. Mém. des Missions de Pékin, p. 129.
(c) Zend-Avesta, tome I, 2ᵉ. part. p. 83, n. 4.
(d) Dissert. sur la Relig. des Bramines, p. 55, 76.

les Poëtes ont dit que le monde étoit sorti du chaos : χάος, dans l'origine, est *le vuide*, le néant, & non la matiere. Selon d'habiles Critiques, plusieurs Philosophes ont dit que toutes choses ont été faites par la parole de Dieu (a); d'autres expliquent le fragment de Sanchoniathon dans un sens conforme à la doctrine de Moïse (b). Si tout cela est vrai, l'idée de la création a été répandue depuis l'Islande jusqu'à la Chine, avant & après les Philosophes : elle est donc plus ancienne qu'eux.

En attaquant ce dogme primitif, les Censeurs de Moïse n'ont fait que copier les Sociniens. L'un nous dit que le but de l'Ecrivain sacré n'a point été de traiter exactement & philosophiquement la question de la création, mais seulement de nous apprendre que le monde n'est pas éternel; qu'en vain les Théologiens s'évertuent à prouver, par le commencement de la Genese, que Dieu a tiré du néant la matiere même du monde (c). Il nous paroît que l'on doit juger des intentions d'un Ecrivain par ses paroles, & non de

---

(a) Grotius, l. I, c. 16.
(b) Allégories Orient. p. 5 & suiv. Mém. de l'Acad. des Inscript. tome LXI, p. 243.
(c) Défense des sent. des Théol. de Holl. p. 17.

ses paroles par son intention ; nous ne pouvons la connoître que par la maniere dont il a parlé : il est absurde de supposer que Moïse n'a pas eu intention de dire ce qu'il a dit en effet. Vainement l'Auteur de l'objection ajoute que l'Histoire Sainte n'a pas été écrite pour nous donner une connoissance exacte de ce qu'il nous est inutile de savoir. Il n'est point inutile de savoir que Dieu a créé le monde ; sans ce dogme, l'on ne démontrera jamais invinciblement l'unité & la spiritualité de Dieu. Un dogme qui sape le Matérialisme & le Polythéisme par la racine, peut-il être indifférent ?

Un autre soutient que pour décider si la création est enseignée par Moïse, il faudroit entendre parfaitement l'Hébreu, & même avoir été contemporain de Moïse, pour savoir certainement quel sens il a donné au mot *créa*; que ce terme est trop philosophique pour avoir eu, dans son origine, le sens que nous lui donnons ; que ce sens peut avoir changé par trait de temps, qu'il peut être mal rendu dans les versions (*a*).

(*a*) Lettre à M. de Beaumont, p. 51. Tableau Philos. du genre humain, p. 3.

En suivant cette regle à la lettre, nous ne pouvons être sûrs du sens d'aucun terme, non seulement de l'Hébreu, mais d'aucune Langue ancienne; les écrits des anciens Auteurs sont autant d'énigmes indéchiffrables, qui ne peuvent rien nous apprendre; il est fort inutile de les lire: un Ecrivain ne peut être entendu que de ses contemporains. Excellente regle de critique ! Ce n'est point sur un terme seul que nous prétendons prendre le sens de Moïse, mais sur plusieurs expressions équivalentes, sur plusieurs autres vérités qu'il enseigne, & qui tiennent au dogme de la création, sur la croyance des Ecrivains postérieurs, qui ne peuvent avoir puisé leur doctrine que dans ses Livres. Subtiliser sur un mot, est une mauvaise méthode pour s'instruire de la croyance d'un Auteur ou d'une nation. Il est faux que *créer* soit un terme philosophique; l'idée qu'il renferme est répandue d'un bout de l'univers à l'autre; les Philosophes l'ont combattue, mais ils n'en sont pas les auteurs.

§. III.

Quelques-uns objectent que les Septante ont traduit le premier verset de la

DE LA VRAIE RELIGION. 365
Genèse : *Au commencement Dieu fit le ciel & la terre* ; ils n'ont donc pas apperçu la création dans le texte. Selon plusieurs Commentateurs, il faut traduire : *Lorsque Dieu fit le ciel & la terre, la matiere étoit informe.* Tertullien, plusieurs autres Peres, & même quelques Théologiens, conviennent que la création se prouve plutôt par le raisonnement, que par l'autorité de la Bible. Beausobre ne croit point que ce dogme ait fait partie de l'ancienne théologie des Juifs (*a*). Burnet pense que les termes de *création* & *d'anéantissement*, pris dans le sens philosophique, sont très-modernes, & qu'ils ont été inconnus à toute l'antiquité. Nous attribuons donc mal à propos à Moïse un dogme dont il n'a eu probablement aucune connoissance (*b*).

Quand tout cela seroit vrai, que prouve l'inexactitude d'une version, l'opinion des Commentateurs Sociniens, l'opiniâtreté de quelques Critiques, contre un texte clair & formel, contre un corps de doctrine dont tous les articles se tiennent,

---

(*a*) Histoire du Manichéisme, tome I, p. 178, 206, 218.

(*b*) Syst. de la Nat. tome I, c. 2, Note, p. 26. Telliamed, 5ᵉ. Entret. p. 245.

contre le témoignage constant des Auteurs sacrés ?

Les Septante ont dit comme Moïse : *Dieu dit, que la lumiere soit, & la lumiere fut.* Voilà la création ; s'ils ne l'ont pas vue dans le premier verset, ils l'ont vue dans le troisieme : cela nous paroît fort égal. Ils ont rendu comme la version Latine les autres passages que nous avons cités ; ils y ont donc enseigné la création.

Il est faux que Tertullien & d'autres Peres aient dit ou insinué que la création ne peut se prouver par l'autorité de la Bible ; nous sommons nos adversaires de citer leurs paroles. C'est par l'autorité de la Bible aussi bien que par le raisonnement, que Tertullien démontroit à Hermogene que la matiere n'est pas éternelle.

Beausobre, qui voyoit le Manichéisme par-tout, n'a pas voulu voir la création dans Moïse ni dans la Théologie Juive. Burnet, qui penchoit au Socinianisme, a dit que c'est un dogme nouveau. Que nous importe ? Nous prions tous ces savans Critiques, Sociniens, Déistes, Athées & autres, de nous dire de quels termes Moïse devoit se servir pour les convaincre. Contre l'entêtement de système, aucun texte n'est assez formel.

Un Déiste célebre accuse plusieurs Peres de l'Eglise, S. Justin, Origene, S. Clément d'Alexandrie, de n'avoir point admis la création, & d'avoir cru l'éternité de la matiere (*a*). C'est une calomnie.

Saint Justin dit, que ,, la différence qu'il ,, y a entre le Créateur & l'ouvrier, con- ,, siste en ce que le premier n'a besoin que ,, de sa propre puissance pour produire ,, des êtres, au lieu que le second a be- ,, soin de matiere pour faire son ou- ,, vrage ,,. Il prouve que si la matiere étoit incréée, Dieu n'auroit point de pouvoir sur elle, & qu'il ne pourroit pas en disposer (*b*). Dom Marand, dans sa Préface sur les Ouvrages de S. Justin, a pleinement justifié les expressions de ce Pere, & celle d'Athénagore, dont on a voulu abuser.

Origene, dans son Commentaire sur le premier Chapitre de la Genese, & sur S. Jean, tome I, n. 18, prouve en termes exprès, que la matiere n'est point incréée; Chapitre I, n. 4, il taxe d'impiété l'opinion qui suppose la matiere coéternelle à

(*a*) Lettre à M. de Beaumont, p. 50.
(*b*) S. Justin, Exhort. aux Grecs, n. 22 & 23.

Dieu. Il est vrai qu'Origene a été accusé d'avoir pensé que Dieu a créé la matiere de toute éternité : mais les savans Editeurs des Ouvrages d'Origene ont fait voir que cette accusation n'est point fondée. Quand elle le seroit, on n'en pourroit rien conlure, puisqu'Origene a constamment soutenu que Dieu est créateur de la matiere.

Saint Clément d'Alexandrie, dans son Exhortation aux Gentils, enseigne que » la *seule* volonté de Dieu est la création » du monde; qu'il a tout fait *seul*, parce » qu'il est seul vrai Dieu; que sa volonté » *seule* opere, & que l'effet suit son *seul* » vouloir «. Cette attention à répéter le mot *seul*, fait assez comprendre qu'il n'a pas pensé que Dieu eût besoin de matiere pour agir.

Quel est donc le fondement du reproche que l'on fait à ces Ecrivains respectables ? C'est que S. Justin dans l'endroit cité, & S. Clément dans le cinquieme Livre des Stromates, rapportent le sentiment d'Héraclite sans l'improuver. Mais ils rapportent de même cent autres absurdités des Philosophes, sans les réfuter. Héraclite, selon S. Clément, ne soutenoit pas seulement l'éternité de la matiere, mais l'éternité du monde: conclurons-nous que ce Pere a cru l'éternité du monde, parce qu'il n'a point argumenté contre Héraclite? Pour réfuter les visions des anciens Philosophes, c'étoit assez de les rassembler & de les comparer; elles se détruisent mutuellement.

Cette discussion auroit été mieux placée dans le Chap. V, où nous examinerons quelle a été la doctrine de Moïse: mais comme l'article de la création appartient à l'histoire aussi bien qu'au dogme, il étoit bon de l'éclaircir d'abord.

Moïse ne se contente point d'enseigner la création, il donne pour monument de ce fait l'usage de compter les jours par sept: *Dieu bénit le septieme jour & le sanctifia, parce qu'il cessa ce jour-là de faire de nouveaux ouvrages* (a). Cet usage étoit observé par les nations dont Moïse étoit environné, & plusieurs anciens Auteurs en ont parlé.

Certains Critiques ont mieux aimé rapporter la *semaine* au cours de la Lune qu'à la création; d'autres l'ont attribuée aux sept planetes.

Il nous paroît qu'un Auteur aussi ancien

(a) Gen. c. 2, ℣. 3.

& aussi bien instruit que Moïse, est plus en état que nos Littérateurs modernes de rendre raison d'un usage qui date de la création. Quatre semaines de sept jours ne répondent point exactement au cours de la Lune; le nom des planetes donné aux jours suppose l'usage plus ancien de diviser ainsi le temps. On a connu la semaine avant les planetes.

Un savant Académicien a très-bien prouvé que la coutume de chommer & de sanctifier le septieme jour étoit particuliere aux Juifs (*a*); mais il n'a pas nié que la *semaine* ne fût connue de tous les peuples. Noé observa sept jours avant de sortir de l'arche (*b*); les noces de Jacob durerent sept jours (*c*), ses funérailles de même (*d*): l'usage de compter ainsi étoit donc familier aux Patriarches. Quoiqu'il ne soit pas dit expressément qu'ils fêtoient le septieme, Moïse semble l'insinuer, en attribuant cette institution au Créateur. Elle fut sans doute interrompue pendant l'esclavage des Hébreux en

---

(*a*) Mém. de l'Académie des Inscriptions, *in*-12. tome V, p. 58.

(*b*) Gen. c. 8, ℣. 10 & 12.

(*c*) *Ibid.* c. 29, ℣. 27.   (*d*) *Ibid.* c. 50, ℣. 10.

Egypte; voilà pourquoi il fallut en renouveler la loi dans le désert, en mémoire de la création (*a*).

§. IV.

Par un Commentaire sur la Genese, semblable à celui que le Pere Hardouin fait sur l'Enéide, les Incrédules font tomber Moïse dans plusieurs erreurs: Julien, Celse, les Manichéens leur ont fourni de riches matériaux (*b*).

Premiere Objection. Le premier verset de la Genese porte: *Du commencement, les Dieux fit le ciel & la terre*: voilà une matiere préexistente, & plusieurs Dieux clairement désignés. C'est une imitation de la Cosmogonie des Phéniciens (*c*).

Réponse. Il y a, *au commencement*, & non, *du commencement*; la préposition ב n'a jamais signifié *de*, & ראשית n'a ja-

---

(*a*) Exode, c. 16, ⁊. 23, & c. 20, ⁊. 11. V. l'Histoire de l'Astron. ancienne, l. III, §. 3, p. 62. Eclaircis. l. V, §. 17, p. 408.

(*b*) V. Orig. contre Celse, l. IV, n. 36 : l. V, n. 51 & suiv. S. Cyrille contre Julien, l. II, p. 49, 58; l. III, p. 96 : l. IV, p. 146. S. Aug. *de Genesi contra Manichæos.*

(*c*) Bible expliquée, p. 1. Dict. Philos. & Quest. sur l'Encyclop. *Genese.* Tabl. du genre hum. &c.

mais exprimé la matiere. *Elohim*, quoique pluriel, est joint à un verbe singulier; il ne désigne donc pas plusieurs Dieux. D'autres termes Hébreux, malgré la terminaison du pluriel, n'expriment qu'un seul objet; *Chaïm*, la vie; *Maïm*, l'eau; *Phanim*, la face; *Schammaïm*, le Ciel; *Adonim*, Seigneur; *Bahalim*, un faux Dieu. Souvent les Hébreux disent *Jehovah Elohim*, le Dieu qui est; titre incommunicable qu'ils n'ont jamais donné à plusieurs êtres. Le pluriel se met pour augmenter la signification, & alors il équivaut au superlatif; *Elohim* est *le Très-Haut*. Moïse fait ainsi parler Dieu lui-même: *Sachez que je suis le seul Dieu, & qu'il n'y en a point d'autre que moi* (a). Et Isaïe: *J'ai fait seul l'immensité des cieux, & par moi seul j'ai formé l'étendue de la terre* (b). Les Phéniciens ont-ils jamais fait une pareille profession de foi?

Si on veut examiner leur Cosmogonie dans le Fragment de Sanchoniathon, l'on verra qu'il n'y est question ni d'un Dieu, ni de plusieurs Dieux pour faire le monde, & qu'elle est aussi absurde que la Théogonie d'Hésiode.

(a) Deut. c. 32, ℣. 39. (b) Isaïe, c. 45, ℣. 24.

Le Philosophe même, qui a tant répété cette objection, fait ailleurs réparation d'honneur à Moïse. » Nous savons, dit-il, que Dieu, parlant aux Juifs, daigna se proportionner à leur intelligence, & s'abaissa à parler leur langage. Personne ne l'auroit certainement entendu, s'il avoit dit : *Au commencement j'ai imprimé à la matiere une force centripete & une force centrifuge, qui furent les deux principes de l'arrangement de l'univers*, &c. « (a).

Deuxieme Objection. Dire que Dieu a créé le ciel & la terre, est une expression ridicule. La terre n'est qu'un point en comparaison du ciel ; c'est comme si l'on disoit que Dieu a créé les montagnes & un grain de sable. Mais cette idée si ancienne & si fausse, que Dieu a créé le ciel pour la terre, a toujours prévalu chez les peuples ignorans, tels qu'étoient les Juifs.

Réponse. Le Pere Hardouin fait des observations de même goût sur les expressions de Virgile. En dépit des Philosophes, tous les peuples savans ou ignorans disent encore *le ciel & la terre*, pour expri-

―――――――――――――――
(a) Homél. sur l'interprét. de l'Anc. Testam.

mer l'univers. Il ne sert de rien à l'homme de connoître l'immensité du ciel & le système du monde ; mais il lui est très-utile de savoir qu'en le créant Dieu a pourvu aux besoins des habitans de la terre : cette réflexion nous rend reconnoissans & religieux.

§. V.

Troisieme Objection. La terre, selon Moïse, étoit *Tohu bohu* ; ce terme signifie chaos, désordre, ou la matiere informe : sans doute Moïse a cru la matiere éternelle comme les Phéniciens & toute l'antiquité (*a*).

Réponse. Il est absurde de supposer que Moïse, après avoir dit que Dieu a créé le ciel & la terre, prenne celle-ci pour la matiere éternelle, & se contredise en deux lignes. *Tohu bohu* est, à la vérité, synonyme au χάος des Grecs ; mais *Chaos* signifie vuide ou profondeur, & non désordre ou matiere informe. Moïse donne à entendre que la terre, environnée des eaux, ne présentoit dans toute sa surface qu'un abyme profond couvert de

---

(*a*) Julien dans S. Cyrille, l. II, p. 49 : l. III, p. 96. Bible expliquée, p. 1.

ténebres. Il est faux que toute l'antiquité ait cru la matiere éternelle ; nous avons prouvé le contraire, & il n'est pas sûr que telle ait été l'opinion des Phéniciens. Moïse étoit né en Égypte, & non en Phénicie ; il a écrit & il est mort dans le désert sans avoir fréquenté les Phéniciens. Les trois premiers versets de la Genese expriment distinctement la création des quatre élémens.

Quatrieme Objection. Ces mots : *Dieu dit, que la lumiere soit, & la lumiere fut,* ne sont point un trait d'éloquence sublime, quoi qu'en ait pensé le Rhéteur Longin : mais le passage du Pseaume 148 : *Il a dit, & tout a été fait,* est vraiment sublime, parce qu'il fait une grande image qui frappe l'esprit & l'enleve.

Réponse. Au jugement du Pere Hardouin, le portrait du jeune Marcellus, dans le sixieme Livre de l'Enéïde, loin d'être sublime, n'a pas le sens commun. Celse, de son côté, jugeoit que ces mots *fiat lux*, exprimoient un désir ; il semble, dit-il, que Dieu demande la lumiere à un autre (*a*). Mais nous en appelons au sentiment de tout Lecteur sensé, pour savoir

---

(*a*) Dans Origene, l. V, n. 51.

qui a raison, le Rhéteur Longin, ou les Censeurs de Moïse. Par une autre bizarrerie, notre Philosophe soutient que ce passage de l'Alcoran touchant le déluge: « Dieu dit, terre, engloutis tes eaux; » ciel, puise les ondes que tu as versées; » le ciel & la terre obéirent », est vraiment sublime (a). Ce n'est qu'une imitation des paroles de Moïse.

Cinquieme Objection. Une opinion fort ancienne, est que la lumiere ne vient pas du soleil; que c'est un fluide distingué de cet astre, & qui en reçoit seulement l'impulsion: Moïse s'est conformé à cette erreur populaire, puisqu'il place la création de la lumiere quatre jours avant celle du soleil. On ne peut pas concevoir qu'il y ait eu un matin & un soir avant qu'il y eût un soleil (b).

Réponse. S'il y a ici une erreur, elle n'est certainement pas populaire; c'est une vieille opinion philosophique soutenue par Empédocle, & renouvelée par Descartes. Puisque l'Hébreu אור signifie le feu aussi bien que la lumiere, pour

---

(a) Essai sur l'Hist. Gén. tome I, c. 6, p. 90.
(b) Celse, dans Origene, l. V, n. 60. Bible expliquée, p. 1.

qu'il y ait eu un matin & un soir, il suffit que Dieu ait créé d'abord un feu, ou un corps lumineux quelconque qui ait fait sa révolution autour de la terre, ou autour duquel la terre ait tourné. C'est ce que l'on a répondu aux Manichéens (a).

§. VI.

Sixieme Objection. Moïse nomme le ciel *firmament*; il le regardoit comme une voûte solide qui supportoit le réservoir des eaux, qui avoit des portes, des écluses, des cataractes : telle étoit l'astronomie Juive.

Réponse. Faussetés puériles : 1°. l'Hébreu רקיע rendu dans nos versions par *firmament*, signifie *étendue* : comme il désigne aussi le sol de la terre & son étendue, base & fondement, quelques Traducteurs l'ont pris dans ce dernier sens. Qu'en résulte-t-il contre le texte ? Les eaux qui sont sous l'étendue des cieux, sont les mers & les rivieres ; celles qui sont au dessus, sont les eaux réduites en vapeurs, & suspendues dans l'atmosphere. 2°. Les Juifs croyoient si peu les cieux solides, qu'un des amis de Job, qui avoit

---

(a) S. Aug. l. I, de Gen. contra Manich. c. 14.

avancé ce paradoxe, est réfuté dans le Chapitre suivant. « Qui est cet homme, » dit le Seigneur, qui prononce des sen- » tences en discourant comme un igno- » rant (a) « ? Selon le Pseaume 103, les eaux du ciel sont portées sur les nues, & non sur une voûte solide. 3°. Les cata- ractes du Nil, & celles du fleuve Saint-Laurent, ne sont certainement ni des portes, ni des écluses : ארבת *cataractes* sont des chutes d'eau, rien de plus. En parlant du déluge, il est dit que les chutes d'eau du ciel furent lâchées, ou que les pluies tomberent avec impétuosité sur la terre : qu'y a-t-il de ridicule dans cette expression ? Mais l'Auteur veut enseig- ner l'Hébreu à Moïse, comme le Pere Hardouin veut apprendre le Latin à Virgile.

Septieme Objection. Selon Moïse, Dieu fit deux grands luminaires ; l'un pour présider au jour ; l'autre pour présider à la nuit, & les étoiles. Il ne savoit pas que la lune n'éclaire que par une lumiere empruntée ou réfléchie ; il parle des étoi- les comme d'une bagatelle, quoiqu'elles soient autant de soleils dont chacun a

---

(a) Job, c. 37, ℣. 18 ; c. 38, ℣. 1.

des mondes roulans autour de lui (a).

Réponse. L'Auteur sans doute a vu ces mondes ; bientôt il nous dira ce qui s'y passe, & il nous est fort important de le savoir. Ce n'est pas Moïse, c'est Lucrece, après son Maître Epicure, qui a douté si la lune a une lumiere propre, ou seulement une lumiere réfléchie. Pour Moïse, il a eu de bonnes raisons de parler sans emphase des étoiles & des autres astres : tout le monde sait qu'une admiration stupide pour la marche & l'éclat de ces globes lumineux, a été l'origine du Polythéisme & de l'idolâtrie chez la plupart des nations. Plus sensé que les Philosophes, Moïse ne fait envisager les astres que comme des flambeaux destinés par le Créateur à l'usage de l'homme.

§. VII.

Huitieme Objection. Les Hébreux, comme les autres nations, croyoient la terre fixe & immobile, plus longue d'Orient en Occident, que du Midi au Nord : dans cette opinion, il étoit impossible qu'il y eût des Antipodes ; aussi

_____

(a) Dictionnaire Philosoph. *Genese.* Quest. sur l'Encyclopédie, &c.

plusieurs Peres de l'Eglise les ont niés (a).

Réponse. Cependant les Hébreux désignent souvent la terre par le mot בל le globe : ils ne la croyoient donc pas plus longue que large. Dans le Livre de Job, il est dit que Dieu a étendu les aquilons sur le vuide, & qu'il a suspendu la terre *sur le rien* (b). Selon le Pseaume 18, ℣. 7, le soleil part d'un point du ciel, & fait sa révolution ou son circuit d'un bout à l'autre. Comme cette révolution se fait en ligne spirale, Job la compare au repli tortueux d'un serpent (c). Peu importoit aux Hébreux de savoir que c'est la terre qui tourne, & non le soleil. Quant aux Peres de l'Eglise, ils n'étoient pas obligés d'être meilleurs Physiciens qu'Epicure & Lucrece, Philosophes tant exaltés par les Modernes : or, Lucrece a aussi nié les Antipodes (d).

Neuvieme Objection. Dieu dit : *Faisons l'homme à notre image* ; il les créa mâle & femelle. On ne fait des images que des corps ; il est donc clair que Moïse suppose plusieurs Dieux, qu'il les croit corporels, & de différent sexe. On ne sait

---

(a) Dict. Philos. *Ciel des Anciens.* Quest. sur l'Encyclop. *Figure de la Terre*, &c.
(b) Job, c. 26, ℣. 7.
(c) *Ibid.* c. 26, ℣. 11. (d) L. I, ℣. 1056.

d'ailleurs s'il veut dire que l'homme avoit d'abord les deux sexes, ou s'il entend que Dieu fit Adam & Eve le même jour; cependant il ne parle de la formation de la femme que long-temps après.

Réponse. Admirons la sagacité de notre Commentateur. *Il créa*, signifie plusieurs Dieux. *Il les créa*, on ne sait si c'est Adam seul, quoique *les* signifie au moins deux individus. *Il les créa mâle & femelle*, il s'ensuit donc qu'Adam étoit mâle & femelle, avoit les deux sexes. On ne fait des images que des corps : comme Adam étoit un corps sans ame, s'il est l'image de Dieu, il faut que Dieu soit un corps. Puisqu'Adam étoit mâle & femelle, Dieu a aussi les deux sexes. Moïse prévient dans le Chapitre premier ce qu'il dira de la formation de la femme dans le Chapitre second; comment deviner ce qu'il veut dire ? Il parle clairement d'un Dieu unique, par esprit, présent par-tout ; n'importe : si l'espece humaine ressemble à Dieu, il faut qu'il y ait plusieurs Dieux de différens sexes. De pareilles inepties valoient-elles la peine d'être copiées d'après les Manichéens (a) ?

(a) L. I, de Genesi contra Manichæos, c. 17.

§. VIII.

Dixieme Objection. Dieu se reposa le septieme jour. Les Phéniciens, les Chaldéens, les Indiens, les Perses, disoient que Dieu avoit fait le monde en six temps; ils étoient plus anciens que les Juifs : donc c'est d'eux que Moïse a emprunté cette croyance (*a*).

Réponse. Ajoutons que les anciens Chinois ont aussi connu la *semaine*, ou l'usage de compter les jours par sept; qu'on l'a retrouvé chez les Péruviens & chez les anciens peuples du Nord (*b*). Il n'y a pas d'apparence que Moïse les ait tous consultés pour apprendre cette coutume; elle est aussi ancienne que le monde, & c'est un monument incontestable de la création.

A propos des jeux anniversaires célébrés à l'honneur d'Anchise, le P. Hardouin observe que les anniversaires pour les morts sont un usage des Chrétiens & non des Païens; que c'est sûrement un Chrétien qui a fait l'Enéïde. Celse est scandalisé de ce que Moïse a partagé la création en six jours, & suppose que Dieu

---

(*a*) Bible expliquée, p. 15.
(*b*) Hist. du Calendrier, p. 81 & 82.

a eu besoin de se reposer le septieme, comme s'il avoit été fatigué (a).

Voilà les argumens triomphans sur lesquels les Incrédules concluent que Moïse n'est point l'Auteur de la Genese, que c'est un Juif imposteur qui l'a forgée sous les Rois (b), ou que c'est Esdras qui l'a composée après la captivité (c). Mais cent contradictions & autant d'absurdités ne font pas peur à nos adversaires, elles ne dégoûtent point leurs disciples : lorsque Moïse enseigne des vérités inconnues aux autres nations, l'on a recours à leurs erreurs ou à leur silence pour le réfuter ; quand il s'accorde avec elles, ce n'est plus qu'un plagiaire qui écrit ce qu'elles lui ont appris.

§. IX.

Onzieme Objection. Moïse dit que le Paradis terrestre étoit arrosé par le Phison, par le Géhon qui entoure l'Ethiopie, par le Tigre & par l'Euphrate. Selon cette topographie, le Paradis terrestre conte-

----

(a) V. encore S. Aug. de Genesi contra Manich. l. I, c. 22.

(b) Dict. Philos. *Moïse.*

(c) Exam. import. c. 4.

noit près du tiers de l'Asie & de l'Afrique. L'Euphrate & le Tigre ont leurs sources à plus de soixante lieues l'un de l'autre, dans des montagnes horribles ; le fleuve qui borde l'Ethiopie, & qui ne peut être que le Nil ou le Niger, coule à plus de sept cents lieues des sources du Tigre & de l'Euphrate : si le Phison est le Phase, il est assez étonnant de mettre au même endroit la source d'un fleuve de Scythie, & celle d'un fleuve d'Afrique. Il est difficile qu'Adam ait pu cultiver un jardin de sept à huit cents lieues de long. Celui d'Eden est visiblement pris des jardins d'Eden, à Saana dans l'Arabie Heureuse (a).

Réponse. Le P. Hardouin reproche aussi à Virgile plusieurs erreurs de Géographie. Mais notre Censeur a-t-il prouvé que le Phison est le Phase, que le Géhon est le Nil ou le Niger, que la terre de Chus est l'Ethiopie, que les sources de ces fleuves étoient dans le Paradis terrestre ? Cela n'est pas dans le texte.

L'opinion qui paroît la plus probable, est que le Paradis terrestre étoit situé dans le lieu où le Tigre & l'Euphrate sont réunis en un seul lit, à dix-huit ou vingt lieues

---

(a) Bible expliquée, p. 6 & 7.

de

de leur embouchure dans le Golfe Perſique. La terre de Chus eſt le Chuſiſtan, & non l'Ethiopie ; le Phiſon & le Géhon étoient deux branches de ces mêmes fleuves, qui, après s'être réunis, ſe ſéparoient de nouveau avant de tomber dans la mer.

Comme la face de la terre a changé dans cette partie de l'Aſie, par le déluge, par les débordemens des fleuves, par les travaux des hommes, elle ne peut pas être la même depuis ſix mille ans : la narration de Moïſe peut laiſſer des doutes, mais elle ne renferme ni abſurdités ni contradictions.

Outre le canton d'*Aden* dans l'Arabie Heureuſe, il y a au moins trois ou quatre contrées de l'Aſie, nommées *Eden*, lieu délicieux : il n'a donc pas été néceſſaire que Moïſe allât chercher des jardins ſitués à quatre cents lieues de ſa demeure, pour décrire le Paradis terreſtre.

§. X.

Douzieme Objection. Après la chute d'Adam & d'Eve, Dieu leur fit des tuniques de peau : il exerça donc le métier de tailleur. Dieu ajoute : » Voilà Adam » qui eſt devenu comme l'un de nous, » connoiſſant le bien & le mal «. Il faut renoncer au sens commun pour ne pas convenir que les Juifs admirent d'abord plusieurs Dieux. Il est dit que Dieu plaça devant le jardin de volupté un Chérubin avec un glaive tournoyant & enflammé, pour garder l'arbre de vie : *Chérub* signifie un bœuf; un bœuf armé d'un sabre enflammé fait une étrange figure à une porte (*a*).

Réponse. Ceci est encore un lambeau de Manichéisme (*b*). 1°. Le texte porte que Dieu donna à nos premiers parens des peaux d'animaux pour se couvrir, au lieu des feuilles de figuier dont ils s'étoient servis pour cacher leur nudité. 2°. Le Paraphraste Chaldéen a traduit: *Voilà Adam qui est le seul au monde connoissant le bien & le mal.* 3°. *Chérub* peut très-bien signifier une nuée épaisse, mêlée de tourbillons de flammes aiguës; ainsi l'ont entendu plusieurs interpretes. Qu'y a-t-il à répondre dans toute cette narration ?

Treizieme Objection. Caïn, coupable du meurtre d'Abel, craint d'être tué par le premier qui le rencontrera: Dieu, pour le rassurer, lui imprime une marque, afin que

___

(*a*) Dict. Philos. *Genese*, &c.
(*b*) L. II, de Genes contra Man. c. 21, 22, 23.

personne ne soit tenté de lui ôter la vie (a). Il bâtit une ville. Moïse suppose donc que le monde étoit déjà peuplé; qu'Adam n'est donc pas le premier homme, ou qu'il n'est pas le seul que Dieu ait créé (b).

Réponse. On lit dans le texte: *tout ce qui me rencontrera me tuera.* Caïn craignoit donc d'être tué par un animal, ou par quelque autre accident. Nous ignorons s'il n'étoit pas déjà fort âgé, quel étoit pour lors le nombre des enfans ou petits-enfans d'Adam, si Abel lui-même n'en avoit pas laissé, si Caïn n'avoit pas à redouter la vengeance d'un de ses neveux. Le mot de *Ville* dans l'origine ne désigne qu'une habitation fixe, un terrain environné d'une clôture: Caïn en fit une pour lui & pour ses enfans; & il ne s'ensuit rien.

§. XI.

Quatorzieme Objection. Il est dit que les Dieux *Elohim*, voyant que les filles des hommes étoient belles, prirent pour épouses celles qu'ils choisirent (c); chez tous

---

(a) Gen. c. 4, ℣. 14.
(b) Analyse de la Relig. Chrét. p. 4.
(c) Gen. 6, ℣. 2.

les peuples on a imaginé que les Dieux étoient venus faire des enfans à des filles; l'on suppose ici qu'ils engendrerent les Géans; c'est une autre fable (*a*).

Réponse. L'Auteur falsifie le texte; il y a, *les enfans des Elohim*; selon la Paraphrase Chaldaïque, *les enfans des Grands*, ou des Puissans de la terre. Sans disserter sur les Géans, il suffit d'observer que le mot נפלים ne signifie pas seulement des hommes d'une haute stature, mais des hommes forts, hardis, violens; Moïse l'entend ainsi. *Tels sont*, dit-il, *les hommes fameux qui ont été puissans sur la terre.*

Quinzieme Objection. Moïse nous apprend que la vie des hommes avant le déluge étoit beaucoup plus longue que dans les âges suivans; selon lui, quelques Patriarches ont vécu plus de neuf cents ans. Cependant il est vraisemblable que toutes les races humaines ont joui d'une vie à peu près aussi courte que la nôtre, comme les animaux, les arbres, & toutes les productions de la nature ont toujours eu la même durée (*b*).

Réponse. Savons-nous d'abord si avant

(*a*) Dict. Philos. Genese.
(*b*) Philos. de l'Hist. c. 2, p. 8.

le déluge la vie des animaux & des arbres étoit aussi courte qu'elle l'est aujourd'hui ? La longue vie des premiers hommes est attestée par l'Histoire profane, aussi bien que par les Livres Saints. Pour appuyer le témoignage de Moïse, Josephe cite Manéthon, Jérôme l'Egyptien, Moschus, Hestiæus, Bérose, Hésiode, Hécatée, Acusilas, Hellanicus, Ephore, Nicolas de Damas : voilà des témoins de toutes les nations (*a*). Josephe ne les a point allégués à faux ; nous retrouvons dans Hésiode le passage auquel il fait allusion (*b*). Mais la Philosophie de l'Histoire juge que des conjectures & des vraisemblances prétendues doivent prévaloir à tous les monumens ; il est bien plus aisé de deviner que de s'instruire.

Parmi la foule d'objections qu'elle nous oppose, y en a-t-il une seule qui ait l'ombre de solidité ? Cependant elles sont pompeusement étalées dans tous les Livres philosophiques. La Philosophie de l'Histoire, le Traité de la Tolérance, les Questions de Zapata, l'Examen de Milord Bolingbroke, le Dictionnaire Phi-

---

(*a*) Antiq. Jud. l. I, c. 3.
(*b*) Opera & dies, ℣. 108.

losophique, les Questions sur l'Encyclopédie, la Raison par alphabeth, la Bible enfin expliquée, le Christianisme dévoilé, les Lettres à Eugénie, l'Esprit du Judaïsme, l'Examen des Apologistes de la Religion Chrétienne, &c. &c. sont des archives immortelles qui les transmettront à la postérité.

§. XII.

Une question qui paroît plus difficile à résoudre, est de savoir si le monde est plus ancien que Moïse ne le suppose. Selon le texte Hébreu, il ne s'est écoulé qu'environ six mille ans depuis la création jusqu'à nous : l'an du monde 1656, le monde a été submergé & renouvelé par un déluge universel. La version Grecque des Septante augmente la durée du monde de 1860 ans plus que le texte Hébreu : le Pentateuque Samaritain ne s'accorde avec aucun des deux. Dans le fond, cette question ne peut intéresser que la curiosité; aucun système de Chronologie n'est un article de foi.

La date du déluge est celle qu'il importe le plus de constater. Selon l'Hébreu, il est arrivé 2348 ans avant Jésus-Christ ; selon les Septante, 3617 : voilà près de 1300 ans de différence. Il faut de deux choses l'une, ou que les Juifs aient abrégé de propos délibéré le calcul du texte Hébreu, sans que l'on puisse en deviner le motif, ou que les Septante aient alongé le leur pour se conformer à la chronologie des autres nations : chacune de ces hypothèses a eu des partisans ; ni l'une ni l'autre n'est exempte de difficulté.

Plusieurs Savans, persuadés que les annales des Chinois, des Chaldéens, des Egyptiens, des Grecs, méritoient attention, & pouvoient se concilier avec l'Histoire Sainte, en adoptant le calcul des Septante, l'ont préféré par ce motif, & ont suspecté l'intégrité du texte Hébreu (a). Selon d'autres, il est plus probable que les Traducteurs Grecs, pour se conformer à l'opinion des Egyptiens, ont alongé le calcul de la Bible, qu'il ne l'est que les Juifs aient corrompu tous les exemplaires de leur texte : conséquemment ces Critiques ont décrédité tant qu'ils ont pu la version des Septante. Quelques-uns enfin se sont attachés au Pentateuque Samaritain, & en ont vanté la fidélité aux dépens de

---

(a) L'Antiquité des temps rétablie par D. Pezron. Mém. de l'Acad. des Inscript. *in-12*, tome XXIX.

l'Hébreu & du Grec. Il eût été mieux d'éviter ces divers excès, de se borner aux preuves directes & positives, sans en venir à des accusations odieuses.

Le savant Auteur de l'Histoire de l'Astronomie ancienne a prouvé, qu'eu égard aux différentes méthodes selon lesquelles les divers peuples ont calculé le temps, toutes leurs chronologies s'accordent, & ne different que de quelques années sur les deux époques les plus mémorables; savoir, la création & le déluge universel, que toutes se réunissent encore à supposer la même durée depuis le commencement du monde jusqu'à l'Ere Chrétienne, en suivant le calcul des Septante. » Chez tous » les anciens peuples, dit-il, du moins chez » tous ceux qui ont été jaloux de conser- » ver les traditions, on retrouve l'inter- » valle de la création au déluge exprimé » d'une maniere assez exacte & assez uni- » forme ; la durée du monde jusqu'à » notre Ere s'y trouve également à peu » près la même (a) «.

C'est plus qu'il n'en faut pour nous tranquilliser : nous n'avons pas besoin d'entrer dans l'examen des différentes hypotheses

---

(a) Hist. de l'Astronom. anc. l. I, §. 6. Eclaircisi. l. I, §. 11 & suiv.

imaginées par les Savans pour parvenir à une conciliation parfaite, encore moins de répondre à toutes les objections des Incrédules, sur la discordance & la multitude de ces hypotheses, sur les causes de la variété qui se trouve entre l'Hébreu, le Samaritain, & le Grec des Septante, sur les prétentions de quelques nations Orientales à une antiquité prodigieuse. L'érudition que quelques-uns de nos adversaires ont étalée sur ce point, est en pure perte (*a*); elle ne peut servir qu'à éblouir les ignorans.

D'ailleurs, que le monde ait duré deux mille ans plus ou moins, cela ne change rien ni au fond de l'Histoire Sainte, ni à la tradition des dogmes révélés, ni à la certitude des preuves de la révélation : il est donc absurde d'attacher une si grande importance aux difficultés de chronologie.

§. XIII.

C'est sur-tout par des observations de Physique & d'Histoire Naturelle, que plusieurs Philosophes ont voulu prouver l'antiquité du monde : elles se réduisent

---

(*a*) Analyse de la Relig. Chrét. p. 8 & 9. Quest. sur l'Encyclop. *Histoire*, p. 21, 22.

principalement à trois chefs ; favoir, le déplacement de la mer, la multitude & l'antiquité des volcans, les foffiles que l'on trouve dans les entrailles de la terre. Avant d'écouter les réflexions de nos favans Differtateurs, faifons auffi les nôtres.

Quand il feroit prouvé qu'il y a dans la nature des phénomenes que nous avons peine à concilier avec les monumens de l'Hiftoire, s'enfuivroit-il de là que celle-ci ne mérite aucune croyance ? Il y a des faits dont nous fommes témoins, & que nous ne pouvons ni expliquer ni concevoir : faut-il nous défier pour cela du témoignage de nos fens ? La nature nous eft très-peu connue, tous les jours nous y découvrons des chofes qui nous étonnent; les relations des Voyageurs nous ont appris des faits auxquels nous n'aurions jamais penfé : avec des lumieres auffi bornées, avons-nous bonne grace de rejeter ce qui nous paroît inconciliable avec nos idées ? Plufieurs faits rapportés par les anciens Hiftoriens, & qui paroiffent fabuleux, fe font trouvés vrais par de nouvelles expériences : eft-il furprenant que l'étude de la nature nous offre auffi des phénomenes qu'il eft difficile d'accorder avec le témoignage des fiecles paffés ?

Il y a du moins un fait certain, c'est que mieux nous apprenons à connoître l'Histoire ancienne, plus nous y trouvons de nouvelles preuves de la vérité de celle de Moïse : il est donc à présumer aussi que mieux la nature sera connue, plus nous serons convaincus que ce Législateur célebre a été bien instruit.

Nos connoissances historiques & géographiques sur le pays même que nous habitons ne remontent pas à deux mille ans ; Jules-César est le premier Auteur existant qui en ait parlé dans quelque détail, & il ne nous en a donné que de très-foibles notions. Que de révolutions physiques & morales sont arrivées dans les Gaules depuis cette époque ! Leur sol n'est plus le même : si César nous en avoit donné une Carte Géographique exacte, nous aurions peine à nous y reconnoître. Les Savans éprouvent une difficulté extrême à concilier ce que César & les Historiens postérieurs en ont écrit. Que dis-je ? Si un François, mort depuis trois cents ans, revenoit au monde, il seroit étranger dans sa patrie. Il verroit de nouvelles villes bâties, & d'anciennes détruites, des bourgs agrandis, d'autres réduits presque à rien, des villes dont le sol est changé, & qui, placées autrefois sur la cime ou le penchant d'une montagne, sont actuellement situées au pied. Il trouveroit le cours de plusieurs rivieres détourné, des terres cultivées où il y avoit des forêts, & au contraire de hautes futayes dans des lieux où l'on moissonnoit de son temps, des marais desséchés & devenus fertiles, des lacs formés par l'éboulement des terres, &c. Si le travail des hommes peut rendre méconnoissable la surface de la terre, que sera-ce des révolutions de la nature ? S'il en arrive de si considérables pendant trois cents ans, combien ne doit-on pas en voir pendant quarante siecles ? A entendre nos Philosophes, il semble que le déluge soit arrivé depuis trois jours. Mais écoutons leurs dissertations.

§. XIV.

Premiere Observation. La mer perd continuellement du terrain dans les différentes parties du monde, & peut-être regagne-t-elle en certains climats ce qu'elle laisse à sec en d'autres contrées. On se convainc tous les jours que le fond de la mer Baltique diminue; les Savans du Nord disputent pour savoir si c'est l'eau qui se change en terre, ou si les nouvelles couches qui s'accumulent sous l'eau sont des terres apportées d'ailleurs. On voit encore les vestiges d'un canal par lequel la Baltique communiquoit autrefois à la Mer glaciale, mais qui s'est comblé par la succession des temps. La nature du sol qui sépare le golfe Persique d'avec la mer Caspienne, fait juger que ces deux mers formoient autrefois un même bassin. Il y. a beaucoup d'apparence que la Mer rouge communiquoit à la Méditerranée, dont elle est actuellement séparée par l'Isthme de Suès. Ces changemens arrivés sur le globe sont plus anciens que nos connoissances historiques. La mer s'est retirée, & a laissé à découvert beaucoup de terrain sur les côtes de l'Egypte, de l'Italie, de la Provence : les lagunes de Venise seroient bientôt remplies, si l'on n'avoit soin de les curer souvent. Il paroît que l'Amérique étoit encore couverte des eaux il n'y a pas un grand nombre de siecles, & qu'elle n'est pas habitée depuis fort long-temps. Enfin, la multitude des corps marins dont notre hémisphere est rempli, prouve invinciblement qu'il a été autrefois sous les eaux de l'Océan.

La mer a certainement un mouvement d'Orient en Occident, qui lui est imprimé par celui qui pousse la terre d'Occident en Orient, mouvement plus violent sous l'équateur, où le globe plus élevé roule un cercle plus grand, une zone plus agitée : il est évident que ce mouvement seul doit insensiblement déplacer la mer dans la succession des siecles (a).

Réponse. Avant d'assigner la cause d'un phénomene, il faudroit commencer par le constater : nos Philosophes font le contraire; ils forgent d'abord une hypothese, & pour la faire valoir ils accumulent des faits qui la détruisent. Pendant qu'ils soutiennent que la mer a couvert successivement toutes les parties du globe, Telliamed s'évertue à prouver que ce déplacement de la mer est impossible ; que les eaux ont couvert d'abord le globe entier ; qu'elles ont diminué & diminuent dans tous les lieux du monde par l'évaporation.

Nous osons soutenir que le mouvement prétendu de la mer d'Orient en Occident, capable de placer successivement son lit sur les différentes parties du globe, est

---

(a) Hist. des Establiss. des Europ. dans les deux Indes, tome IV, l. X, p. 2 & suiv. Rech. Philos. sur les Amér. tome II, Lettre 3, &c.

faux, impossible, contraire à toutes les loix du mouvement.

1°. L'athmosphere qui environne la terre a son mouvement comme elle d'Occident en Orient, & suit la même direction ; cela est démontré par la chute perpendiculaire d'un corps grave qui tomberoit de l'athmosphere. Or, de deux fluides dont le globe est environné, savoir, l'eau & l'air, il est impossible que le fluide inférieur soit emporté par un mouvement contraire à celui des deux couches entre lesquelles il est renfermé. Jamais on n'assignera une cause générale capable d'imprimer à la mer un mouvement contraire à celui de la terre & à celui de l'athmosphere. Si la différence de densité & de pesanteur entre la terre & l'eau suffisoit pour donner à la mer un mouvement opposé à celui de la terre; il suffiroit, à plus forte raison, pour imprimer la même direction au mouvement de l'athmosphere, qui est plus légere & moins dense que l'eau.

2°. Lorsque l'on donne un mouvement violent de rotation à un globe solide légérement plongé dans l'eau, les parties d'eau qu'il entraîne sont emportées dans la même direction que le globe, & non dans un sens opposé. En vertu de la force centrifuge, les gouttes d'eau s'échappent par la tangente, mais toujours dans la direction que leur imprime le mouvement du globe, & non dans la direction contraire. Donc, si l'eau qui couvre la terre n'étoit pas comprimée & retenue par l'athmosphere, elle s'échapperoit par la tangente, mais d'Occident en Orient, selon la direction du mouvement de la terre, & non autrement.

3°. Si l'on met une liqueur quelconque dans un globe de verre creux, & que l'on donne à celui-ci un mouvement circulaire violent, en vertu de la force centrifuge, la liqueur suit le mouvement du globe, & non un mouvement opposé. A la vérité, si ce mouvement étoit fort lent, la liqueur, par sa force centripete, occuperoit toujours la partie inférieure du globe : pour qu'elle en suive le mouvement, il faut qu'il soit assez violent pour faire céder la force centripete à la force centrifuge. Dira-t-on que le mouvement de la terre n'est pas assez violent pour opérer cet effet ? Il est d'une vîtesse presque inconcevable. Dans ce mouvement, l'eau ne s'écarte point du centre de gravité, puisque le mouvement se fait sur le centre. Il est impossible que par un mouvement contraire à celui de la terre, l'eau tende à s'écarter de la ligne dirigée vers le centre de gravité. Donc le mouvement prétendu de la mer d'Orient en Occident seroit contraire à la force centripete, aussi bien qu'à la force centrifuge. Donc il n'y a aucune cause générale qui puisse le lui imprimer ; une cause particuliere ne suffit point, & il faudroit encore nous l'indiquer. Donc cette hypothese est contraire à toutes les loix connues du mouvement. Les Physiciens rêvent, lorsqu'ils veulent en tirer des inductions & en estimer les effets.

§. XV.

4°. Pour nous convaincre que ce mouvement imaginaire de la mer d'Orient en Occident lui fait changer de lit, il faudroit prouver, par des faits certains, que l'Océan s'éloigne constamment des côtes Occidentales de l'Angleterre, de la France, de l'Espagne, de l'Afrique, des Indes, de l'Amérique ; qu'au contraire il mine & envahit peu à peu les côtes Orientales de la Tartarie, de la Chine, des Indes, de l'Afrique, de l'Amérique ; que les effets de ce déplacement sont encore plus visibles sous l'équateur que vers les poles. Une cause universelle, constante, uniforme, doit agir de même sur-tout le globe. Cela est-il constaté ? Rien moins. On nous cite des atterrissemens qui se font faits & qui se font près de l'embouchure des grands fleuves, du Nil, du Pô, du Rhône ; sur la Méditerranée & non sur l'Océan ; la diminution de la mer Baltique, &c. Quelle relation y a-t-il entre ces faits & le mouvement de la mer d'Orient en Occident ?

Si l'on excepte le *Portus Iccius* comblé par les sables depuis Jules César, les ports de nos côtes Occidentales sont toujours les mêmes ; celui d'Ambleteuse, fréquenté par les Romains, n'est point à sec ; ceux de Boulogne & de Brest, marqués sur les tables de Peutinger, ne se sont ni comblés ni éloignés. Depuis quinze cents ans, on ne peut pas prouver que la profondeur du bassin de Brest ait diminué d'un pouce. Cadix, déja connu & fréquenté par les Phéniciens, n'a pas vu dessécher son port par la retraite de l'Océan, quoique Telliamed veuille nous persuader qu'il s'est éloigné.

Est-ce par un mouvement d'Orient en Occident que l'Océan fait des efforts continuels pour engloutir la Hollande, qu'il a percé le détroit de Gibraltar, qu'il a fait fortir de fon fein l'Amérique ? Il a fallu pour cela un mouvement oppofé.

Loin de nous faire voir les ravages de l'Océan fur les côtes Orientales du nouveau Monde, du moins fous l'Equateur, on obferve que les fleuves de ces côtes ont formé des atterriffemens à leur embouchure, tout comme ceux qui tombent dans la Méditerranée. Où font donc les conquêtes de l'Océan de ce côté-là ? Mais comme l'Ecriture Sainte nous apprend que Dieu a donné des bornes à la mer, il étoit de l'honneur de la Philofophie de contredire cette vérité, d'affirmer que „ l'Océan n'eut jamais de bornes infur„ montables, & que, difpofant du globe „ au gré de fon inconftance, il en a changé „ cent fois la conftitution, foit intérieure, „ foit extérieure (a) ".

5°. Un autre Philofophe conjecture que la mer a un mouvement violent du Sud au Nord, parce que tous les grands caps s'avancent vers le Sud, & que la plupart des Golfes font tournés vers le

_____

(a) Hift. des Etabliff. dans les deux Indes, tome IV, &c. *Ibid.*

Nord (*a*). Voilà donc le mouvement de la mer d'Orient en Occident croisé par un mouvement du Sud au Nord. Cela nous paroît prouver que cet élément se meut vers tous les points de la circonférence du globe ; c'est l'effet naturel du flux & du reflux : mais ce mouvement n'a jamais tendu à déplacer la mer.

Si ce mouvement du Sud au Nord étoit réel, les eaux du golfe Persique, loin de s'éloigner de la mer Caspienne, auroient continué de s'y porter, & la Mer rouge feroit des efforts continuels pour se joindre à la Méditerranée. L'emplacement des mers dépend du gisement & de l'excavation des terres, & celles-ci sont hautes ou basses selon que Dieu les a faites.

Supposera-t-on, comme quelques autres Physiciens, que la mer diminue partout, qu'elle perd du terrain de tous côtés par l'évaporation ? L'on ne pourra en tirer aucune induction en faveur de l'antiquité du monde. Il s'ensuivra seulement qu'au temps du déluge il y avoit plus d'eau, & moins de terre habitable

---

(*a*) Recherches Philosophiques sur les Américains, tome II, p. 326.

qu'aujourd'hui : cette fuppofition nous fera plus favorable qu'à nos adverfaires.

L'Hiftoire Sainte paroît nous donner lieu de croire qu'immédiatement après le déluge, le golfe Perfique & la mer Cafpienne, la Mer rouge & la Méditerranée étoient féparées comme elles le font aujourd'hui ; leur prétendue jonction dans des temps plus reculés choque toute vraifemblance. Les montagnes, placées entre les deux premieres, n'ont jamais pu être naturellement couvertes par les eaux de la mer. S'il avoit été poffible de percer l'ifthme de Suès pour joindre les deux fecondes, cet ouvrage, tenté plufieurs fois, auroit été exécuté. M. de Buffon penfe que cette jonction feroit dangereufe, parce que le niveau de la Mer rouge eft plus élevé que celui de la Méditerranée (a) : c'eft probablement ce qui a fait abandonner ce projet. Nous parlerons des coquillages & des corps marins dans l'article du déluge.

§. XVI.

Seconde Obfervation. L'on voit par toute la terre des marques certaines d'an-

---

(a) Hift. Nat, tome I, *in-12*, p. 150.

ciens volcans; on en a découvert plusieurs bouches dans les montagnes d'Auvergne; le sol y est couvert de pierres formées par ébullition; elles sont noires, légeres comme la pierre ponce, & nagent sur l'eau. Quelques-uns des volcans les plus connus brûlent depuis un temps prodigieux. Après une éruption de l'Etna, il faut deux mille ans pour amasser sur la lave une légere couche de terre : or, près de cette montagne on a percé au travers de sept laves, placées les unes sur les autres, & dont la plupart sont couvertes d'un lit épais de très-bon terreau ; il a donc fallu quatorze mille ans pour former ces sept couches (*a*).

Le Vésuve porte des marques d'une antiquité supérieure à celle qu'on lui attribue : puisque le pavé d'Herculanum & les fondemens des édifices sont faits de lave, il est clair que le Vésuve avoit déja fait des éruptions avant que cette ville fût bâtie : or, elle l'a été au moins mille trois cent trente ans avant notre Ere.

Le marbre noir d'Egypte n'est autre chose que de la lave ; on le voit en exa-

---

(*a*) Voyage en Sicile & à Malthe, par Bridone, tome I, p. 144. Voyages en différens pays de l'Europe, tome II, p. 320.

minant la table Iſiaque & la ſtatue de Memnon; comme il eſt auſſi ſonore que du métal, il n'étoit pas difficile de faire rendre un ſon à cette ſtatue au lever du ſoleil. Il faut donc qu'il y ait eu un volcan près de Thebes; mais il étoit ſi ancien que la mémoire ne s'en eſt pas conſervée.

Nous ne voyons à préſent des volcans que dans les Iſles & ſur les bords de la mer: il eſt donc probable que l'eau de la mer & l'huile qu'elle charrie, ſont un ingrédient néceſſaire pour allumer les volcans. Puiſque le mont Ararat a jeté autrefois des flammes, ſelon le témoignage de Tournefort, puiſqu'il y a eu des volcans en Auvergne, il faut que la mer ait baigné autrefois le pied de ces montagnes, qui ſe trouvent à préſent dans l'intérieur des terres (a).

Réponſe. Cette conſéquence n'eſt pas démonſtrative. On peut faire un volcan artificiel ſans y mêler de l'eau de la mer. Quand elle ſeroit néceſſaire pour les volcans allumés par la nature, il s'enſuivroit que le mont Ararat & les montagnes d'Auvergne n'ont vomi des flammes qu'immédiatement après le déluge, lorſ-

---

(a) Rech. ſur les Amér. tome II, Lettre 3.

que les matieres renfermées dans leur sein eurent été détrempées par les eaux de la mer, que depuis le deſſéchement elles ne ſe ſont plus rallumées.

Lorſque l'Etna fit ſes premieres éruptions, le ſommet de la montagne & ſes flancs étoient couverts d'une couche de terre très-épaiſſe; ces terres ébranlées par la commotion ſe ſont éboulées, & ont recouvert très-promptement les lits de lave. Aujourd'hui que cette terre eſt à peu près épuiſée, les éboulemens ne peuvent plus avoir lieu; la lave ne peut être recouverte que par des terres apportées par le vent ou par des lavanges: la lenteur avec laquelle cette opération ſe fait à préſent, ne conclut rien pour le paſſé.

Quand le Véſuve auroit vomi de la lave mille trois cent trente ans avant notre Ere, il y avoit déja mille ans que le déluge étoit paſſé. De même, quand la table Iſiaque & la ſtatue de Memnon ſeroient de lave, ils n'ont pu être faits que ſous des Rois de Thebes déja puiſſans, par conſéquent depuis l'an 2500 du monde: juſqu'alors l'Egypte avoit été partagée en petites ſouverainetés (a);

(a) Chronol. Egypt. tome I, Table p. 167.

il

il s'étoit déja écoulé plus de huit cents ans depuis le déluge. Quelques Philosophes pensent que le porphyre d'Egypte est l'ouvrage de la mer, parce qu'il est pétri de pointes d'oursins, pendant que les autres jugent que le marbre noir a été fabriqué par les volcans. Nous présumons du moins que le feu & l'eau n'ont pas travaillé en même temps dans les carrieres de l'Egypte.

L'Auteur de l'Introduction à l'Histoire Naturelle de l'Espagne, qui paroît bon Physicien, a reconnu au milieu des pétrifications & des volcans les plus anciens, qu'en cinq ou six mille ans il y a plus de temps qu'il n'en faut pour produire de pareils phénomenes, & d'autres plus considérables. Celui des Recherches sur les Américains, convient que l'on ne connoît aucun monument d'industrie humaine antérieur au déluge (a) : on découvrira encore moins de phénomenes naturels capables d'en détruire la réalité ou l'époque.

§. XVII.

Troisieme Observation. L'on a trouvé en Angleterre & en Hollande des forêts

---

(a) Recherch. sur les Amér. tome II, p. 349.

enterrées à une profondeur confidérable. Il paroît que les mines de charbon d'Angleterre, du Bourbonnois, & autres, viennent de forêts embrafées par des volcans ou par d'autres accidens. Les corps marins que l'on déterre dans ces mines & dans des carrieres très-profondes, n'ont point leurs femblables dans les mers qui nous avoifinent; on n'en retrouve les modeles qu'à deux ou trois mille lieues de nos côtes. Les bancs immenfes de coquillages qui font en Touraine & ailleurs, ne peuvent y avoir été dépofés que pendant un féjour très-long de la mer (*a*). Toutes ces révolutions n'ont pu arriver fur le globe pendant le court efpace de temps que l'on fuppofe écoulé depuis le déluge jufqu'à nous.

Réponfe Les arbres que l'on déterre à une profondeur confidérable, prouvent fans doute qu'il y a eu un bouleverfement de terres dans le canton où ils fe trouvent; la difficulté eft d'en conftater la date; fouvent elle eft beaucoup moins ancienne qu'il ne paroît. Voici les réflexions que fait fur ce fujet l'Auteur des

---

(*a*) Telliamed. Philof. de l'Hift. c. 1. Hift. des Etabliff. des Europ. tome IV, l. X, p. 2 & fuiv.

Recherches Philosophiques sur les Américains.

» Pourquoi veut-on attribuer aux vicis-
» situdes générales de notre planete ce
» que des accidens particuliers ont pu pro-
» duire ? C'est l'inondation de la Cher-
» sonese Cimbrique, arrivée, selon le
» calcul de Picard, l'an trois cent qua-
» rante de notre Ere vulgaire, qui a noyé
» & enterré les forêts de la Frise, & formé
» tous les marais qui sont depuis Schel-
» ling jusqu'à Bentheim. Les arbres fos-
» siles qu'on exploite en Angleterre dans
» la Province de Lancastre, ont aussi passé
» long-temps pour des monumens dilu-
» viens : mais par l'examen qu'en ont fait
» quelques Naturalistes, on a reconnu que
» la racine de ces arbres avoit été coupée
» à coups de hache; ce qui, joint aux mé-
» dailles de Jules César, qu'on y a trou-
» vées à la profondeur de dix-huit pieds,
» a suffit pour déterminer à peu près la
» date de leur dégradation; puisqu'il est
» très-probable que ce sont les Romains
» qui ont éclairci ces bois pour en chasser
» les Sauvages Bretons, qui s'y cachoient
» lorsqu'ils avoient été battus dans les
» plaines. Tant il est vrai que toute l'Eu-
» rope, si l'on en excepte la seule Italie,

„ n'étoit encore qu'une immense forêt,
„ il y a dix-huit cents ans (a) „ ! Les conjectures des Physiciens sur l'antiquité d'un phénomene, sont donc très-sujettes à caution.

Il est faux que les mines de charbon de terre soient dans leur origine des forêts consumées par le feu. L'on découvrit en France, il y a quelques années, une forêt réduite en charbon sous terre ; ce charbon étoit très-différent du charbon fossile ; personne n'y fut trompé. M. de Buffon nous apprend que le charbon de terre, la houille, le jais, sont des matieres qui appartiennent à l'argile (b) : ce ne sont donc pas les effets d'un volcan. On connoît plusieurs especes de pierre inflammable ; mais leur nature est très-différente du charbon de bois.

Puisque les coquillages & autres corps marins, que l'on trouve dans la terre ou dans la pierre, n'ont point leurs analogues dans les mers ni sur les côtes qui nous avoisinent, il faut donc que ces productions, propres à des climats très-éloi-

---

(a) Recherches Philos. sur les Amér. tome II, Lettre 3, p. 330.

(b) Hist. Nat. tome I, in-12, p. 403.

gnés, aient été transportées dans nos terres par une inondation subite, par un mouvement très-violent des eaux de la mer, tel qu'il a dû arriver pendant le déluge. Il est singulier que l'on nous donne pour preuve d'un séjour habituel de la mer sur notre continent, un phénomene qui n'a pas pu être produit par ce séjour habituel. Mais c'est la maniere ordinaire de nos adversaires : en s'obstinant à rejeter le déluge universel, ils le prouvent par leurs observations mêmes; nous en serons convaincus dans l'article suivant.

ARTICLE II.

Du Déluge universel, de la Confusion des Langues, de la Dispersion des Peuples.

§. I.

DE tous les faits que nous lisons dans l'Histoire Sainte, il n'en est aucun qui paroisse plus incroyable aux Philosophes que le déluge universel. Moïse raconte que Dieu, pour punir les crimes des premiers hommes, voulut en détruire la race; que Noé, par ses vertus, trouva grace devant lui. Dieu lui commanda de bâtir une arche, dans laquelle il pût se renfermer lui & sa famille, avec une quantité d'animaux suffisante, pour en conserver l'espece, & y rassembler des alimens pour les nourrir. Dès qu'il y fut entré, Dieu fit pleuvoir pendant quarante jours & quarante nuits, fit sortir de leur lit les eaux de la mer, & en couvrit toute la face du globe. Moïse ajoute, que les eaux monterent de quinze coudées plus haut que le sommet des montagnes ; que tous les hommes & les animaux périrent, à la réserve de ceux qui étoient dans l'arche. (a).

Il est impossible d'expliquer ce phénomene avec toutes ses circonstances par des causes naturelles ; c'est un miracle que Dieu seul a pu opérer : les Incrédules font tous leurs efforts pour démontrer qu'il est impossible. Ils disent que pour submerger ainsi toute la terre, il faudroit vingt fois plus d'eau qu'il n'y en a dans les mers ; que les loix de la gravitation s'y opposent ; qu'une arche n'a pas pu suffire pour renfermer tous les animaux, encore moins pour contenir les provisions nécessaires à leur nourriture pendant dix mois ; qu'il

---

(a) Gen. c. 6, 7 & 8.

eût fallu les rassembler des quatre parties du monde, &c.

Mais ces savans Critiques ne s'accordent pas mieux sur cette question que sur toutes les autres : les uns nient ce que les autres prouvent ; ceux-ci croient possible ce que ceux-là jugent absurde. Tous soutiennent qu'il est évident par l'inspection du sol de la terre, par les coquillages & les corps marins fossiles ou pétrifiés qui se trouvent dans toutes les parties du monde, que la mer a couvert autrefois de ses flots toutes les régions habitées aujourd'hui, qu'elle les a submergées successivement (a). Quelques-uns pensent que la plupart des usages de l'antiquité sont autant de monumens de la révolution arrivée sur notre globe par le déluge ; que le souvenir s'en est conservé chez toutes les nations (b). L'Auteur des Recherches Philosophiques sur les Américains, semble regarder le déluge universel comme indubitable (c).

(a) Telliamed. Hist. Nat. tome I. Théorie de la Terre. Dict. Philos. *Inondation*. Hist. des Establiss. des Europ. tome IV, l. X, p. 2.

(b) L'Antiquité dévoilée par ses usages. Encyclopédie, *Déluge*.

(a) Recherches Philos. tome I, p. 104 : tome II, Lettre 3, p. 349.

Un Philosophe célebre, après avoir soutenu autrefois que les coquilles ne sont pas venues de si loin, que ce sont des fossiles produits dans la terre, que l'Océan n'a jamais quitté son lit (*a*), a changé d'opinion. Il soutient ailleurs, que les lits de coquilles que l'on a découverts de tous côtés, sont une preuve incontestable que la mer les a déposés peu à peu sur des terreins qui étoient autrefois les rivages de l'Océan (*b*). Il avoit d'abord plaisanté sur ce système, il y est revenu pour attaquer le déluge.

§. II.

Josephe, Eusebe, Alexandre Polyhistor, le Syncelle, rapportent, d'après Bérose & Abydene, la tradition des Assyriens & des Chaldéens sur le déluge : elle s'accorde parfaitement avec la narration de Moïse. Abydene nomme *Xisuthrus*, le Patriarche qui fut sauvé du déluge avec sa famille, dans une arche construite à ce dessein, en vertu d'un ordre

---

(*a*) Mélanges de Philos. tome I, p. 33, Dissert. sur les changemens du globe.

(*b*) Philos. de l'Hist. c. 1, Dictionnaire Philosophique, art. *Inondation*.

du Ciel. Il n'a point oublié la circonstance des oiseaux lâchés après le déluge, pour savoir si la terre étoit desséchée, ni le sacrifice offert par Noé ou Xisuthrus au sortir de l'arche. On croiroit que cet Historien a copié Moïse, s'il n'avoit mêlé les idées du Polythéisme & quelques circonstances fabuleuses dans son récit (a). Josephe cite encore les antiquités Phéniciennes de Jérôme l'Egyptien, Mnaséas & Nicolas de Damas (b). La tradition de l'arche arrêtée sur le mont Ararat en Arménie, est demeurée constante chez les peuples des environs.

La croyance d'un déluge universel n'étoit pas moins établie chez les Egyptiens. Quelques-uns de leurs Philosophes dirent à Solon, qui les interrogeoit sur leurs antiquités, ces paroles remarquables: » Après
» certains périodes de temps, une inon-
» dation envoyée du ciel change la face
» de la terre; le genre humain a péri plu-
» sieurs fois de différentes manieres; voilà
» pourquoi la nouvelle race des hommes

(a) Le Syncelle, p. 30 & suiv. S. Cyrille contre Julien, l. I, Eusebe, Préparation Evangélique, l. IX, c. 11 & 12.

(b) Antiq. Jud. l. I, c. 3.

» manque de monumens & de connoif-
» fance des temps paffés (a) ».

On trouve la même opinion chez les Syriens. Dans un ancien temple de Junon, ils montroient la bouche d'une caverne profonde, par laquelle ils prétendoient que les eaux du déluge s'étoient écoulées. Lucien, qui l'avoit vue, dit que, felon la tradition des Grecs, la premiere race des hommes avoit été détruite par un déluge; que Deucalion avec fa famille avoit été fauvé par le fecours d'une arche dans laquelle il étoit entré avec fes enfans & avec les différentes efpeces d'animaux (b). Le nom de *Deucalion*, que les Grecs donnoient à ce perfonnage, prouve qu'ils n'avoient point emprunté cette narration des Livres de Moife, non plus que les Chaldéens.

Le déluge arrivé fous Yao, eft célebre dans l'Hiftoire Chinoife : il y eft dit que les eaux couvroient les collines de toutes parts, furpaffoient les montagnes, & paroiffoient aller jufqu'au ciel (c). Quoique le Chou-King place ce déluge fous Yao,

---

(a) Platon dans le Timée.
(b) Lucien, *de Deâ Syriâ*.
(c) Chou-King, p. 8 & 9.

il paroît, par d'autres Livres, que les Chinois n'en connoissoient pas l'époque certaine (a), non plus que celle du regne d'Yao. Nous ne prétendons pas assurer que les Chinois aient regardé ce déluge comme universel, ils n'en avoient qu'une notion confuse; mais un déluge qui couvre les montagnes ne peut pas être borné à un seul pays.

Selon les Livres des Indiens, la premiere race des hommes a été exterminée par un déluge (b).

Enfin, on nous apprend que chez les Sauvages des Isles Antilles, il s'étoit conservé un souvenir confus d'anciennes inondations, qui avoient changé la face de cette partie du monde (c).

Il est donc certain que les Chinois, les Indiens, les Assyriens, les Chaldéens, les Phéniciens, les Egyptiens, que l'on regarde comme les plus anciens peuples du monde, ont eu, aussi bien que les Juifs, une notion plus ou moins claire d'un déluge qui a fait périr la race des hommes: les Grecs plus modernes ont reçu cette

---

(a) Chou-King, Disc. Prélim. c. 6 & 12.
(b) Ezour-Védam, tome II, p. 206.
(c) Hist. des Établiss. tome IV, l. X, p. 4.

tradition des Orientaux. Cependant un Philosophe assure du ton le plus ferme, que les déluges de Deucalion & d'Ogygès en Grece, *regardés comme universels*, sont totalement ignorés dans l'Asie Orientale (*a*). Un autre dit que l'Histoire du déluge n'est appuyée que sur l'autorité de Moïse, n'est connue que d'un seul peuple dans un coin de la terre (*b*). Celse jugeoit que l'Histoire du déluge, faite par Moïse, étoit une altération de celle des Aloïdes (*c*) : il paroît que c'est tout le contraire.

§. III.

Comment cette tradition s'est-elle répandue d'un bout de l'univers à l'autre ? Ce n'est point par l'inspection du sol de la terre, ni par l'examen des différentes couches dont elle est composée ; aucun des Auteurs anciens n'a fait usage de cette preuve, & les traditions conservées par les Historiens remontent plus haut que la naissance de la Philosophie. C'est donc

---

(*a*) Dict. Philos. art. *Genese*.

(*b*) Bolingbr. Œuvr. tome III, p. 224. Telliamed, p. 107.

(*c*) Dans Orig. l. IV, n. 21 & 41.

par une chaîne de témoignages que les peuples ont connu cet événement, & c'est ainsi que Moïse l'a su lui-même. Mais comme il touchoit de plus près à l'origine des choses, qu'il y tenoit par une suite non interrompue de Patriarches qui avoient vécu très-long-temps, il a su en détail ce que les autres n'ont retenu qu'en gros; son Histoire est plus circonstanciée, plus exacte, plus certaine que la leur.

L'Auteur des Questions sur l'Encyclopédie prétend qu'il n'est resté aucun monument d'un déluge chez aucune nation du monde (*a*). Si par *monumens* l'on entend des vestiges, ils sont répandus sur toute la face de la terre; nous le verrons ci-après. Si l'on veut parler de monumens par écrit; les Chinois, les Indiens, les Egyptiens, les Syriens, les Chaldéens, en ont conservé.

Il dit que le déluge dont parle Bérose ne s'étendit que vers le Pont-Euxin : c'est une imposture; Bérose n'en fixe point l'étendue. Il dit que celui dont il est fait mention dans les Métamorphoses d'Ovide ne s'étend qu'à la Méditerranée : nouvelle supercherie de sa part. Il dit que Saint

―――――――――

(*a*) Quest. sur l'Encycl. *Ignorance, Samothrace*.

Augustin avoue expressément que le déluge universel fut ignoré de toute l'antiquité : mensonge formel. S. Augustin observe seulement qu'il n'est connu ni dans l'Histoire Grecque, ni dans l'Histoire Romaine : *nec Græca nec Latina novit Historia* : mais ce Pere savoit très-bien que la tradition en étoit constante chez les Orientaux.

Ce même Auteur se réfute dans la Bible expliquée (*a*) ; il dit que les Juifs avoient emprunté leurs idées grossieres sur le déluge, des Syriens, des Chaldéens & des Egyptiens. Comment les Juifs ont-ils pu faire cet emprunt, si ces peuples eux-mêmes n'en ont point eu de connoissance ?

Il trouve fort étrange que Sanchoniathon n'ait parlé ni d'Adam, ni de Noé, ni de Moïse : s'il en avoit fait mention, dit-il, Eusebe n'auroit pas manqué d'en tirer avantage (*b*). Dans un autre endroit, il avoue que nous ne pouvons pas décider si Sanchoniathon a parlé ou non du déluge arrivé sous *Xisutrus*, vu qu'Eusebe, qui n'a rapporté que quelques fragmens de

---

(*a*) Bible expliquée, p. 23.
(*b*) Quest. *Adam, Histoire*.

cet ancien Historien, n'avoit aucun intérêt à rapporter l'histoire du vaisseau & des pigeons : mais Bérose, continue-t-il, la raconte (a). Eusebe a-t-il eu plus d'intérêt d'insister sur ce que Sanchoniathon a pu dire de Moïse, que sur ce qu'il a pu raconter de Noé & du déluge ? Selon Porphyre, cet Historien Phénicien avoit fait l'Histoire des Juifs : il ne lui étoit pas possible de la faire sans parler de Moïse. Notre Philosophe parle de tout & n'est instruit de rien.

§. IV.

Nos adversaires diront sans doute que les déluges dont parlent les différentes nations, sont des déluges particuliers qui n'ont rien de commun, & qui ont eu des causes différentes. Celui dont les Chinois & les Indiens font mention, a pu être produit par le mouvement de la mer d'Orient en Occident; celui qui submergea la Chaldée, par une irruption du Golfe Persique dans les terres. Lorsque l'Océan brisa la barriere qui le séparoit de la Méditerranée, & perça le détroit de Gibraltar, les eaux refluerent avec

---

(a) Quest. sur l'Encyclop. *Samothrace.*

impétuofité fur l'Egypte, fur la Paleftine, fur la Syrie, fur l'Afie-Mineure, fur la Grece : voilà le déluge dont la mémoire s'eft confervée dans ces diverfes contrées. Il n'y a aucune preuve que tous foient arrivés en même temps, foient un feul & même déluge univerfel. L'effroi que cauferent ces différentes inondations, en a fait exagérer les circonftances.

On ne nous accufera pas de diffimuler les difficultés, puifque nous fuggérons aux Incrédules des expédiens auxquels ils n'avoient pas penfé : mais ils n'en tireront pas grand avantage.

1°. Nous avons fait voir que le mouvement prétendu de la mer d'Orient en Occident n'eft prouvé par aucun fait décifif, par aucun phénomene conftant & uniforme. C'eft une vaine hypothefe, contraire aux loix phyfiques, imaginée par les Philofophes, plutôt pour contredire les Livres Saints, que pour répandre aucun jour fur la conftitution du globe; elle n'y peut fervir de rien : les faits mêmes que nous difcutons, fervent à en démontrer la fauffeté.

Ce mouvement, felon eux, eft fucceffif, les effets en font prefque imperceptibles; il faut des milliers de fiecles pour déplarer la mer de son lit habituel : ici on nous parle d'un mouvement brusque, impétueux, inattendu, qui a submergé tout à coup le vaste continent de la Chine & des Indes, comme il a détaché, dit-on, les Isles Antilles du continent de l'Amérique. Mais si un mouvement d'Orient en Occident a noyé cette immense portion de notre globe, il a fallu un autre mouvement contraire pour la mettre à sec ; car enfin la Chine & les Indes sont à découvert, & habitées depuis plusieurs milliers d'années. Nous demandons pourquoi la même cause physique qui avoit poussé l'Océan sur les terres, ne l'y a pas maintenu, & qu'elle autre cause physique l'a fait reculer vers l'Orient. Si c'est l'Océan qui a détaché les Antilles du continent de l'Amérique, il est demeuré en possession du terrain qu'il a submergé : il auroit donc continué de même à couvrir la Chine & les Indes.

Que la mer se répande sur un terrain bas, qui est presque de niveau avec elle, comme elle a fait sur la Frise, on peut le concevoir : mais la partie septentrionale des Indes, & la partie occidentale de la Chine, sont les lieux du globe les plus élevés ; cela est clair par le cours des fleuves. Il faudroit une secousse générale du globe, pour que le lit de l'Océan pût s'établir sur cette partie du monde.

2°. Pour porter les eaux du golfe Persique sur la Chaldée & l'Assyrie, il faudroit un mouvement du Midi au Nord : nous voudrions connoître la cause physique qui a pu le produire. Les montagnes placées au nord de la Chaldée, sont encore une des parties les plus élevées de l'Asie, puisque les fleuves qui en sortent se rendent, les uns dans le golfe Persique, les autres dans la mer Caspienne, les autres dans le Pont-Euxin. C'est comme si l'on disoit que les eaux du golfe de Venise ont noyé autrefois le mont Saint-Gothard.

3°. Il est impossible que l'Océan, lancé dans la Méditerranée par un canal aussi serré que le détroit de Gibraltar, y ait porté assez d'eau pour submerger les pays qui en sont à huit cents lieues. Ce canal ne suffit pas seulement pour rendre sensible dans la Méditerranée le flux de l'Océan. Quand la Basse-Egypte auroit été submergée, la Haute du moins étoit à couvert ; quand la mer auroit inondé la Palestine, la Syrie montagneuse & la chaîne du Liban n'avoient rien à craindre.

Pour opérer cette inondation par les eaux de la Méditerranée, il falloit un mouvement de la mer d'Occident en Orient, contraire par conséquent à celui que supposent nos Philosophes. Ici leur physique est encore déconcertée ; une supposition sert à détruire l'autre.

4°. Le déluge dont parlent les Chaldéens, les Syriens, les Phéniciens, les Grecs, aussi bien que Moïse, n'a pas été imprévu, puisqu'ils supposent tous qu'une famille en a été préservée avec les animaux, par le moyen d'une arche. La physique n'a donc rien à voir à cet événement : ou il n'y a jamais eu de déluge, ou il a été surnaturel.

En un mot, nous ne pouvons choisir qu'entre deux hypotheses : celle des Philosophes qui supposent que l'Océan a couvert successivement toutes les parties du globe, y a formé les montagnes, les a remplies de coquillages & de corps marins, & en a répandu sur les deux hémispheres à une profondeur considérable ; ou celle du déluge universel attesté par les Livres Saints & par l'Histoire des plus anciens peuples. Nous avons prouvé que la premiere est non seulement dénuée de fondemens, mais inconcevable, impossible, incapable d'expliquer les phénomenes (*a*), & nous le montrerons encore: donc nous sommes forcés de nous en tenir à la seconde, quoique surnaturelle & miraculeuse.

§. V.

L'état actuel du globe nous oblige encore à l'admettre. Par-tout où l'on a découvert des vallons étroits, bordés de part & d'autre par des rochers ou des hauteurs escarpées qui forment des angles saillans & rentrans, & qui donnent à ces vallons la figure du cours d'une riviere, les Naturalistes ont conclu que ces profondeurs avoient été creusées par les eaux. Ainsi, par l'inspection seule du canal de Constantinople, M. de Tournefort a jugé que ce canal a été formé par une éruption violente des eaux du Pont-Euxin dans la Méditerranée. Selon la tradition ancienne de la Grece, le fleuve Penée, enflé par les pluies, avoit franchi les bornes de son lit & de sa vallée, avoit séparé le mont Ossa du mont Olympe, & s'étoit fait une ouverture pour se jeter dans la mer. Hérodote, curieux de vérifier

---

(*a*) I^e. Partie de cet Ouvrage, c. 4, art. 7.

le fait, voulut visiter les lieux, & fut convaincu par leur aspect de la vérité de la tradition. De même, dans la Béotie, le fleuve Colpias a fait autrefois une rupture au mont Ptoüs, &, par un éboulement des terres, s'est creusé une embouchure. Wheler, Voyageur intelligent, a reconnu par l'inspection, que la chose a dû arriver ainsi (a). Les fables Grecques attribuoient à Hercule ces travaux de la nature.

Or, dans tous les pays de l'univers, sur-tout dans les pays de montagnes, on voit des vallons ainsi creusés : donc les eaux ont travaillé de même sur toute la face du globe. M. de Buffon attribue la formation de ces vallons étroits & tortueux, à l'affaissement des terres qui s'est fait des deux côtés : or cet affaissement n'a pu arriver que par un mouvement violent des eaux sur toute la terre, puisque l'on rencontre le même phénomene par-tout : donc il est arrivé par le déluge dont parle les Livres Saints. Autant il est évident que les eaux n'ont pas pu former les chaînes de montagnes, ni les vallons qui les coupent en sens différens, ni des montagnes isolées ; autant il est certain

_____
(a) Encyclopédie, art. *Déluge*.

que ce font les eaux qui ont creufé ces vallons étroits, profonds, efcarpés, qui ont fouvent un cours très-étendu, & femblable en tout au lit d'une riviere.

En fecond lieu, outre les corps marins dont on voit les femblables dans les mers qui nous avoifinent, on trouve dans les mines, dans les carrieres, dans les bancs de fable, des plantes, des coquilles, des parties d'animaux dont les analogues ne croiffent qu'à trois ou quatre mille lieues de nous. " A Saint-Chaumont, dans le
" Lyonnois, on voit une grande quantité
" de pierres écailleufes ou feuilletées, dont
" prefque tous les feuillets portent l'em-
" preinte d'une tige ou d'une feuille de
" plante.... Ce font des plantes étrange-
" res ; non feulement elles ne fe trouvent
" ni dans le Lyonnois, ni dans le refte
" de la France, mais elles ne font que
" dans les Indes Orientales & dans les
" climats chauds de l'Amérique.... Il eft
" certain, par les coquillages des carrieres
" & des montagnes, que ce pays, ainfi
" que beaucoup d'autres, a dû être cou-
" vert par l'eau de la mer : mais comment
" la mer d'Amérique ou celle des Indes
" Orientales y eft-elle venue ?.... Dans
" les premiers temps de la formation de

» la terre.... il a pu se faire des révolu-
» tions prodigieuses & subites dont nous
» ne voyons plus d'exemples.... Par quel-
» qu'une de ces grandes révolutions, la
» mer des Indes, soit Orientales, soit Oc-
» cidentales, aura été poussée jusqu'en
» Europe, & y aura apporté ces plantes
» étrangeres, flottantes sur les eaux ».
M. de Buffon, qui cite ce fait d'après
l'Histoire de l'Académie, n'y ajoute aucune réflexion (a). Il nous paroît une preuve convaincante de la réalité du déluge.

Dans le nord de la Sibérie, on trouve une grande quantité d'ivoire fossile presque à la superficie de la terre, & l'on a déterré des squelettes entiers d'éléphans dans le nord de l'Amérique (b). Certainement les éléphans n'ont jamais pu vivre dans des climats aussi froids ; il faut donc que leurs dépouilles y aient été apportées des Indes, par un mouvement prodigieux des eaux, qui se sont répandues de l'un des hémispheres à l'autre.

(a) Hist. Natur. tome I, *in*-12, à la fin.

(b) Nouv. Rech. sur la nat. par M. Needham, Préf. p. xij. Recherches Philos. sur les Américains, tome I, p. 312 & suiv.

S'il n'étoit question que d'établir la possibilité physique du déluge, par les eaux dont la terre est couverte, on l'a démontrée par une machine fort simple. Un globe terrestre creux & plein d'eau, est renfermé concentriquement dans un globe de verre. Le premier n'est pas plutôt agité par un mouvement de turbination, que les eaux qu'il renferme forcent des soupapes & remplissent le grand globe de verre; si le mouvement est ralenti, l'eau rentre par sa pesanteur. Or le globe de la terre a un mouvement de turbination, & il pourroit pirouetter plus vîte; alors les eaux monteroient par la force centrifuge & contre leur propre pesanteur: l'expérience confirme la théorie (a).

Nous verrons que les Incrédules, loin de nous opposer des difficultés insolubles, nous fournissent plutôt de nouvelles preuves.

§. VI.

Première Objection. Il n'y a pas dans la nature une assez grande quantité d'eau pour submerger tout le globe de la terre jusqu'à quinze coudées au dessus des plus

―――――――――――――――――
(a) Journal des Beaux-Arts, Mars, 1767.

hautes montagnes. Par une eſtimation moyenne de la profondeur de la mer, il paroît qu'en général on ne peut lui ſuppoſer plus de mille pieds de profondeur, & il y a ſur la terre des montagnes qui ont au moins dix mille pieds de hauteur. Il faudroit donc dix Océans pour ſubmerger les plus hautes montagnes; & comme la circonférence du globe augmente à meſure que l'on ſuppoſe les eaux plus élevées, il faudroit au moins vingt fois autant d'eau qu'il y en a dans toutes les mers du monde, pour qu'elles puſſent s'élever à la hauteur dont parle Moïſe. Il ne peut pas en tomber aſſez de l'athmoſphere pendant quarante jours & quarante nuits, pour ſuppléer à cette immenſe quantité (a). Vainement on ſuppoſeroit que Dieu a créé des eaux exprès, il auroit fallu enſuite les anéantir: Moïſe ne parle point de ce prodige, il ne fait mention que de la pluie & de la rupture des ſources du grand abyme.

Réponſe. Cette objection, que l'on fai-

―――――――――――――――――――

(a) Mélanges de Philoſ. tome I, p. 48, Digreſſion ſur le Déluge. Bible expliquée, p. 23. Engel, Eſſai ſur la Population de l'Amérique, tome I, l. II, c. 1; & tome II, l. IV, c. 1.

Tome V.   T

soit déjà du temps de Saint Auguſtin (a), n'eſt qu'un amas de ſuppoſitions fauſſes. Il eſt faux que la mer n'ait pas en général plus de mille pieds de profondeur ; qu'il ait fallu dix Océans pour couvrir le globe ; que l'on puiſſe eſtimer la quantité d'eau ſuſpendue dans l'athmoſphere.

„ Quelques Savans, dit très-bien l'Au-
„ teur du Spectacle de la Nature, ont
„ entrepris de meſurer la profondeur du
„ baſſin de la mer, pour s'aſſurer s'il y
„ avoit dans la nature aſſez d'eau pour
„ couvrir les montagnes ; & prenant leur
„ phyſique pour la regle de leur foi, ils
„ décident que Dieu n'a point fait une
„ choſe, parce qu'ils ne conçoivent
„ point comment Dieu l'a faite : mais
„ l'homme qui ſait arpenter ſes terres &
„ meſurer un tonneau d'huile ou de vin,
„ n'a point reçu de jauge pour meſurer la
„ capacité de l'athmoſphere, ni de ſonde
„ pour ſentir les profondeurs de l'abyme.
„ A quoi bon calculer les eaux de la mer,
„ dont on ne connoît pas l'étendue ? Que
„ peut-on conclure contre l'hiſtoire du
„ déluge, de l'inſuffiſance des eaux de la
„ mer, s'il y en a une maſſe peut-être

(a) De Civ. Dei, l. XV, c. 27.

» plus abondante, dispersée dans le ciel ?
» Et à quoi sert-il enfin d'attaquer la
» possibilité du déluge par des raisonne-
» mens, tandis que le fait est démontré
» par une foule de monumens (a) « ?

Par la seule inspection d'un globe terrestre, il est évident qu'il y a plus d'espace couvert d'eau, qu'il n'y en a de
terre habitable. Quoique l'on ne puisse
pas sonder la haute mer, il n'y a aucune
proportion entre une profondeur de mille
pieds, & la solidité d'un globe qui a
trois mille lieues de diametre. Puisqu'il
y a sur la terre des montagnes hautes de
plus trois mille deux cents toises, pourquoi
n'y auroit-il pas dans la mer des profondeurs égales, & même plus considérables ? Sur cette présomption seule, le
calcul de nos Physiciens doit déjà être
rejeté.

Il est contredit par ceux mêmes qui
nous l'opposent, puisqu'ils prétendent
que c'est la mer qui a couvert de coquillages le sommet des plus hautes montagnes. Lorsqu'elle faisoit cette opération
sur le Chimboraço du Pérou, qui est
élevé de trois mille deux cent vingt toises

_____

(a) Spectacle de la Nat. tome III, à la fin.

au dessus du niveau de la mer, n'avoit-elle que mille pieds de profondeur ?

§. VII.

Je soutiens qu'en partant des suppositions mêmes de nos adversaires, il s'est trouvé assez d'eau pour couvrir tout le globe à la hauteur dont parle Moïse.

Pour rendre raison des corps marins que l'on trouve dans le sein de la terre & sur le sommet des montagnes, ils soutiennent que la mer a noyé *successivement* tout le globe, & en a couvert toutes les parties pendant long-temps : elle a donc pu aussi le couvrir *successivement* pendant le déluge à la hauteur nécessaire pour vérifier le récit de Moïse. Dieu n'a-t-il pas pu faire successivement dans l'espace de dix mois, ce qu'il a fait successivement selon nos Physiciens pendant dix mille siecles ? Moïse ne dit point que tout le globe a été couvert à la même hauteur, & au même instant physique, par des eaux tranquilles & stagnantes ; il dit le contraire. En parlant du moment où les eaux commencerent à décroître, il nous apprend que les eaux se retirerent de dessus la face de la terre, en allant &

en revenant, *eundo & redeundo* (a); c'est-à-dire, par un flux & un reflux. Donc, lorsqu'elles la couvrirent à la plus grande hauteur, ce fut aussi par un flux & un reflux, ou par un mouvement progressif très-violent. Donc, pour vérifier le texte, il n'est pas nécessaire de supposer que les eaux se sont trouvées au même instant dans le même degré de hauteur sur les deux hémisphères opposés, & dans toute la surface du globe; il suffit de concevoir que Dieu a changé successivement le point du flux & du reflux, ou le point de la plus grande hauteur des eaux.

L'on est forcé d'admettre ce mouvement violent des eaux pendant le déluge, pour rendre raison des effets qu'il a produits, des vallons étroits & profonds qu'il a creusés, des crevasses énormes qu'il a faites, des corps marins ou terrestres qu'il a transportés de l'un des hémisphères à l'autre; ou plutôt ces effets mêmes servent d'attestation du mouvement que Moïse a eu soin de nous faire remarquer dans les eaux du déluge.

Nos adversaires n'y peuvent opposer aucune difficulté à laquelle ils ne soient

---

(a) Gen. c. 8, ℣. 3.

obligés de satisfaire eux-mêmes. Ils diront peut-être que les loix de la Statique s'opposent à ce déplacement successif des eaux ; qu'il auroit fallu que Dieu changeât successivement le centre de la gravité du globe. Mais ils admettent eux-mêmes ce changement successif du centre de gravité, lorsqu'ils veulent nous persuader que la mer a successivement couvert toutes les parties de la terre habitable.

Ils diront que le flux & le reflux n'a pas pu se faire également sentir sur les deux hémisphères opposés : mais il y regne aujourd'hui ; il a lieu dans l'Océan oriental aussi bien que dans l'Océan occidental.

Ils diront que l'Arche n'auroit pas pu résister à ce mouvement violent des flots. Craindrons-nous le naufrage d'un vaisseau dont Dieu étoit le pilote ? Ce n'est point le flux & le reflux, ce sont les tempêtes qui tourmentent les vaisseaux sur l'Océan.

Rien n'est donc plus frivole ni plus insipide que les plaisanteries de l'Auteur du Dictionnaire Philosophique sur le déluge. Tout y est miracle, dit-il ; miracle que quarante jours de pluie aient inondé les quatre parties du monde, & que l'eau se soit élevée de quinze coudées sur les plus hautes montagnes ; miracle qu'il y ait eu des cataractes, des portes, des ouvertures dans le ciel, &c. Les hautes marées sont donc encore des miracles, & les cataractes du Nil sont des portes : qu'un Philosophe déraisonne, ce n'est pas un miracle.

A entendre les Incrédules, il semble que Dieu, après avoir créé le monde, se soit condamné à n'y jamais toucher, & qu'il leur en ait abandonné la direction. Sans doute la création des eaux lui a coûté trop de peine, pour qu'il puisse en trouver quand il veut inonder le monde. Sans cesse on nous parle de l'étendue immense des cieux, & de la petitesse de la terre ; on suppose des mers dans la lune, & peut-être aussi dans le soleil ; & l'on soutient gravement qu'il n'y a pas assez d'eau dans la nature pour couvrir notre globe. Les Philosophes en trouvent assez pour former les montagnes dans leur sein, & il n'y en a plus pour les noyer (a).

(a) Telliamed, p. 107.

§. VIII.

Deuxieme Objection. En admettant le déluge universel, tel que Moïse le raconte, il ne suffit pas pour nous faire concevoir comment la mer a pu placer tant de coquillages & de corps marins dans tous les continens, à une profondeur considérable, & dans le sein des plus hautes montagnes : on ne peut expliquer ce phénomene, qu'en supposant que la mer a couvert successivement l'un & l'autre hémisphere pendant une longue suite de siecles.

Réponse. J'ose soutenir que l'hypothese à laquelle nos Philosophes ont recours, est cent fois plus inconcevable que le fait même qu'ils veulent expliquer. Ils commencent par supposer : 1°. le mouvement périodique & constant de la mer d'Orient en Occident; & ce mouvement est faux, impossible, contraire à toutes les expériences, & aux loix connues du mouvement : 2°. que c'est la mer qui a formé les montagnes, & qu'en les formant elle a mêlé des coquillages dans les différens lits dont elles sont composées. Or, nous avons prouvé ailleurs, que la mer n'a pas pu former les montagnes, que leur construction même dépose contre ce système. Il est absurde d'expliquer un fait difficile à concevoir, par une supposition cent fois plus inconcevable.

Quand on pourroit l'admettre, elle ne satisferoit point encore à toutes les difficultés. Elle ne nous apprend point comment les animaux, les plantes, les coquillages des Indes ou de l'Amérique ont été transportés dans nos terres : ce transport n'a pu être fait que par un mouvement brusque, impétueux, répété plusieurs fois, tel qu'il a dû arriver pendant le déluge.

Nous ne concevrons pas mieux pourquoi l'on ne trouve point de coquillages dans les plaines sablonneuses, ni dans les montagnes composées de pierres de grès; pourquoi l'on en trouve plus dans les chaînes de montagnes fort éloignées des côtes de l'Océan que sur les côtes mêmes; pourquoi dans les lits de Marne on ne voit jamais qu'une ou deux espèces de coquillages, pendant qu'il y en a d'autres dans les lits de pierres ou de terres voisines; pourquoi les carrieres d'une certaine Province sont farcies de petites vis, sans qu'il y en ait de grosses, & pourquoi dans d'autres Provinces il y en a une infinité de grosses & point de petites;

pourquoi ces vis ne se rencontrent que dans les lits de pierre d'un certain grain, pendant qu'il n'y en a aucune dans les lits voisins & contigus qui sont d'un grain différent ; pourquoi dans certains cantons l'on voit beaucoup de l'espece d'oursins qui croît dans la mer Rouge, & aucun de ceux qui vivent dans nos mers. Il y a bien d'autres observations à faire sur les coquillages & les pétrifications, que nos Naturalistes n'ont pas encore faites, & qu'ils n'expliqueront jamais.

Si la mer n'a couvert le globe que successivement en vertu de son mouvement progressif d'Orient en Occident, ce phénomene très-lent n'a pas dû détruire le genre humain, il n'a fait tout au plus que le transplanter. Les hommes assaillis à l'Orient par la mer, ont été quittes pour reculer leurs habitations du côté de l'Occident : cette transmigration n'a pu détruire ni les connoissances, ni les monumens de l'Histoire des siecles précédens. Pourquoi donc ne voit-on rien sur le globe qui soit antérieur aux époques fixées par Moïse ? Pourquoi l'Histoire, les monumens, les arts, les sciences, l'état de la civilisation des peuples concourent-ils à démontrer la nouveauté du genre humain ? Les Tartares, les Chinois, les Indiens, peuples les plus Orientaux, & dont on nous vante l'antiquité, ont-ils quelque connoissance des progrès de la mer sur leur continent ? Ont-ils appris de leurs peres, que leurs habitations étoient autrefois plus avancées à l'Orient qu'elles ne sont aujourd'hui ?

C'est un bel expédient sans doute, pour expliquer les amas de coquilles, de recourir à une hypothese que la Physique & l'Histoire désavouent, & qui ne peut rien éclaircir. Rien n'est si sensé que ce raisonnement : nous ne concevons pas d'où viennent ces tas immenses de coquilles ; donc il n'y a point eu de déluge universel.

Moïse n'en a pas fait l'histoire pour nous apprendre l'origine des fossiles, mais pour nous convaincre qu'il y a un Dieu, une Providence, une justice éternelle qui punit les crimes du genre humain. Il nous paroît que ces vérités sont bien aussi importantes que l'origine des coquilles.

§. IX.

Troisieme Objection. L'arche, selon les dimensions que Moïse lui donne, n'auroit pu contenir la famille de Noé, toutes les especes d'animaux, & tout ce qu'il falloit pour les nourrir pendant dix mois (*a*).

Réponse. Le contraire est démontré par les calculs géométriques de plusieurs Savans. Buteo *de Arcâ Noe*, l'Evêque Wilkins, le Pelletier, dans une dissertation sur ce sujet, ont fait voir que, selon les dimensions assignées par Moïse, il y avoit suffisamment d'espace pour loger toutes les especes d'animaux connus, avec une quantité suffisante d'alimens pour les nourrir. C'est un détail dans lequel il ne nous est pas possible d'entrer. L'Auteur du Dictionnaire Philosophique a trouvé plus aisé de tourner en ridicule ces calculs, que d'en montrer la fausseté. Au défaut de preuves & de raisons, les Incrédules ont recours aux railleries ; c'est l'espece de combat qui leur réussit le mieux.

Vainement l'Auteur de l'Essai sur la Population de l'Amérique, multiplie à son gré les especes d'animaux, pour augmenter la difficulté. Selon lui, les différentes especes de chiens que nous connoissons ne

---

(*a*) Engel, Essai sur la Popul. de l'Amér. l. IV, c. 2, tome II. Dict. Philos. *Inondation*. Tableau du genre humain, p. 13. Bible expliquée, p. 22.

peuvent pas venir de deux individus, & un cheval bai ne peut pas être engendré par deux chevaux noirs. M. de Buffon, mieux instruit, & qui a mieux observé la nature, juge que toutes les variétés de la taille, de la couleur, du poil, de la conformation, des animaux d'une même espece, viennent du climat, de l'air, des alimens; il suit les différentes dégradations par lesquelles une même espece peut passer & devenir presque méconnoissable.

Il est essentiel d'observer que nous ne savons pas quels sont les animaux qui peuvent vivre long-temps dans l'eau, & quels sont ceux qu'il a été absolument nécessaire de conserver dans l'arche. On en voit plusieurs demeurer six mois dans la terre sans respiration sensible & sans mouvement, & revivre au printemps. On a trouvé dans les lacs du Nord, sous les glaces de l'hiver, une quantité prodigieuse d'hirondelles attachées les unes aux autres, dans lesquelles il restoit un germe de vie, & prêtes à se ranimer par la chaleur. Il faudroit donc mieux connoître la nature, avant de décider de la quantité d'animaux qui n'ont pu être sauvés que dans l'arche.

Un fameux Incrédule a poussé la folie jusqu'à prétendre que tous les animaux, & même les hommes, sont une production de la mer, ont été originairement des poissons, & pourroient encore vivre dans les eaux, s'ils vouloient en contracter l'habitude (*a*). D'autre côté, les Censeurs de l'Histoire Sainte supposent qu'aucun animal n'a pu vivre, à moins qu'il n'ait été conservé dans l'arche avec l'homme. Egale témérité de part & d'autre. Lorsque Moïse dit que tous les animaux qui n'étoient pas dans l'arche périrent, il en excepte sans doute les poissons & les amphibies; & nous ne savons pas précisément jusqu'où l'espece de ces derniers peut s'étendre.

§. X.

Quatrieme Objection. Il est impossible que Noé ait pu rassembler toutes les especes d'animaux qui vivoient dans des climats fort éloignés du lieu qu'il habitoit : comment ceux de l'Amérique ont-ils pu se rendre dans les plaines de la Mésopotamie ? Il y en a qui peuvent à peine marcher ; celui que l'on nomme

___

(*a*) Telliamed, sixieme Entretien.

le Paresseux, auroit demeuré vingt mille ans pour y arriver, quand il auroit pu faire le voyage par terre. Voilà donc encore un miracle. C'en est un autre qu'aucuns ne soient morts dans l'arche, & qu'au sortir de l'arche ils aient trouvé de quoi se nourrir; les productions de la terre ont dû périr pendant le déluge (*a*).

Réponse. Quand il seroit nécessaire, pour admettre le déluge, de supposer encore plus de miracles que les Incrédules n'en rassemblent, leur entêtement ne seroit pas moins ridicule. Nous sommes déjà convenus que ce grand événement & toutes ces circonstances n'ont pu arriver naturellement. Dieu qui a voulu l'opérer, s'est chargé sans doute de la substance du fait & de la maniere, de la cause & des effets. Les miracles ne lui coutent pas davantage que le cours ordinaire de la nature; les uns & les autres sont un effet de sa seule volonté. En établissant les loix physiques, il n'a mis des entraves, ni à sa puissance, ni à sa liberté. Il n'est pas plus difficile de conserver les animaux & les plantes, que de les

---

(*a*) Engel, l. IV, c. 3 & 4. Diction. Philosoph. *Inondation*.

faire naître; de faire arriver les premiers des extrémités du monde, que de leur donner la puissance de marcher. Dieu pouvoit étouffer les hommes & les animaux dans une seule nuit, au lieu de les faire périr par un déluge : lui demanderons-nous pourquoi il ne l'a pas fait ? Il est fort étrange que des Philosophes, incapables de rendre raison des phénomenes les plus communs & les plus ordinaires, exigent de nous un compte exact des desseins & des opérations extraordinaires de Dieu, dont il ne lui a pas plu de nous développer toutes les circonstances.

Parce qu'ils croient appercevoir la cause d'un certain nombre de phénomenes ordinaires, ils disent que tout est nécessaire, que tout se fait en vertu des propriétés essentielles de la matiere. Dieu, pour les confondre & rendre leur entêtement inexcusable, a daigné faire des miracles en très-grand nombre & de toute espece: ils disputent contre Dieu sur le nombre & sur la façon. Si Dieu en avoit fait moins, ils diroient qu'il n'y en a pas assez, que ces événemens très-rares sont l'effet de quelque cause inconnue. Parce que Dieu en a fait beaucoup, ils disent qu'il y en a trop; ils les mettent au rabais; ils se fâchent de ce que Dieu a si fort multiplié les preuves de sa liberté souveraine. Les uns ajoutent que, pour les croire, ils voudroient en voir; d'autres nous avertissent que quand ils en verroient ils n'y croiroient pas. Peut-on espérer de guérir des hommes qui s'aveuglent au flambeau même qui devroit les éclairer?

Il est faux que les arbres & les plantes aient dû périr pendant le déluge. Théophraste & Pline assurent que la mer Rouge produit sous ses eaux des lauriers & des oliviers, dont les fruits ne sont guere inférieurs en bonté à ceux de la Grece (a). Si les arbres peuvent végéter habituellement sous les eaux, à plus forte raison peuvent-ils s'y conserver pendant dix mois. Un Philosophe, dont nous avons déja cité plusieurs paradoxes, nous dit que tous les jours les Pêcheurs tirent du fond de la Méditerranée des plantes & des branches d'arbres avec leurs fruits, des ceps de vigne & des raisins, des pruniers, des pêchers, des poiriers, des pommiers, & toutes sortes de fleurs (b).

(a) Théophr. l. IV, c. 8. Pline, l. III, c. 25.
(b) Telliamed, 6e. Entret. p. 313.

Nous ne citons point ce fait pour en tirer avantage, mais pour montrer combien peu l'on doit compter sur les assertions de nos Philosophes. Ils vantent les progrès de nos connoissances, & ils ne nous donnent que des doutes.

Cinquieme Objection. Il est dit, dans la Genese, que Noé ayant laissé sortir de l'arche une colombe, pour savoir si la terre étoit déja desséchée, cet oiseau revint avec un rameau d'olivier dans son bec : or, Tournefort, dans son voyage du Levant, atteste qu'il n'y a point d'oliviers en Arménie.

Réponse. S'il n'y en a point aujourd'hui, il y en avoit autrefois; Strabon pouvoit le savoir, il étoit né dans la Cappadoce, voisine de l'Arménie : or, il dit que de son temps l'Arménie portoit des oliviers. Autrefois les montagnes du Liban étoient couvertes de cedres; il n'y en a plus que dix-neuf. Il y avoit beaucoup de sycomores en Judée; à peine y en trouve-t-on quelques-uns de nos jours. Tournefort lui-même dit que les pins étoient autrefois communs dans un canton de l'Arménie, & que cette espece d'arbres y est presqu'entiérement détruite. Il y a de nos Provinces où l'on voyoit autrefois quantité de châtaigniers ; à peine en reste-t-il quelques arbres dans les forêts.

§. XI.

Sixieme Objection. Après le déluge, l'Amérique n'a pu naturellement se repeupler d'hommes & d'animaux ; elle est séparée des autres continens par un long trajet de mer : par quel moyen les hommes & les animaux ont-ils pu le franchir ? L'Auteur des Essais sur l'Histoire Générale, a tourné en ridicule ceux qui croient que du Nord de l'Asie aux côtes de l'Amérique Septentrionale le trajet n'est pas long ; que les hommes & les animaux ont pu passer d'un continent à l'autre, ou sur des barques emportées par les courans, ou sur les glaces pendant l'hiver (*a*). Engel soutient que les lions & les autres animaux, qui ne sortent jamais de la Zone torride, n'ont pu pénétrer en Amérique par le Nord ; que le Aï ou le Paresseux n'a jamais pu y aller en marchant (*b*). Il pense que les Américains sont de race Chinoise antédiluvienne,

---

(*a*) Essais sur l'Hist. Gén. tome IV, c. 141.
(*b*) *Ibid.* sur la Population de l'Amérique, tome II, l. IV, c. 4.

parce qu'avant le déluge l'Amérique étoit moins éloignée du continent de l'Asie qu'elle ne l'est aujourd'hui (a).

Dans l'Histoire des Etablissemens & du Commerce des Européens dans les deux Indes, l'Auteur ne sait qu'en penser. Il trouve beaucoup de difficultés à supposer que les hommes ont passé de notre continent dans celui de l'Amérique par le Nord de l'Asie. » Si les peuples de l'Amé-
» rique, dit-il, n'ont pu venir de notre
» continent, & que cependant ils paroif-
» sent nouveaux, il faut recourir au dé-
» luge, qui, dans l'Histoire des Nations,
» est la source & la solution de toutes les
» difficultés. On supposera que la mer
» s'étant débordée sur l'autre hémisphere,
» ses anciens habitans se seront réfugiés
» sur les Apalaches & sur les Andes,
» montagnes beaucoup plus élevées que
» notre mont Ararat. Mais comment au-
» ront-ils vécu sur ces sommets de neige
» environnés d'eau, &c. ?.. Malgré tous
» ces obstacles, convenons que l'Amérique
» s'est repeuplée des déplorables restes de
» sa dévastation.... L'imperfection de la
» nature en Amérique ne prouve donc

_____

(a) Essais sur la Pop. de l'Am. tome I, l. II, c. 7.

» pas la nouveauté de cet hémisphere,
» mais sa renaissance. Il a dû sans doute
» être peuplé dans le même temps que
» l'ancien ; mais il a pu être submergé
» plus tard (a) «.

Ce Philosophe, qui ne croit point au déluge universel, aime mieux en admettre deux, l'un pour notre hémisphere, l'autre pour celui de l'Amérique.

Réponse. Il est évident par toutes ces variations & ces doutes, que chercher la vérité dans les Ecrits des Philosophes, c'est vouloir trouver la lumiere dans les ténebres. Il est impossible sans miracle que la mer se soit répandue sur-tout le continent de l'Amérique, & l'ait submergé au point de ne laisser à découvert que le sommet des Andes ou des Cordilieres. Quelle cause physique lui a fait ainsi perdre son niveau ? Mais les Incrédules aimeront mieux admettre cent prodiges incompréhensibles, que de convenir d'un seul des miracles de l'Histoire Sainte.

L'Auteur même des Essais sur la Population de l'Amérique, malgré l'intérêt de son système, convient du peu de

---

(a) Hist. des Establiss. &c. tome VI, l. XVII, p. 195 & suiv.

distance qu'il y a entre le continent de l'Amérique & les terres les plus septentrionales de l'Asie ; de la facilité qu'ont eue les peuples de ces régions à passer d'un hémisphere à l'autre, soit par la navigation, soit par des tempêtes qui les y ont jetés malgré eux, soit par la rapidité des courans qui les ont entraînés, soit sur les glaces pendant l'hiver (*a*). Il ne révoque point en doute le fait avancé par M. de Guignes dans son Histoire des Huns, que les Chinois ont fait un commerce fort étendu dans l'Amérique, environ l'an 458 de Jésus-Christ (*b*). Ce commerce suppose que les Chinois ont su par tradition ou par hasard, que depuis la Chine, en tirant au nord-est, on pouvoit aborder à un autre continent.

Il n'est pas plus difficile de concevoir comment les animaux ont pu être transporté en Amériques après le déluge, que comment ils ont pu passer d'une Isle à une autre. On sait que les animaux traversent souvent à la nage un espace de mer assez considérable, & les courans ont pu

---

(*a*) Essai sur la Pop. &c. tome I ; l. II, c. 1, p. 21.
(*b*) Mém. de l'Acad. des Inscript. tome XLIX, *in*-12, p. 27.

les porter beaucoup plus loin qu'ils ne vouloient aller. Puisque les hommes ont abordé en Amérique, ou malgré eux, ou de propos délibéré, l'on ne voit pas pourquoi la même chose n'a pas pu arriver aux animaux. Puisqu'il y en a par-tout, donc il n'est pas impossible qu'ils aient pénétré par-tout. Un fait n'est pas moins certain, quoique nous ne sachions pas positivement de quelle maniere il a pu s'exécuter.

Par les derniers voyages que les Danois ont fait en Islande, il est prouvé que la mer y amene des bois qui paroissent tirés des forêts de l'Amérique, & des glaçons énormes sur lesquels sont portés des ours. Il n'est donc aucun animal qui n'ait pu être transporté de même d'un hémisphere à l'autre (a).

M. de Buffon ne doute point que l'origine des Américains ne soit la même que la nôtre. La ressemblance des Sauvages du Nord de l'Amérique avec les Tartares Orientaux, doit faire juger qu'ils sortent anciennement de ces peuples. Les nouvelles découvertes que les Russes ont faites au delà du Kamschatka de plusieurs terres & de plusieurs isles qui s'étendent jus-

---

(a) Gazette Litt. de Deux-Ponts, 1775, n. 14, pag. 110.

qu'à la partie de l'oueſt du continent de l'Amérique, ne peuvent laiſſer aucun doute ſur la poſſibilité de la communication (*a*), & ces découvertes ſe confirment de jour en jour par de nouvelles relations (*b*).

§. XII.

Septieme Objection. Selon l'oracle des Philoſophes, les Américains, les Negres, les Albinos, les Hottentots, les Chinois, les Lapons, ſont originairement des eſpeces d'hommes différentes; ils ne ſont point deſcendus d'un Pere commun. Dieu a ſemé le genre humain ſur le globe, comme il y a fait naître les arbres & les plantes. Il décide que la *membrane muqueuſe*, eſpece de rézeau ſemblable à une gaze noire qui ſe trouve entre la peau & la chair des Negres, eſt la vraie cauſe de leur noirceur. Il dit que la race des Negres, en changeant de climat, ne blanchit jamais, de même que les Blancs, tranſplantés ſous la ligne, ne contractent jamais la noirceur des Negres,

---

(*a*) Hiſt. Natur. *in*-12, tome V, p. 214. Réponſes Critiques, &c. tome II, p. 54.

(*b*) Recherches Hiſtor. ſur le Nouveau Monde, par M. Scherer, c. 7 & 11.

à

DE LA VRAIE RELIGION. 457

à moins que les races ne se mêlent (a).

Engel pense de même, que la chaleur du climat n'est point la cause de la noirceur des Negres, puisqu'il y a des peuples blancs sous la ligne; que les Negres ne peuvent jamais devenir blancs, ni les Blancs devenir noirs que par le mélange des races. Il juge que les Negres sont la postérité de Caïn; que leur noirceur est un effet de la malédiction portée contre leur pere, après le meurtre d'Abel; que tel est le signe que *Dieu mit en lui* pour le préserver d'être tué (b). Cette opinion lui a valu une sortie vigoureuse de la part de l'Historien des Etablissemens des Européens dans les Indes, qui prend de là occasion d'invectiver contre les Théologiens, comme si c'étoit-là un dogme Théologique.

Après avoir posé pour principe, que la différente maniere de vivre, jointe à la diversité des climats, peut changer la

---

(a) Essais sur l'Hist. Gén. tome IV, c. 137. Mélanges de Philos. tome III, c. 68. Philosophie de l'Hist. c. 2 & 8. Diction. Philos. art. *Chine*. 16ᵉ. Lettre sur les Miracles, &c.

(b) Engel, Essai sur la Populat. de l'Amérique, tome IV, l. VII, c. 19.

Tome V.   V

couleur des hommes (a), il soutient ailleurs que les Negres sont une espece particuliere d'hommes. Il nous paroît que ces deux theses sont contradictoires. » La » couleur du teint & de la peau, dit-il, » vient d'une *substance gélatineuse* qui se » trouve entre l'épiderme & la peau. Cette » substance est noirâtre dans les Negres, » brune dans les peuples olivâtres ou basanés, blanche dans les Européens, » parsemée de taches rougeâtres chez les » peuples extrêmement blonds ou roux.... » Enfin, l'Anatomie a trouvé l'origine de » la noirceur des Negres dans les germes » de la génération (b) «.

Réponse. Nous voilà donc réduits à choisir entre la *substance gélatineuse* & la *membrane muqueuse* des Philosophes, pour savoir si les Negres sont ou ne sont pas une espece différente des Blancs. En attendant que ces Messieurs se soient accordés, cherchons la vérité ailleurs.

M. de Buffon qui a examiné la question avec soin, juge, 1°. que la noirceur des Negres vient principalement de la chaleur excessive du climat, mais que

---

(a) Hist. des Etabliss. tome III, l. VI, p. 86.
(b) *Ibid.* tome IV, l. XI, p. 120 & 121.

la maniere de vivre de ces peuples & leurs mœurs peuvent y contribuer. Il observe, que les différens degrés de leur noirceur correspondent exactement au degré de chaleur du pays qu'ils habitent ; il conclut, que s'il y a des peuples blancs, ou seulement basanés sous la ligne, c'est que la chaleur est plus tempérée dans certains cantons que dans d'autres par des preuves accidentelles. Il est persuadé que des Negres, transportés dans des climats tempérés, perdroient bientôt, même sans le mélange des races, leur noirceur originelle (a) : 2°. que les Albinos qui se trouvent dans diverses contrées de l'Afrique & de l'Amérique sont des Negres dégénérés, qui ont changé de couleur par une espece de maladie (b). Nouvelle preuve que la noirceur des Negres n'est pas ineffaçable.

L'Auteur des Recherches Philosophiques sur les Américains soutient la même opinion sur les Negres & sur les Albinos ; il l'appuie par de nouvelles observations, auxquelles il nous paroît que l'on ne peut rien opposer de solide. M. Scherer les a

---

(a) Hist. Nat. tome V, *in-12*, p. 225.
(b) *Ibid.* p. 194.

confirmées (*a*). Jusqu'à ce que d'autres aient démontré le contraire, nous continuerons de croire que les Negres, les Blancs, les Rouges, les Jaunes, & généralement tous les hommes, sont la postérité d'Adam & de Noé, comme nous l'apprennent les Livres Saints.

§. XIII.

Huitieme Objection. Les Incrédules demandent de quoi a servi le déluge; n'étoit-il pas plus aisé à Dieu de changer par un acte de sa toute-puissance les dispositions criminelles de ses créatures, que de submerger le globe, afin de les ensevelir sous les eaux d'un déluge universel, & de repeupler le monde par une seule famille? Ce déluge même n'a point corrigé les hommes; à peine commencent-ils à se multiplier, qu'ils deviennent idolâtres, &, malgré toutes ses rigueurs, Dieu est méconnu & outragé. Peut-on reconnoître à cette conduite un Dieu infiniment sage (*b*)?

(*a*) Recherches Philos. tome I, p. 178; tome II, p. 5. Recherc. Hist. sur le Nouv. Monde, c. 8.
(*b*) Esprit du Judaïsme, c. 1, p. 4 & 5.

Ils répetent la même objection contre le péché d'Adam, contre la révélation, contre la rédemption opérée par Jésus-Christ. Malgré tant de miracles, de graces, de bienfaits, de châtimens, l'homme est toujours vicieux & corrompu : donc Dieu n'a rien fait de tout ce que les Livres Saints lui attribuent : c'est la doctrine des Manichéens (a).

Réponse. Il est absurde de supposer qu'une chose est plus aisée à Dieu qu'une autre ; tout lui est également facile, puisqu'il est tout-puissant : les opérations surnaturelles, les miracles ne lui coutent pas plus que la conservation de l'ordre de la nature ; tout est également soumis à sa volonté.

Changer par un acte de toute-puissance les dispositions criminelles de tous les hommes, c'est un miracle opéré sur les esprits, tout comme le déluge est un miracle produit sur les corps ; il est contraire à l'ordre de la nature & de la providence que tous les hommes soient affectés de même, soient touchés par la même grace, aient les mêmes dispositions d'esprit &

(a) S. Aug. contra advers. Legis & Prophet. l. I, c. 16 & 21.

de cœur, la même inclination au bien, la même aversion pour le mal.

L'Auteur duquel nous avons tiré l'objection, reconnoît que Dieu est une intelligence unique, incorporelle, infinie par sa puissance, sa sagesse, sa prévoyance, sa science, sa bonté, sa justice; un Etre universel dont les soins s'étendent également à toutes ses créatures. Cela posé, voyons s'il raisonne conséquemment. » N'eût-il pas été bien plus utile à l'hom-» me, dit-il, d'être privé d'un libre ar-» bitre, dont la Divinité devoit prévoir » qu'il abuseroit (a) « ?

Mais si l'homme n'avoit point de libre arbitre, en quoi consisteroit la sagesse, la providence, la justice de Dieu à son égard? Un être privé de libre arbitre est incapable de vice & de vertu, de mérite & de démérite, de châtiment & de récompense; il est aussi absurde d'admettre une justice divine à son égard, qu'à l'égard des brutes & des créatures inanimées. Si l'homme n'est qu'une machine, toute la sagesse & la providence de Dieu consistent à le conduire par des loix nécessaires, par le branle général de la nature, comme les

---

(a) Esprit du Judaïsme, c. 1, p. 1 & 4.

aſtres, les élémens, les plantes, & les animaux. L'Auteur ne s'entend pas lui-même, lorſque dans cette hypotheſe il veut que Dieu, par ſa toute-puiſſance, change les *diſpoſitions criminelles* de ſes créatures. Des créatures non libres n'ont d'autres diſpoſitions que celles que Dieu leur a données; ſi ces diſpoſitions ſont criminelles, Dieu ſeul eſt l'auteur du crime, il n'eſt plus imputable aux créatures. Pour changer des diſpoſitions qui ſeroient l'effet néceſſaire des loix générales de l'univers, il faudroit changer ces loix & l'ordre de la nature; pour empêcher les lions, les tigres, les loups, d'être voraces, il faudroit altérer leur conſtitution phyſique. Ne ſeroit-ce pas là autant de miracles dans toute la rigueur du terme? Les Déiſtes, en rejetant tous les miracles, veulent donc que Dieu en faſſe à tout moment; ils ſoutiennent que Dieu ne doit pas changer les loix générales de l'univers, & ils exigent qu'il change la marche de l'eſprit & de la volonté dans tous les hommes.

Le déluge univerſel, dont les veſtiges dureront juſqu'à la fin des ſiecles, a ſervi & ſervira toujours à prouver contre les Incrédules deux grandes vérités; qu'il y a une Providence; que Dieu, quand il lui plaît, peut faire des miracles, & changer le cours de la nature. La corruption & l'aveuglement des hommes, malgré ce fléau terrible, sert à en démontrer une autre; savoir, que l'homme est libre, qu'il peut, quand il le veut, abuser des bienfaits & des châtimens. Que les Incrédules rendent hommage à ces vérités, qu'ils renoncent à leurs erreurs, dès-lors il sera vrai de dire que le déluge n'est pas inutile, puisqu'il les a convertis.

§. XIV.

Neuvieme Objection. L'on ne peut pas admettre que le monde a été repeuplé par les enfans de Noé; ce fait ne s'accorde point avec la population nombreuse que l'on trouve dans certaines contrées dans des temps très-voisins du déluge. M. Freret cite à ce sujet les observations de l'Abbé Lenglet, qui prétend que deux ou trois cents ans après le déluge, il y avoit en Egypte une si grande quantité de peuples, que vingt mille villes n'étoient pas capables de le contenir (*a*).

(*a*) Examen Crit. des Apol. de la Relig. Chrét. c. 11. Essai sur la Popul. de l'Amérique, tome II, l. IV, c. 5, p. 382.

Réponse. Il auroit été à propos de citer les preuves & les monumens de cette population prodigieuse de l'Egypte, trois siecles après le déluge. Les a-t-on trouvées dans Hérodote, qui a écrit près de deux mille ans plus tard ? Ce Royaume dans toute son étendue ne contient pas aujourd'hui mille villes, & l'on veut qu'il ait eu autrefois assez d'hommes pour en peupler vingt mille. L'Auteur des Recherches Philosophiques sur les Egyptiens & les Chinois, convient que ce nombre prodigieux de villes en Egypte est une fable (a). Cette imagination est assez réfutée par les notions que nous avons du sol de l'Egypte, & de la température de l'air que l'on y respire. Dans tous les temps les inondations du Nil y ont rendu l'air très-mal sain ; les hommes y vivent moins long-temps qu'ailleurs. Cet inconvénient a dû être encore plus sensible & plus pernicieux dans les premiers âges, avant que l'on eût fait des travaux immenses pour creuser des canaux, pour former le lac Mœris, pour faciliter l'écoulement des eaux, pour élever le sol des villes au dessus du niveau de l'inon-

---

(a) Tome I, p. 103, & tome II, p. 70.

dation. Les ravages causés par le Nil dans les premiers temps du monde, sont attestés même par les fables (a). On a voulu nous faire juger de la population prodigieuse de l'Egypte par les travaux de ses habitans, & sur-tout par la construction des pyramides; mais nous ne savons ni en quel temps elles ont été bâties, ni combien de temps l'on a mis à les faire: quelle conséquence peut-on tirer de là?

On ne réussit pas mieux à citer l'histoire & la chronologie des anciens peuples, pour attaquer la réalité ou la date du déluge: nous avons fait voir ailleurs, que ces chronologies ne prouvent rien. 1°. Celle des Egyptiens bien entendue, confirme celle du texte Hébreu, par conséquent l'époque du déluge qui en fait partie; M. d'Origny l'a fait voir dans son ouvrage. 2°. Celle de la Chine pour les premiers siecles, n'est appuyée sur aucun fondement; les Auteurs mêmes Chinois suivent différens systêmes, ne s'accordent point sur les dates les plus essentielles. Tous ces systêmes chronologiques sont très-modernes, puisqu'aucun

---

(a) Origine des Dieux du Paganisme, tome II, p. 386, 2ᵉ. édit.

n'est antérieur à notre ere vulgaire. L'antiquité prétendue de ce peuple est contredite par son Histoire même, par laquelle il est prouvé que la Chine, dans les premiers temps, a été divisée en plusieurs États indépendans. L'on a donc pris les listes de plusieurs Dynasties collatérales, pour les mettre bout à bout, & en faire cette chaîne immense de Souverains que l'on suppose avoir succédé l'un à l'autre. L'on a fait de même chez les Égyptiens. 3°. La chronologie des Indiens est encore plus fautive; elle n'est appuyée ni sur une suite d'événemens dont la date soit fixée, ni sur des généalogies, ni sur des observations, ni sur aucun monument incontestable. 4°. Celle des Chaldéens, seroit plus authentique, si les observations astronomiques qui lui servent de fondement, étoient mieux prouvées; mais il est certain que ces observations ne remontent pas plus haut que l'ere de Nabonassar, environ 750 ans avant Jésus-Christ. Elles sont donc postérieures au déluge de plus de quinze cents ans. Lorsque l'Auteur des Questions sur l'Encyclopédie soutient que ces observations étoient de 1903 ans, & qu'elles furent envoyées à Aristote par Callisthene, il en impose à notre crédulité (a).

5°. L'ancienne chronologie des Phéniciens nous est inconnue ; le fragment de Sanchoniathon ne nous donne aucune lumiere sur ce point : les Grecs produisent des monumens trop modernes, pour que l'on puisse se fier aux premieres époques de leur Histoire. Les marbres d'Arundell, sur lesquels on a voulu les fixer, ont été gravés plus de douze cents ans après Cécrops, qui est le point d'où l'on est parti ; & Cécrops, selon ces marbres mêmes, n'a vécu que 800 ans après le déluge.

§. XV.

Dixieme Objection. Après le déluge, Dieu dit à Noé : Je vais faire alliance avec vous, avec votre postérité & avec tous les animaux. » Quelle alliance ? s'é-
» crie l'Auteur du Dictionnaire Philoso-
» phique ; quelles ont été les conditions
» du traité ? Que tous les animaux se dé-
» voreroient les uns les autres ; qu'ils se
» nourriroient de notre sang, & nous du
» leur ; qu'après les avoir mangés, nous

(a) Réponses Critiques, &c. par M. Bullet, tome II, p. 82.

DE LA VRAIE RELIGION. 469

» nous exterminerions avec rage...... S'il
» y avoit eu un tel pacte, il auroit été
» fait avec le Diable (a) ».

Réponse. Pardonnons cette tirade fougeuse, elle n'est que ridicule ; encore vient-elle des Manichéens. Moïse explique en termes clairs, les conditions du traité : Je vais faire avec vous une alliance, en vertu de laquelle je ne détruirai plus les créatures vivantes par les eaux du déluge. On se souviendra qu'*alliance* ne signifie souvent autre chose que *promesse*. Dieu, pour gage de la sienne, fait paroître l'arc-en-ciel (b). Nouvelle matiere à la censure du Philosophe.

» Remarquez, dit-il, que l'Auteur
» ne dit pas, *j'ai mis* mon arc dans les
» nuées, mais *je mettrai* ; cela suppose
» évidemment que l'opinion commune
» étoit que l'arc-en-ciel n'avoit pas tou-
» jours existé. C'est un phénomene causé
» par la pluie, & on le donne ici comme
» quelque chose de surnaturel qui aver-
» tit que la terre ne sera plus inondée. Il
» est étrange de choisir le signe de la pluie
» pour assurer que l'on ne sera pas noyé ».

(a) Dict. Philos. *Genese.*
(b) Gen. c. 9, ℣. 11.

Ce morceau est tiré de Tindal (a).

Trois faussetés en quatre mots. Il est faux que Moïse n'ait pas dit, *j'ai mis mon arc dans les nuées* ; le texte y est formel. Il est ainsi rendu par le Samaritain, par la version Syriaque, par la version Arabe, & les Septante l'ont exprimé par le présent, *je mets mon arc dans les nuées*. Il est donc faux que Moïse suppose que l'arc-en-ciel n'a pas toujours existé. Il est faux qu'il le donne comme quelque chose de surnaturel : un phénomene naturel & très-connu pouvoit servir à rassurer les hommes en vertu de la promesse de Dieu, & il servoit à les en faire souvenir. Il est faux que l'arc-en-ciel soit le signe de la pluie, du moins de la pluie future ; il désigne seulement un air chargé de vapeurs : on voit très-souvent le beau temps succéder immédiatement à l'arc-en-ciel. Mais c'est trop nous arrêter à des puérilités.

§. XVI.

Onzieme Objection. L'histoire de Noé endormi & découvert dans sa tente, l'indiscrétion de Cham, la malédiction pro-

---

(a) Christian. aussi ancien que le monde, c. 13, p. 230. Bible expliquée, p. 25.

noncée par Noé contre Chanaan (*a*), font une fable forgée par Moïfe, pour rendre odieux les Chananéens, pour donner aux Ifraélites un droit imaginaire de s'emparer de leur pays, & de les afservir. Si Cham étoit feul coupable, il devoit plutôt être puni que fon fils & fa poftérité. La conduite que Moïfe attribue toujours à Dieu de punir dans les enfans les crimes de leurs peres, eft contraire à toutes les loix de la juftice.

Réponfe. En voulant prêter de la fourberie à Moïfe, on le fuppofe bien maladroit. Il attribue aux defcendans de Japhet les mêmes droits fur les Chananéens qu'à la poftérité de Sem; il fait dire à Noé, que Chanaan foit efclave de l'un & de l'autre : fur quoi feroit donc fondée la prétention exclufive des Hébreux defcendus de Sem ?

Il ne fonde point le droit des Ifraélites fur la malédiction prononcée par Noé, mais fur la promeffe que Dieu a faite à Abraham, à Ifaac, à Jacob, de donner la Paleftine à leurs defcendans, & fur l'ordre exprès que Dieu donne à ceux-ci de s'en mettre en poffeffion (*b*). Il avertit

---

(*a*) Gen. c. 9.
(*b*) *Ibid.* c. 15, ℣. 16. Exode, c. 3, ℣. 8.

les Israélites que Dieu leur accorde ce bienfait, non pour récompenser leur fidélité, puisqu'ils sont eux-mêmes ingrats & rebelles, mais pour punir les Chananéens, non de la faute de leur pere, mais de leurs propres crimes (a) : il n'attribue donc aux Israélites d'autres droits que la promesse & la volonté du Seigneur. Il ne leur permet point de s'emparer de l'Egypte, quoique les Egyptiens fussent descendus de Cham ; au contraire il leur défend de conserver aucun ressentiment contre les Egyptiens, & de remettre le pied en Egypte (b).

Assurément Dieu peut, sans injustice, détruire comme il lui plaît un peuple impie & méchant, par la peste, par la famine, par la guerre, par des ouragans, & donner les diverses contrées de la terre à telle nation qu'il juge à propos. Nos adversaires sans doute n'ont aucun scrupule de posséder des terres en France, en vertu de la conquête que les Barbares en ont faite sur les Romains.

Cham avoit été béni de Dieu avant sa

(a) Lévit. c. 18, ℣. 25. Deut. c. 9, ℣. 4 ; c. 18, ℣. 12 ; c. 20, ℣. 17.

(b) Deut. c. 17, ℣. 16 ; c. 23, ℣. 7.

faute (*a*), voilà pourquoi Noé ne le maudit point personnellement ; mais il annonce que cette bénédiction divine ne s'étendra point sur ses descendans. Selon le style des Livres Saints, *maudire* ne signifie pas toujours souhaiter du mal, mais en prédire ; ici les verbes sont au futur, & non à l'optatif : il faut donc traduire, *Chanaan sera maudit*, & non, *que Chanaan soit maudit*. Cette malédiction est une prophétie, & rien de plus.

Par quel motif Moïse auroit-il forgé cette prophétie, de laquelle il ne prétend tirer aucun avantage ? Ce Législateur n'inventoit rien, il rapportoit la tradition de ses peres ; l'événement a justifié long-temps après sa mort la prédiction de Noé. Les Chananéens, sous leur propre nom, & sous celui des Phéniciens, ont été détruits ou asservis ; les Egyptiens ont été subjugués successivement par les descendans de Sem & de Japhet ; la plupart des peuples Africains se croient encore aujourd'hui destinés à l'esclavage : comment Noé & Moïse ont-ils pu le prévoir ?

(*a*) Gen. c. 9, ℣. 1.

§. XVII.

Selon l'Histoire Sainte, cent ans après le déluge, les descendans de Noé n'étoient pas encore dispersés; toujours réunis dans la Mésopotamie, ils voulurent bâtir une tour qui leur servît de signe pour ne pas s'écarter : pendant qu'ils y travailloient, Dieu confondit leur langage, ils ne s'entendirent plus, & furent obligés de se séparer. Moïse cite pour monument de ce fait le nom de *Babel* ou *Confusion*, donné à cet édifice. Mais un de nos Philosophes qui entend mieux l'Hébreu que Moïse, soutient que *Babel* signifie *porte de Dieu*, ou *ville de Dieu* (a). C'est ce que l'on appelle corriger le thême à Cicéron. L'on ne peut plus désigner avec certitude l'emplacement de la tour de Babel, mais les restes subsistoient encore du temps de Moïse.

La différence des Langues persévere aussi parmi les nations; le moyen dont Dieu s'est servi pour les disperser dans diverses contrées, est encore le lien qui les y retient. S'il y avoit un langage universel, les hommes seroient moins sédentaires,

---

(a) Philos. de l'Hist. c. 10. Quest. sur l'Encyclopédie, *Babel*.

ne formeroient plus de sociétés nationales, trouveroient leur patrie dans tous les lieux du monde, ne voudroient se soumettre à aucune loi locale.

Mais les Savans qui se sont appliqués à comparer les Langues, trouvent entre elles une affinité qui fait juger que toutes sont nées d'un même langage primitif; que dans l'origine tous les peuples descendent d'une tige commune, comme l'Histoire Sainte nous l'apprend (a).

Moïse ne se contente point d'affirmer ce fait comme certain, il assigne encore les contrées dans lesquelles les familles sorties de Noé se sont retirées & ont commencé à s'établir; plusieurs Savans se sont appliqués avec succès à éclaircir ce qu'il en a dit: le dixieme Chapitre de la Genese est le morceau de Géographie le plus ancien & le plus précieux qu'il y ait au monde. Ainsi Moïse n'a négligé aucune des précautions nécessaires pour donner à sa narration tous les signes de certitude dont l'Histoire est susceptible; aucun Ecrivain de l'antiquité ne les a réu-

---

(a) V. les Elém. primit. des Langues. Le Monde primit. comparé avec le Monde moderne. Recherches hist. sur le Nouv. Monde, p. 302, &c.

nis avec autant d'intelligence & d'exactitude.

§. XVIII.

Cependant le même Philosophe qui veut corriger Moïse, demande comment, les enfans de Noé *ayant partagé entre eux les Isles des Nations*, s'établissant en divers pays où chacun eût sa Langue, ses familles & son peuple particulier, tous les hommes se trouverent ensuite *dans la plaine de Sennaar*, pour y bâtir une tour, en disant, rendons notre nom célebre avant que nous soyons dispersés dans toute la terre (*a*).

Réponse. Une transposition dans la narration de Moïse n'est pas un crime. Dans le Chap. X de la Genese, il donne la liste des descendans de Noé, & dit qu'ils s'écarterent chacun de leur côté pour former différentes peuplades : dans le Chapitre XI, il raconte la maniere dont s'exécuta cette dispersion, quelle en fut la cause & l'occasion. Ce fut à la construction de la tour de Babel que Dieu confondit leur langage, & les força de se

---

(*a*) Quest. sur l'Encyclopédie, *Babel*. Bible expliquée, p. 29.

féparer. Moïfe n'a jamais voulu faire entendre qu'ils fuffent déjà difperfés avant de fe réunir dans les plaines de Sennaar, pour y bâtir une tour.

Notre Cenfeur eft encore bleffé de ce que les enfans de Noé veulent une tour dont le fommet s'éleve *jufqu'au ciel*. Qu'entendent, dit-il, les Commentateurs par le ciel ? Eft-ce la lune ? Eft-ce la planete de Vénus ? Il y a loin d'ici là (*a*).

Par la même raifon, il faudra tourner en ridicule les Hiftoriens, les Orateurs, les Poëtes de toutes les nations, qui difent d'un édifice, d'une montagne, d'un arbre, des flots de la mer, qu'ils s'élevent jufqu'au ciel. Ce Philofophe entreprendra-t-il de réformer le langage de tous les peuples ?

Vainement l'on a cherché par-tout l'univers, des faits, des monumens, des phénomenes, & des obfervations, pour attaquer l'Hiftoire que Moïfe a tracée du déluge ; l'on n'a encore pu rien découvrir d'antérieur à cette époque mémorable ; l'Hiftoire Sainte eft le feul guide que nous puiffions fuivre pour percer les ténebres de l'antiquité. La nouveauté des peuples,

_____

(*a*) Philof. de l'Hift. c. 10, p. 50.

la fondation des Empires, la naissance des arts, des sciences, de la législation, l'examen des anciennes mœurs & des anciennes langues, l'étude de l'Histoire Naturelle, l'inspection du globe, tout concourt à nous persuader que Moïse a été très-bien instruit, & qu'il a suivi une tradition incontestable.

ARTICLE III.

De la vocation d'Abraham, & de l'état de ses descendans jusqu'à Moïse.

§. I.

Peu de temps après le déluge, l'idolâtrie commença de régner sur la terre : les Chaldéens sont le premier peuple chez lequel les Livres Saints nous montrent cette erreur (*a*). Elle se répandit bientôt d'une extrémité du monde à l'autre. Il étoit de la bonté divine d'opposer une digue à ce torrent, qui alloit entraîner toutes les nations ; de se réserver du

___
(*a*) Gen. c. 31, ℣. 19 & 30 : c. 35, ℣. 2 & 4. Josué, c. 24, ℣. 2. Judith, c. 5, ℣. 8.

moins un petit nombre d'adorateurs ; de conferver entre leurs mains le dépôt de la révélation primitive ; de placer au milieu du monde connu, un figne vifible de la Providence qui pût convaincre le genre humain dans tous les fiecles, que Dieu n'avoit jamais ceffé de veiller fur lui.

Dieu jeta les yeux fur Abraham ; il lui ordonna de quitter la Chaldée, lui promit de multiplier fa poftérité, de la mettre en poffeffion du pays des Chananéens, de bénir en elle toutes les nations de la terre. Au commencement de cette feconde Partie de notre Ouvrage, nous avons rapporté en gros les principaux événemens de la vie de ce Patriarche ; nous fommes obligés de les reprendre en détail, pour fatisfaire aux objections, aux plaintes, aux calomnies des Incrédules. Elles font répétées dans dix ou douze Ouvrages différens (a), qui paroiffent être du même Auteur ; ce font des lambeaux que Spi-

---

(a) Dict. Philof. *Abraham, Circoncifion*, &c. Philof. de l'Hift. Queft. fur l'Encyclop. La Raifon par alphabet. Queft. de Zapata. Traité de la Tolérance. Examen import. de Bolingbr. Homélie fur l'interprét. de l'Ecriture. La Bible enfin expliquée. Tableau Philofophique du genre humain. Tableau des Saints, &c.

noſa, Bayle, Toland, Tindal, Morgan, Bolingbroke lui ont fournis. On y a répondu dans plusieurs Ouvrages (a); mais nos adversaires ne se rebutent point: avertis, réfutés, convaincus de faux sur tous les chefs, ils rameneront sur la scene les mêmes impostures jusqu'à la fin du monde, & trouveront toujours des dupes à séduire.

Ils s'élevent d'abord contre le choix que Dieu a fait d'Abraham: pourquoi se faire connoître à lui plutôt qu'aux autres nations ? Nous avons répondu à cette plainte au commencement de cette seconde Partie.

§. II.

Plusieurs révoquent en doute l'exiſtence d'Abraham. Ce nom, disent-ils, étoit connu des Indiens & des Perses; la loi de Zoroastre étoit nommée *Millat Ibrahim*: or, Abraham ne peut être tout à la fois le *Bramah* des Indiens, le Zoroastre des Perses, & le Patriarche des Hébreux; le même homme ne peut être pere de deux nations auſſi différentes que

---

(a) Lettres de plusieurs Juifs. Défense de l'Ancien Testament. Réponses Critiques, &c.

le

DE LA VRAIE RELIGION. 481

le font les Juifs & les Ismaélites (*a*).

Réponse. Abraham a été connu de toute la terre; donc c'est un personnage fabuleux: ce raisonnement est digne de nos adversaires. Par la même raison, Alexandre est un être imaginaire; il est question de lui dans mille Histoires; les unes le nomment *Scander*; les autres *Escandar*, *Sékander*, *Sékantar*; on montre de ses Ouvrages dans le fond des Indes où il n'a jamais pénétré; on lui attribue des exploits fabuleux auxquels il n'a jamais pensé.

Bramah, *Birmah*, *Brimha*, chez les Indiens, est le nom du Créateur; il n'a rien de commun avec Abraham: Zoroastre a pu connoître Abraham, il a vécu dans un temps où les Juifs étoient répandus dans toute la Perse.

L'existence d'Abraham est prouvée par une histoire suivie, par une généalogie exacte; on connoît sa patrie, ses voyages, les lieux de sa demeure, son tombeau, ses ouvrages, les différentes familles de ses descendans. Le nom d'*Hébreux* donné aux Juifs atteste leur descendance;

(*a*) Dict. Philos. & Quest. sur l'Encyclopédie, Abraham.

Tome *V*.   X

ils portent sur leur chair, aussi bien que les Ismaélites, la preuve de leur filiation, la circoncision commandée à leur pere pour gage de sa nombreuse postérité.

Quand on dit qu'ils sont descendus d'Abraham comme les Francs d'Hector, & les Bretons de Tubal; pour justifier cette comparaison, il faudroit faire de ces deux personnages une histoire aussi exacte, aussi détaillée, aussi conforme aux monumens qu'est celle d'Abraham. Quand nous serions hors d'état de rendre raison de toutes les actions de ce Patriarche, il ne s'ensuivroit pas encore que son histoire est fausse : mais nous ne devons pas redouter beaucoup les objections du Philosophe qui attaque cette histoire.

§. III.

1°. Il demande pourquoi Abraham quitta la Mésopotamie, pays fertile, pour aller habiter une contrée stérile, un pays dont il ne savoit pas la Langue, un pays idolâtre ; comment il fit une route de cent lieues en traversant des déserts où étoit cette ville d'Haran, dans laquelle on dit qu'il séjourna.

Réponse. Dieu lui ordonna de quitter la Mésopotamie, parce que les Chaldéens étoient idolâtres (a); Dieu vouloit qu'il vît le pays destiné à ses descendans, qu'il y fût enterré, qu'il y laissât des monumens propres à les instruire. Ce pays n'étoit point stérile; Abraham étoit Pasteur & non Laboureur. Nous avons prouvé ailleurs, que les Chananéens connoissoient encore pour lors le vrai Dieu, & ils n'empêchèrent point Abraham de l'adorer; leur Langue différoit très-peu de la sienne; Jacob né dans la Palestine, & Laban né dans la Chaldée, s'entendoient encore.

Cent lieues ne sont pas un long voyage pour une famille Nomade; les Arabes & les Tartares font souvent des courses aussi longues. On voit encore dans les Indes des *Boyades* ou familles de Voyageurs, qui menent la même vie que les Patriarches (b). Abraham ne fit pas ce chemin tout d'un trait, il campa sur la route, & il paroît que son voyage dura plus d'une année.

Il n'avoit pas besoin de traverser des déserts; toute la partie de la Syrie qui borde la Méditerranée fournissoit des pâturages. Haran étoit dans la Mésopota-

---

(a) Judith, c. 5, ⅴ. 7 & suiv.
(b) Zend Avesta, tome I, p. 222.

mie ; cela est clair par le Chap. XXVIII de la Genese, ⚓. 2, comparé avec le Chap. XXIX, ⚓. 4. Mais il paroît qu'Abraham séjourna près de Damas : Justin, après Trogue-Pompée, dit que les ancêtres des Juifs sortoient de Damas (*a*) ; la Genese remarque qu'Eliézer, économe d'Abraham, étoit de Damas, quoique né dans la famille même d'Abraham. Voilà donc toutes les difficultés applanies.

2°. Quel âge avoit Abraham ? Il est dit dans la Genese, que Tharé ayant engendré Abraham à soixante & dix ans, vécut jusqu'à deux cent cinq, & qu'Abraham ne partit d'Haran qu'après la mort de son pere. Abraham avoit donc alors cent trente-cinq ans. Sara son épouse, qui n'en avoit que soixante-cinq, étoit un enfant auprès de lui.

Réponse. La Genese dit formellement qu'Abraham n'avoit alors que soixante-quinze ans, par conséquent dix de plus que son épouse ; la suite le confirme. Elle dit que *Tharé vécut soixante-dix ans, & il engendra Abraham, Nachor & Aran* (*b*) ; mais cela ne prouve point qu'Abraham

_____

(*a*) Justin, l. XXXVI.
(*b*) Gen. c. 11, ⚓. 26.

fût l'aîné, ni qu'il fût né à la soixante-dixieme année de son pere. La Genese répete souvent que Noé engendra Sem, Cham & Japhet; cependant il est prouvé d'ailleurs que Japhet étoit l'aîné : Sem & Abraham sont nommés les premiers, parce que ce sont les deux tiges desquelles les Hébreux descendoient, & non parce qu'ils étoient les plus âgés.

Loin de dire qu'Abraham ne sortit d'Haran qu'après la mort de son pere, la Genese dit au contraire, que Dieu fit sortir Abraham *de la maison de son pere* : donc Tharé vivoit encore. A la vérité, la Genese parle de la mort de Tharé avant de faire mention du départ d'Abraham; mais nous avons déja observé plus d'une fois que la narration des Livres Saints ne suit pas toujours exactement l'ordre des faits. La précision avec laquelle l'âge d'Abraham est marqué en plusieurs endroits, prouve qu'il partit d'Haran avant la mort de Tharé (a).

Au lieu de donner à Tharé deux cent cinq ans lorsqu'il mourut, le texte Samaritain ne lui en donne que cent quarante-cinq. Or, en ôtant soixante-dix de

---

(a) Réponses Crit. tome II, p. 98.

cent quarante-cinq, reste soixante-quinze, qui est l'âge d'Abraham. Mais il paroît par le onzieme Chapitre de la Genese, que le fils aîné de Tharé étoit Aran, mort dans la Mésopotamie, & qui avoit laissé trois enfans; savoir, Loth, & deux filles. Loth ne semble pas avoir été beaucoup plus jeune qu'Abraham son oncle; il avoit deux filles nubiles dans un temps où Abraham n'avoit encore point d'enfans, & ces deux filles disent que Loth leur pere est déja vieux (a); c'est ce qui nous fait préférer le texte Hébreu au Samaritain, & juger qu'Abraham étoit le puîné de ses freres.

§. IV.

Troisieme Difficulté. Abraham, après avoir séjourné à Sichem, alla camper entre Béthel & Haï, & s'avança ensuite vers le midi de la Palestine (b). Une famine étant survenue, il fut obligé d'aller chercher de quoi vivre en Egypte; il ne pouvoit plus en être éloigné que de vingt ou trente lieues.

(a) Gen. c. 19, ℣. 31.
(b) Ibid. c. 12, ℣. 8 & 9.

Pour rendre ce voyage incroyable, notre Philosophe a supposé, 1°. qu'Abraham étoit encore à Sichem : 2°. qu'il étoit allé à Memphis, éloigné au moins de cent quarante lieues : 3°. qu'Abraham ne pouvoit entendre le langage d'Egypte. Trois suppositions fausses. Memphis n'existoit probablement pas encore ; le premier Auteur sacré qui en ait parlé, est Isaïe ; Homere qui a tant parlé de Thebes, ne dit rien de Memphis. La Langue des Chananéens & celle des Egyptiens n'étoient pas encore fort différentes ; c'est sous Josephe que nous les voyons plus altérées ; d'ailleurs la faim pouvoit braver cet obstacle.

Quatrieme Difficulté. Abraham, instruit des mœurs de l'Egypte, prévit un danger pour lui & pour son épouse. » Les » Egyptiens, lui dit-il, frappés de votre » beauté, me mettront à mort pour vous » posséder, s'ils savent que je suis votre » époux ; dites-leur, je vous prie, que » vous êtes ma sœur, afin qu'ils n'atten- » tent point à ma vie (a) «. Nos judicieux Critiques accusent Abraham d'avoir engagé Sara à mentir, afin de tirer parti de

---

(a) Gen. c. 12.

sa beauté (*a*). Les Manichéens leur ont dérobé l'honneur de cette découverte (*b*).

Réponse. Ce sont deux calomnies. 1°. Abraham, repris par le Roi de Gérare (*c*), d'en avoir imposé en disant que Sara étoit sa sœur, se justifie en assurant qu'elle est véritablement sa sœur, fille de son pere, mais non fille de sa mere. Pour peu que l'on soit au fait de la Langue des Hébreux, on sait qu'ils n'avoient pas des termes propres pour désigner les divers degrés de parenté; que *fille* signifie souvent petite fille, & que *sœur* désigne assez communément une niece. Ainsi Abraham donne le nom de *frere* à Loth son neveu; Isaac nomme Rebecca sa *sœur*, elle n'étoit que sa cousine. Abraham, en disant que Sara étoit sa sœur, ou plutôt sa niece, ne mentoit donc point, mais il usoit d'une équivoque ordinaire dans sa Langue, & à laquelle tout le monde étoit accoutumé; il faisoit une réticence qui

___

(*a*) Esprit du Judaïsme, c. 1, p. 11. Dict. Philos. *Abraham*. Tableau Philos. du genre humain, p. 19. Tindal, c. 13, p. 301. Quest. sur l'Encyclopédie, *Économie*, &c.

(*b*) S. Aug. contra Faustum, l. XXII, c. 5.

(*c*) Gen. c. 20, ⱴ. 12.

pouvoit avoir des inconvéniens : mais nous verrons ailleurs que nos Philosophes ne sont pas si scrupuleux sur le mensonge, qu'ils affectent de le paroître.

Il n'est pas probable qu'Abraham eût épousé Sara, si elle avoit été sa sœur consanguine, quoique non utérine ; ces mariages ne sont autorisés dans l'Ecriture par aucun exemple. Pour les mariages d'un oncle avec une niece, ils sont communs. Nachor, frere d'Abraham, avoit épousé Melcha sa niece, & il est vraisemblable que Sara étoit sœur de Melcha, quoique le texte dise ailleurs qu'Aran étoit pere de Melcha & de Jescha : ce n'est pas ici le seul exemple d'une femme qui avoit deux noms. Il paroît donc qu'Aran, pere de ces deux femmes, étoit frere aîné de Nachor & d'Abraham, & qu'il étoit né d'une premiere femme de Tharé. Par ces deux suppositions que le texte autorise, tout se conçoit & se concilie. Un de nos adversaires a tourné en ridicule Dom Calmet, pour avoir adopté ce sentiment : c'est l'expédient ordinaire des Philosophes qui n'ont point de raisons à dire.

2°. Le dessein abominable que l'on prête à Abraham, est formellement contraire au texte sacré. Le seul motif de la conduite d'Abraham étoit la crainte que les Egyptiens n'attentassent à sa vie, il le déclare en termes exprès. Il pensoit qu'en disant seulement que Sara étoit sa niece, il pourroit éluder le dessein que l'on formeroit de l'épouser; au lieu qu'en avouant qu'elle étoit sa femme, il s'exposeroit à un danger de mort. L'Histoire ajoute, que lorsque Sara fut enlevée, Dieu veilla sur son innocence; qu'il punit le Roi d'Egypte de cet attentat; que ce Roi, informé que Sara étoit mariée, la rendit à son époux. Les présens qu'il y ajouta ne furent donc point le prix de la complaisance criminelle de Sara & d'Abraham, mais un effet de la vénération que ce Roi conçut pour eux, en éprouvant la maniere dont Dieu les protégeoit. On peut blâmer Abraham d'avoir manqué de sincérité & de confiance en Dieu; mais il n'est pas permis de le calomnier sans pudeur & sans fondement.

§. V.

Cinquieme Difficulté. Les présens du Roi d'Egypte consistoient en bétail de différentes especes, & en esclaves. Par un travers singulier, le Censeur de l'Histoire d'Abraham soutient que ces présens, qui étoient considérables, prouvent que les Pharaons d'Egypte étoient déja d'assez puissans Rois; que leur pays étoit peuplé, policé, leurs Sujets instruits des arts; que les travaux immenses qu'il a fallu faire pour rendre l'Egypte habitable étoient donc déja faits, les canaux creusés, les digues élevées, les pyramides bâties, &c. que l'antiquité prodigieuse des Egyptiens n'est donc rien moins que fabuleuse.

Réponse. Si un Apologiste de la religion avoit fait un pareil raisonnement, on ne trouveroit pas de sarcasmes assez amers pour le couvrir de ridicule : mais tout est permis à nos adversaires. Un Roi qui ne peut donner en présent que du bétail & des esclaves, ne passera jamais pour un Souverain fort puissant. Cette circonstance, loin de prouver qu'il y eût en Egypte des arts, des villes considérables, ou des pyramides bâties, démontre au contraire que la société y étoit encore au berceau. Cela est confirmé d'ailleurs par les Dynasties de Manéthon, qui nous montrent l'Egypte partagée d'abord en petites souverainetés, qui n'ont été réunies sur une seule tête que plus de quatre cents ans après le voyage d'Abraham. Vingt ans plus tard, il reçoit du Roi de

Gérare le même traitement qu'il avoit éprouvé de la part du Roi d'Egypte, & pour la même raison. Les préſens de ce Roitelet de la Paleſtine ne prouvent certainement, ni l'étendue de ſes Etats, ni la police de ſon Royaume, ni ſon antiquité. Il donne à Abraham mille pieces d'argent (*a*) : il étoit donc plus opulent que le Roi d'Egypte, qui n'avoit point d'argent. Abraham lui-même achete un tombeau quatre cents ſicles d'argent (*b*) : on peut douter ſi le Roi d'Egypte auroit pû payer auſſi cher un tombeau. Les mêmes calomnies répétées contre Abraham à l'occaſion des préſens du Roi de Gérare, ne ſervent qu'à prouver l'aveugle malignité de nos adverſaires. Mais il a fallu que le plus opiniâtre d'entre eux ſe réfutât lui-même. Après avoir ſuppoſé dans ſa Bible expliquée, pages 32 & 34, que ſous Abraham il y avoit déja *un grand Roi* en Egypte, & que ce pays étoit très-peuplé, il dit, page 93, qu'il eſt difficile de concilier cette population de l'Egypte du temps de Jacob, avec le petit nombre du peuple de Dieu.

(*a*) Gen. c. 20, ℣. 16.
(*b*) *Ibid.* c. 23, ℣. 16.

DE LA VRAIE RELIGION. 493

§. VI.

Sixieme Difficulté. Abraham, de retour dans la Palestine, se trouve engagé à une expédition militaire qui leur paroît *au dessus de toute conception*, parce qu'ils en arrangent les circonstances à leur gré. Quatre Princes nommés dans le texte, le Roi de Sinhar, le Roi d'Elam, le Roi d'Ellazar, & le Roi de Goïm, viennent dans la Palestine, gagnent une bataille contre les Rois de Sodome, de Gomorrhe, d'Adama, de Seboïm & de Ségor, mettent ces cinq villes au pillage, s'en retournent gorgés de butin, & emmenent avec eux Loth, neveu d'Abraham, qui demeuroit à Sodome. Abraham averti se joint à trois de ses alliés, arme ses domestiques au nombre de trois cent dix-huit, poursuit les vainqueurs, les attaque près de Dan, les met en fuite, ramene sains & saufs les hommes, les femmes, le bétail dont les quatre Rois s'étoient saisis. Telle est la narration de Moïse (*a*).

Pour la détruire, on commence par supposer que le Roi de Sinhar étoit le Roi de Babylone : probablement cette

---

(*a*) Gen. c. 14.

ville n'étoit pas encore bâtie; c'étoit tout au plus une bourgade, selon le Philosophe même que nous réfutons (*a*). Il veut que le Roi d'Elam soit le Roi de Perse, & il n'est question des Perses que plus de mille ans plus tard. Il croit que le Roi d'Ellazar étoit le Roi de Pont, Royaume qui n'a commencé que quatorze cents ans après. Il prend le Roi de Goïm pour un Roi de plusieurs autres nations, comme si les Rois de ce temps-là avoient régné sur des nations entieres.

Il demande comment des Rois *si puissans* ont pu se liguer pour venir ainsi attaquer une horde d'Arabes dans un coin de terre si sauvage. Il y a bien plus lieu de demander comment on peut se forger des monstres pour avoir le plaisir de les combattre. Ces quatre *puissans Monarques* étoient de la même espece que les cinq Roitelets, qui se crurent assez forts pour leur résister en bataille rangée. Des Rois puissans, quatre cents ans après le déluge, trois siecles après la dispersion, n'ont jamais existé que dans les Ecrits des Incrédules. Tout Chef de peuplade

---

(*a*) Philos. de l'Hist. c. 19, p. 47. Quest. sur l'Encyclop. art. *Abraham.* Bible expliq. p. 34 & 35.

rassemblée, est nommé *Roi* par les anciens Auteurs ; Abraham lui-même est appelé *Prince de Dieu* par les habitans de Heth (a).

La Genese nous apprend le sujet de cette expédition : treize ans auparavant le Roi d'Elam avoit assujetti les cinq dont nous avons parlé, & les peuplades voisines, & leur avoit imposé un tribut ; comme ils voulurent secouer le joug, le Roi d'Elam trouva bon de venir avec ses alliés ravager une partie de la Palestine. Il est clair qu'Abraham, tranquille au milieu de ses serviteurs & de ses troupeaux, content de son sort, & qui n'inquiétoit personne, étoit plus puissant & plus respectable à tous égards que ces chefs de bandits, qui, au lieu de cultiver la terre, de paître leurs troupeaux, de policer leurs sujets, ne pensoient qu'à mettre leurs voisins à contribution.

L'on s'étonne de ce qu'Abraham a pu défaire de si puissans Monarques avec trois cents valets de campagne ; il falloit au moins y joindre les alliés d'Abraham & leurs gens. L'étonnement cesse dès que l'on réduit les choses à leur juste valeur ; des valets, toujours armés pour défendre leurs

_____
(a) Gen. c. 23, ℣. 6.

troupeaux contre les bêtes féroces & contre les brigands, attachés à un bon maître, conduits avec prudence, animés par son exemple & par le désir de délivrer des malheureux, pouvoient être redoutables. Au contraire, d'autres soldats de même espece, harassés de fatigue, surpris pendant la nuit, attaqués de différens côtés, embarrassés par la quantité du butin, pouvoient être aisément défaits. Toutes les Histoires en fourniffent des exemples.

De la vallée de Mambré, où Abraham demeuroit pour lors, jufqu'à Dan, il y avoit cinquante à soixante lieues. Mais ce chemin pouvoit se faire plus aisément & plus promptement par Abraham avec sa petite troupe, que par les quatre Rois chargés de bagage. Il n'est donc pas surprenant qu'Abraham les ait atteints en quatre ou cinq jours : pour exagérer la difficulté, nos Critiques supposent une distance presque double. Ils observent que la ville de Dan se nommoit pour lors Laïs, & que son nom ne fut changé que sous les Juges, lorsque la tribu de Dan s'en mit en possession (a). Nous avons dit ailleurs, qu'il est incertain si le Dan de la

---

(a) Jud. c. 18, ⅴ. 28.

Genèse est une ville, que ce peut être un des ruisseaux qui forment le Jourdain vers sa source. Au pis aller, il s'ensuivroit qu'un Copiste a placé ici le nom moderne au lieu du nom ancien, & cela ne prouveroit rien.

Abraham, libérateur d'une multitude de captifs, est comblé de bénédictions par Melchisedech, Roi de Salem, & *Prêtre du Dieu Très-Haut* : preuve que le vrai Dieu étoit encore adoré dans la Palestine. Le Roi de Sodome veut abandonner le butin au vainqueur : j'atteste Dieu, répond Abraham, que je ne prendrai pas seulement un fil de vêtement ou une courroie de soulier, & que personne ne pourra se vanter de m'avoir enrichi ; mes alliés prendront leur part, il n'y aura rien pour moi que la nourriture de mes gens. Après ce trait de générosité, nos Critiques ne rougissent point de peindre Abraham comme un époux criminel qui trafique des charmes de Sara avec le Roi d'Egypte, & avec le Roi de Gérare.

§. VII.

Septieme Difficulté. Dieu parle à Abraham, & lui dit : » Je vous donnerai & à

» votre postérité tout le pays que vous
» voyez depuis le fleuve de l'Egypte jus-
» qu'à l'Euphrate, pour toujours ; je vous
» ait fait quitter Ur de Chaldée pour
» vous en mettre en possession (a) «. Cette
promesse est souvent répétée ; cependant,
selon nos adversaires, elle n'a point été
accomplie. 1°. Abraham, disent-ils, n'a
pas possédé un pouce de terre dans la
Palestine, il n'y a jamais rien eu qu'un
tombeau. 2°. Les possessions des Juifs ne
se sont jamais étendues depuis le Nil jusqu'à l'Euphrate. 3°. Ils ne les ont pas
eues pour toujours, puisqu'ils en ont été
chassés. 4°. La postérité d'Abraham n'a
jamais égalé le nombre des étoiles du
ciel & de la poussiere de la terre, selon
la promesse de Dieu. C'est encore un reproche des Manichéens (b).

Réponse. Le sens de la promesse divine
est clair, dès qu'on veut comparer les
différens passages où elle est répétée. Dieu
dit d'abord à Abraham : je donnerai cette
terre à votre postérité (c) ; & il l'avertit
que cette promesse ne s'accomplira que

(a) Gen. c. 13, ℣. 14 : c. 15, ℣. 5 & 8 : c. 17, ℣. 8.
(b) S. Aug. contra Faustum, l. XV, c. 1.
(c) Gen. c. 12, ℣. 7.

quatre cents ans après (a) : donc dans les Chapitres suivans l'on doit traduire : *Je donnerai à vous, c'est-à-dire, à votre postérité*; la conjonction &, *vau*, a souvent cette signification en Hébreu, & l'on peut en citer plusieurs exemples (b).

Est-il vrai d'ailleurs qu'Abraham n'ait rien possédé dans la Palestine? C'est une assez belle possession pour un chef de famille Nomade, que la liberté de camper où il veut dans un espace de deux cents lieues de pays, sans gêner personne, & sans être jamais inquiété : or, Abraham, Isaac & Jacob en ont joui constamment. Abraham n'a jamais été assez insensé pour se persuader qu'il posséderoit personnellement & pour lui seul deux cents lieues de terrein.

2°. Il est dit formellement dans le second Livre des Rois, c. 8 & 10, dans le I. des Paralypomenes, c. 8, & ailleurs, que David avoit porté ses conquêtes de l'Euphrate au fleuve d'Egypte; que les Etats de Salomon, & les nations qui lui étoient tributaires, s'étendoient d'un fleuve à l'autre : la promesse de Dieu fut donc

---

(a) Gen. c. 15, ⅴ. 13.
(b) V. Réponses Crit. &c. p. 39, tome I.

accomplie au moins dans ce temps-là, & il n'étoit pas à propos qu'elle le fût plutôt. Lorsque les Ifraélites entrerent dans le pays de Chanaan, ils n'étoient pas en assez grand nombre pour occuper cette vaste étendue de pays.

3°. Si la prospérité des Juifs dans la Palestine n'a pas été plus constante, & leur possession éternelle, c'est leur faute; l'Histoire Sainte atteste que toutes les fois qu'ils ont été vaincus & dépouillés, ç'a toujours été en punition de leurs crimes. Les promesses de Dieu sont conditionnelles, elles doivent l'être ; il seroit absurde que Dieu traitât de même les impies & ceux qui lui sont fideles. La derniere ruine des Juifs qui les a exterminés de la Palestine, est un châtiment de leur incrédulité au Fils de Dieu, & de la mort qu'ils lui ont fait souffrir : nous verrons dans la suite que cette destinée leur a été prédite.

4°. Si les Ismaélites qui ont peuplé tout l'Orient, & les Juifs répandus dans toutes les parties du monde, ne paroissent pas à nos Critiques une postérité assez considérable pour vérifier la promesse divine, nous les prions de citer dans toute l'antiquité un personnage qui en ait eu une plus nombreuse & mieux prouvée que celle d'Abraham. Ils voudront bien se souvenir que tous les peuples circoncis se flattent d'être descendus d'Abraham, ou affiliés à sa famille. Un Philosophe célebre dit : » Les Juifs sont dispersés sur la face » de toute la terre, & s'ils se rassem- » bloient, ils composeroient une nation » beaucoup plus nombreuse qu'elle ne fut » jamais dans le court espace où ils fu- » rent souverains de la Palestine (a) «. Est-ce le même homme qui dit ailleurs, qu'il n'y a pas aujourd'hui sur la terre quatre cent mille Juifs (b) ? Dans le seul Royaume de Pologne il y en a plus de deux millions.

§. VIII.

La circoncision que tant de peuples croient avoir reçue d'Abraham, fournit de nouvelles objections à nos adversaires : selon eux, les Juifs l'ont reçue des Egyptiens ; Hérodote l'assure positivement ; Celse dans Origene est de même avis, l. I, n. 22 ; le Chevalier Marsham

---

(a) Mélanges de Littér. tome III, c. 61, p. 6.
(b) Quest. sur l'Encyclop. *Abraham*.

s'est efforcé de le prouver, & tous les Incrédules l'ont copié.

Remarquons d'abord qu'Hérodote a vécu mille ans après Moïse, quatorze cents après Abraham : a-t-il su, par une tradition plus certaine que celle de Moïse, ce qui est arrivé dans la Palestine quatorze siecles avant lui? C'est des Egyptiens qu'il avoit appris ce qu'il en a dit. Mais le Philosophe même qui nous oppose Hérodote, a soin de nous avertir que tout ce qu'Hérodote tient des Prêtres d'Egypte, est faux (a); qu'il n'y a guere de peuple plus méprisable que les Egyptiens (b); qu'Hérodote raconte cent fables propres à amuser les enfans, & à être compilées par des Rhéteurs (c). Nous voilà bien préparés à donner notre confiance à Hérodote.

Mais n'en jugeons point sur des préventions, voyons les preuves d'Hérodote. Il pense que les Colques sont originaires d'Egypte, » parce que les peuples de Col-
» chide, d'Egypte & d'Ethiopie, sont les
» seuls sur la terre qui se sont fait cir-
» concire de tout temps ; car les Phéni-
» ciens & les Syriens de la Palestine

_____

(a) Mélanges de Littér. tome II, c. 47, p. 38.
(b) Dict. Philos. *Apis*. (c) Ibid. *Circoncision*.

« avouent eux-mêmes qu'ils tiennent cette
» coutume des Egyptiens.... Quant aux
» Egyptiens & aux Ethiopiens, je ne sau-
» rois dire qui des deux peuples tient
» cette coutume de l'autre (a) ».

Voilà bien des erreurs en peu de mots.
1°. Il est faux que ce soient-là les seuls peuples qui se font circoncire de tout temps;
les Arabes, les Iduméens, les Ismaélites,
ont observé de tout temps cet usage : Hérodote ne le savoit pas (b).

2°. Il est faux que les Phéniciens aient
été circoncis, quoique Sanchoniathon leur
ait prêté cette coutume : ils ne l'ont portée dans aucune de leurs colonies, &
Ezéchiel les met au nombre des peuples
incirconcis (c).

3°. Il est faux que les Syriens ou Juifs
de la Palestine aient avoué qu'ils tenoient
cet usage des Egyptiens; ils n'auroient pu
le dire sans contredire leurs Livres &
l'ancienne croyance de leur nation. On
voit qu'Hérodote connoissoit très-peu les
Juifs; il les désigne ici assez mal, & c'est

(a) Hérodote, l. II.
(b) Mémoire de l'Académie des Inscriptions, tome LX, p. 354.
(c) Ezéch. c 32, ℣. 30. Mém. *ibid.* p. 391.

la seule fois qu'il en ait parlé dans son Histoire.

4°. Est-il vrai que les Colques fussent circoncis ? Il pouvoit sans doute y avoir des hommes circoncis dans la Colchide du temps d'Hérodote ; mais il est probable que c'étoient des Juifs transplantés par Salmanasar ou par Nabuchodonosor ; & ces Colques, vrais ou prétendus, ne disoient point qu'ils eussent reçu la circoncision des Egyptiens.

5°. Hérodote ne savoit pas si les Ethiopiens avoient emprunté cet usage des Egyptiens, ou au contraire. Mais le Philosophe qui se fonde sur Hérodote nous instruit mieux que lui. Il nous apprend que la circoncision est ancienne en Arabie ; que c'est cette circoncision Arabe qui a passé chez les Ethiopiens (a). Or, si la circoncision Arabe a passé en Ethiopie, elle a pu s'introduire encore plus aisément en Egypte. Il est certain par Manéthon & par d'autres Auteurs, que les Egyptiens ont été subjugués par des *Rois Pasteurs*, qui ne pouvoient être autres que des Arabes ou des Iduméens.

(a) Dict. Philos. *Circoncision.*

Une

Une preuve que ce sont eux qui ont porté la circoncision aux Egyptiens, c'est que ceux-ci la recevoient comme les Arabes à la quatorzieme année, au lieu que les Juifs l'ont toujours donnée à leurs enfans le huitieme jour. Donc la circoncision d'Egypte est la même que celle des Arabes; celle des Juifs en est différente.

Comme les Ethiopiens se circoncisent aussi à la quatorzieme année, & qu'ils ont autrefois soumis l'Egypte, ils ont pu y porter la circoncision, après l'avoir empruntée eux-mêmes des Arabes. Voilà ce que les Egyptiens, infatués de leur antiquité & de leurs conquêtes imaginaires, n'avoient garde de dire à Hérodote.

Quand la plupart des faits affirmés par cet Historien seroient vrais, ils ne prouveroient pas encore que les Juifs ont reçu la circoncision des Egyptiens.

Mais Abraham a voyagé en Egypte, il a donc pu y prendre la circoncision.

Réponse. La même Histoire qui nous apprend qu'Abraham a été en Egypte, nous enseigne aussi qu'il n'a reçu la circoncision que plus de vingt ans après, & qu'il s'y soumit par un ordre exprès de Dieu, qui vouloit que lui & ses descendans portassent sur leur chair un signe de la promesse divine (a). Abraham n'a pu prendre chez les Egyptiens un usage qu'ils n'avoient pas encore, & dont on ne trouve des vestiges parmi eux que quatorze cents ans après.

Le Philosophe, partisan d'Hérodote, prétend que la circoncision d'Abraham n'eut point de suite, que sa postérité ne fut circoncise que sous Josué. Cela est faux. Ismaël & Isaac furent circoncis (b); Jacob & ses enfans l'étoient (c); Moïse imprima ce signe à son fils (d); tous les Israélites nés en Egypte & morts dans le désert avoient été circoncis (e). Ils interrompirent seulement cet usage pendant les quarante ans de séjour dans le désert; à leur entrée dans la terre promise, Josué fit accomplir cette loi à tout le peuple sans exception; alors Dieu leur dit : *Je vous ai délivrés aujourd'hui de l'opprobre de l'Egypte* (f); que signifient ces paroles, sinon, je viens de vous ôter la ressemblance que vous aviez avec les Egyptiens

---

(a) Gen. c. 13, ℣. 1, 10 & suiv.
(b) Ibid. c. 17, ℣. 26 : c. 21, ℣. 4.
(c) Ibid. c. 34, ℣. 14.
(d) Exode c. 4, ℣. 25.
(e) Josué, c. 5, ℣. 5. (f) Ibid. c. 5, ℣. 9.

DE LA VRAIE RELIGION. 507
incirconcis? Nouvelle preuve que la circoncision ne venoit point de l'Egypte, qu'elle distinguoit encore pour lors les Juifs d'avec les Egyptiens.

§. IX.

On appuie encore le témoignage d'Hérodote par celui de Diodore de Sicile; voici ses paroles : » *On dit* que quelques » Egyptiens, laissés par Sésostris aux en- » virons des Palus Méotides, donnerent » l'origine aux peuples de la Colchide ; » & pour preuve qu'ils descendent des » Egyptiens, *on allegue* la coutume qu'ils » ont de circoncire les mâles comme en » Egypte ; coutume qui a passé en loi chez » toutes les colonies Egyptiennes, aussi bien » que chez les Juifs (*a*) «. Strabon parle à peu près de même (*b*).

Réponse. Quiconque voudra faire attention à ces paroles, *on dit, on allegue*, sentira que Diodore ne fait que copier Hérodote, & qu'il n'ajoute aucun nouveau poids à son récit; Strabon a fait de

___

(*a*) Diodore, Traduct. de Terrasson, l. I, sect. 2, tome I ; p. 119.

(*b*) Géograph. l. XVIII. Opinions des Anciens sur les Juifs, c. 1, p. 17.

Y 2

même. En parlant des Juifs, ces deux Auteurs reconnoissent que Moïse établit des cérémonies sacrées, & des loix morales très-différentes de celles des autres nations (*a*); en traitant des Egyptiens, ils ne disent point que la circoncision fût un usage commun de ce peuple dont ils peignent les mœurs. Aucun autre Ecrivain ancien n'a dit que les Egyptiens fussent circoncis. La source de l'erreur vient donc d'Hérodote; trompé par les Egyptiens, il a égaré les autres. Ce n'est point ici le lieu d'examiner si les exploits de Sésostris sont vrais ou faux.

Mais Josephe & Philon ne contestoient point aux Egyptiens d'être les auteurs de cet usage.

Réponse. Cela est faux. Josephe dit expressément que Dieu ordonna la circoncision à Abraham, pour distinguer sa race des autres nations; que les Arabes ne la reçoivent qu'à treize ans, parce qu'Ismaël leur pere fut circoncis à cet âge (*b*). Dans un autre endroit, après avoir rapporté le passage d'Hérodote, il dit : Je laisse à chacun d'avoir là-dessus telle

---

(*a*) Diod. tome VII, p. 148.
(*b*) Antiq. Jud. l. I, c. 10 & 11.

opinion qu'il voudra (*a*). Ce n'est point là convenir du fait avancé par Hérodote; Philon ne l'a pas avoué plus distinctement.

Philon donne des raisons physiques de cet usage; c'est, dit-il, par motif de propreté, pour éviter les inflammations, pour favoriser la population. L'Auteur des Recherches Philosophiques sur les Américains, réfute les deux dernieres raisons de Philon; il croit néanmoins que la circoncision étoit nécessaire aux Arabes, aux Egyptiens, aux Ethiopiens, aux habitans des côtes du Golfe Persique, pour éviter certaines incommodités; il conclut que les Juifs l'ont prise en Egypte où la propreté l'exigeoit (*b*).

Réponse. Sans entrer dans aucune discussion indécente, nous nous bornons aux faits qui prouvent que la circoncision n'étoit nécessaire dans la Palestine pour aucune raison physique. Les Chrétiens qui l'ont habitée pendant si long-temps, ceux qui y sont encore, ceux qui ont peuplé l'Egypte & l'Arabie avant la nais-

---

(*a*) Antiq. Jud. l. VIII, c. 4.
(*b*) Recherches Philosoph. sur les Américains, tome II, 4e. Part. sect. 4. Opinions des Anciens sur les Juifs, c. 1, p. 19.

sance du Mahométisme, n'ont jamais eu besoin d'être circoncis ; ils n'ont été sujets à aucune maladie dont les Juifs & les Mahométans soient guéris ou préservés par la circoncision. Selon la remarque de Niébuhr, les Parsis, Disciples de Zoroastre, les Païens des Indes, quelques nations Cafres en Afrique, qui vivent dans des climats aussi chauds que les Mahométans d'Arabie, ne se font point circoncire, & se portent aussi bien que les circoncis (*a*).

Supposons pour un moment l'utilité de la circoncision pour la santé, même dans la Palestine ; cela ne prouveroit point encore que Dieu ne l'a pas commandée à Abraham, ni que ses descendans l'ont empruntée des Égyptiens. Une Histoire claire, circonstanciée, motivée de cette institution, confirmée par l'usage de deux nations nombreuses, plus ancienne que les monumens de l'Histoire profane, peut-elle être détruite par des conjectures, des ouï-dire, des réflexions hasardées par les Anciens ou par les Modernes ? Tacite, mieux instruit que nos Philosophes, dit que les Juifs pratiquent la circoncision pour se distinguer des autres peuples :

_____

(*a*) Descript. de l'Arabie, p. 67.

Circumcidere genitalia instituere ut diversitate noscantur (a). Elle ne les eût pas distingués si elle avoit été commune à d'autres nations.

Le plaisir de contredire l'Histoire Sainte est-il donc assez touchant pour engager nos adversaires à forger tant d'hypotheses? Moïse n'avoit aucun intérêt à déguiser la véritable origine de la circoncision; quand elle auroit été imitée des Arabes ou des Egyptiens par motif de santé ou de propreté, il n'y avoit aucun inconvénient à le dire. Lorsqu'il a ordonné des ablutions, des abstinences, des précautions utiles à la santé, il ne les a pas fait remonter jusqu'à Abraham, il ne s'est point embarrassé de savoir si les nations voisines faisoient de même ou autrement. Il fait dire à Dieu, que tout homme incirconcis sera effacé du nombre des Israélites, & ne sera pas censé membre de son peuple (b) : c'étoit donc un signe inusité chez les nations voisines dans le temps qu'il parloit. Que les Egyptiens, les Phéniciens, les Américains ou d'au-

_____

(a) Tacite, Hist. l. V, c. 1.
(b) Gen. c. 17, ⅴ. 14.

tres (*a*) l'aient adopté dans la suite par motif de santé, de propreté, de superstition ou de lubricité, qu'importe? L'usage des Hébreux étoit plus ancien, il étoit constant, ils en savoient la raison; ils ont été fideles à le garder, pendant que les autres l'ont pris ou abandonné selon leur goût. Toute dispute sur ce sujet vient d'une aveugle prévention contre l'Histoire Sainte.

§. X.

Après l'institution de la circoncision, Moïse raconte la ruine de Sodome. Dieu envoie trois Anges sous la forme de Voyageurs, auxquels Abraham donne l'hospitalité; ils lui annoncent qu'il aura un fils dans l'année, quoiqu'âgé de cent ans, & quoique Sara son épouse en eût quatre-vingt-dix. La prédiction fut accomplie par la naissance d'Isaac. Ces Anges vont loger chez Loth, neveu d'Abraham, qui demeuroit à Sodome. L'Ecriture peint l'excès de corruption qui régnoit dans cette ville. Les Sodomites veulent faire

---

(*a*) L'espece de circoncision pratiquée par les Insulaires d'Otahiti paroît avoir été introduite par un motif de lubricité.

violence aux trois étrangers ; Loth effrayé de cette brutalité, offrit aux Sodomites de leur livrer plutôt ses deux filles. Les Anges frappent d'aveuglement cette troupe abominable ; ils forcent Loth le lendemain de s'éloigner avec sa famille, pour ne pas envelopper un juste dans la ruine des méchans. Dieu fait pleuvoir sur Sodome du soufre enflammé ; la terre vomit du bitume qui augmente l'incendie; Sodome, Gomorrhe, & les villes voisines sont réduites en cendres. La terre s'affaisse ; les eaux du Jourdain y forment un lac dont les eaux impregnées de soufre, de bitume, d'un sel amer, étouffent les plantes sur ses bords. C'est ce que l'on nomme *le Lac Asphaltite* ou la mer Morte.

XII. La femme de Loth, pour s'être retournée & avoir regardé l'incendie, est étouffée & rendue immobile ; *elle fut*, dit le texte, *statue de sel.* Loth se réfugie dans une caverne avec ses deux filles. Ces jeunes personnes, effrayées, & se croyant seules au monde, enivrent leur pere, conçoivent chacune un fils que Moïse donne pour tige aux Moabites & aux Ammonites.

Cette histoire, qui scandalisoit déja les Manichéens, ne pouvoit manquer de fournir aux Incrédules un commentaire satirique. Isaac, disent-ils, né d'un pere âgé de cent ans & d'une mere nonagénaire, est un fait incroyable. Il l'est sans doute selon le cours de la nature; Abraham & Sara se croyoient hors d'état d'avoir des enfans (a) : l'Ange qui leur annonce ce prodige, leur représente que rien n'est impossible à Dieu.

Nos Critiques ont fait des plaisanteries indécentes sur la brutalité des Sodomites; nous n'avons rien à y répondre. Ils blâment Loth d'avoir offert ses deux filles; mais il étoit effrayé, il ne savoit comment réprimer ces brutaux; sa proposition n'étoit ni libre ni réfléchie.

La femme de Loth changée en statue de sel est un autre fait impossible aux yeux des Philosophes. Où est donc l'impossibilité que cette femme ait été étouffée & rendue immobile comme une statue par une vapeur chargée de soufre, d'arsenic, de bitume, de sels métalliques & nitreux, tels qu'il s'en éleve à l'éruption des volcans? Heidegger parle d'un tremblement de terre où plusieurs hommes & plusieurs animaux furent étouffés,

---

(a) Gen. c. 17, ℣. 17 : c. 18, ℣. 10.

demeurerent sans vie & sans mouvement comme des statues (*a*). Ce n'est pas là un miracle. La femme de Loth, devenue immobile, n'étoit pas du sel propre à être servi sur une table; le texte peut très-bien signifier, *elle fut statue par le sel*.

On a beau dire que de pareils contes sont plus propres à dégrader la Divinité, qu'à montrer sa puissance (*b*); la Divinité ne se dégrade point en se servant des causes naturelles pour opérer tel effet qu'il lui plaît; les volcans & leurs effets ne paroissent des contes qu'à ceux qui ignorent jusqu'aux premiers élémens de la Physique.

Selon les uns, cette Histoire a été inconnue aux autres nations; selon d'autres, elle est tirée de la fable d'Eurydice, ou de celle de Niobé (*c*). Mais enfin les vestiges de la ruine dont parle Moïse sont encore existans: elle n'a pas été inconnue aux autres nations, puisque les Historiens profanes en ont parlé; quand ils n'en auroient rien dit, cela ne décideroit rien.

(*a*) V. Lettres de quelques Juifs, &c. tome II, p. 108, 4ᵉ. édit.

(*b*) Esprit du Judaïsme, c. 1, p. 12. Bible expliquée, p. 57. (*c*) *Ibid.* p. 44.

§. XI.

D'autres soupçonnent que l'origine des Moabites & des Ammonites est une fable que Moïse a forgée pour rendre ces deux peuples odieux, & pour persuader aux Hébreux qu'ils pouvoient, sans scrupule, s'emparer du pays de cette race maudite.

Tout au contraire. Moïse déclare aux Hébreux que Dieu ne leur donnera pas un pouce du terrain possédé par les Ammonites, par les Moabites, ni par les descendans d'Esaü; il leur défend d'y toucher, parce que c'est Dieu qui a placé ces peuples, comme il veut établir le sien dans le pays des Chananéens (a). Trois cents ans après, Jephté soutient aux Ammonites, que les Hébreux ne leur ont pas enlevé un seul coin de terre, non plus qu'aux Moabites (b). Quand Moïse décide que ces deux peuples *n'entreront jamais dans l'Eglise du Seigneur*, il n'allegue point leur origine, mais le refus qu'ils ont fait de laisser passer les Israélites sur leur frontiere en sortant de l'Egypte; il les regarde comme des ennemis

---

(a) Deut. c. 2, ℣. 5 & suiv.
(b) Jud. c. 11, ℣. 15.

DE LA VRAIE RELIGION.

irréconciliables (*a*), & ils le furent en effet.

Dans les Questions sur l'Encyclopédie, il y a une objection plus spécieuse. La mer Morte, dit l'Auteur, a toujours existé ; les eaux du Jourdain qui s'y déchargent & qui n'ont point d'autre issue, ont dû y former un lac dans tous les temps. Celui qui existe aujourd'hui n'est donc point un effet de l'embrasement de Sodome & des villes voisines, ni de l'affaissement du terrain qu'elles occupoient (*b*).

Réponse. Remarquons d'abord, que les Anciens qui ont parlé du lac Asphaltite, Diodore de Sicile, Strabon, Tacite, Pline, Solin, rapportent la tradition qui a toujours subsisté, que ce lac a été formé par un embrasement dans lequel plusieurs villes avoient été détruites. L'asphalte qui y surnage, le bitume & le soufre qui se trouvent sur ses bords, la couleur de cendres & la stérilité du sol qui l'environne, l'amertume insupportable & la pesanteur de ses eaux, les vapeurs qui

―――――――――――――――――――――
(*a*) Deut. c. 23, ℣. 3.
(*b*) Quest. sur l'Encyclopédie, *Asphalte.* Bible expliquée, p. 48.

s'en élevent, déposent encore du fait aux yeux des Naturalistes. Le récit des Voyageurs modernes s'accorde avec celui des anciens (a). Ce lac est encore nommé par les Arabes *Bahrei Louth*, le lac de Loth : la narration de Moïse est donc confirmée par des preuves de toute espece.

Que devenoient les eaux du Jourdain avant la formation de ce lac ? Ce que deviennent les eaux du Rhin dans la Hollande, celles du Chrysorroas près de Damas, celles de l'Euphrate dans la Mésopotamie, &c. Ou elles se perdoient dans les sables, ou elles entroient dans des conduits souterrains, ou elles se dispersoient dans des coupures faites pour arroser les terres (b).

Il y a plus. Supposons que ce lac auquel on donne aujourd'hui vingt lieues de longueur, n'en ait eu que dix du temps d'Abraham, & n'ait existé que dans sa partie Septentrionale. C'étoit assez de dix lieues de long sur cinq ou six de large, pour placer la belle & fertile vallée, nommée *la Vallée des bois*, & pour y bâtir cinq ou

---

(a) V. Réponses Crit. de M. Bullet, tome I, p. 41 & suiv.

(b) Gen. c. 13, ℣. 10.

fix villes ou bourgs. Tout ce terrain affaiſſé par l'embraſement a augmenté du double l'étendue de la Mer morte ; alors il eſt exactement vrai, ſelon le texte de Moïſe, que *ce qui étoit autrefois la Vallée des bois, eſt aujourd'hui la Mer Salée* (a). Nous n'affirmons point que cela ſoit ainſi arrivé ; mais il ſuffit que cela ſoit poſſible. A quoi donc aboutit l'obſervation de nos ſublimes Naturaliſtes ?

§. XII.

Ils accuſent Abraham d'inhumanité, pour avoir chaſſé de ſa maiſon Agar & ſon propre fils Iſmaël, avec un pain & une cruche d'eau (b).

Réponſe. Voyons les circonſtances. Lorſque Sara lui en fit la propoſition, il témoigna ſa répugnance & ſa douleur ; il n'y conſentit qu'après un ordre exprès de Dieu, qui promit de protéger la mere & l'enfant, & de rendre celui-ci pere d'un peuple nombreux (c) : Abraham pou-

---

(a) Gen. c. 14, ℣. 3.

(b) Tableau des Saints, c. 1. Tindal, c. 13, pag. 301. Queſt. ſur l'Encyclopédie, *Agar, Economie.* Bible expliquée, p. 36 & 53.

(c) Gen. c. 21, ℣. 10 & ſuiv.

voit-il encore être inquiet du sort de l'un ou de l'autre ? D'ailleurs est-il bien certain qu'Abraham les ait abandonnés ? 1°. Nos savans Critiques ignorent, ou font semblant d'ignorer, que, dans le style des Livres Saints, le mot *pain* signifie en général des alimens, des vivres. 2°. La seule raison pour laquelle Sara demanda qu'Ismaël fût éloigné, c'est qu'elle ne vouloit pas qu'*il fût héritier avec son fils Isaac*; elle n'empêcha donc point Abraham de lui fournir la subsistance ailleurs. 3°. Il est dit, Chap. XXV, en parlant des enfans d'Abraham & de Céthura, qu'il fit des dons aux enfans *de ses concubines*, par conséquent à celui d'Agar, aussi bien qu'à ceux de Céthura ; qu'il les sépara d'avec son fils Isaac ; qu'il les plaça du côté de l'Orient : les Ismaélites y étoient en effet ; Ismaël ne fut donc point abandonné. 4°. Ismaël se réunit à Isaac pour donner la sépulture à Abraham ; nous ne voyons aucuns vestiges d'inimitié entre ces deux freres, ni entre leurs descendans : donc Ismaël ne se crut point maltraité. Parce que Moïse n'a pas fait le détail des soins paternels d'Abraham, il ne s'ensuit pas que ce Patriarche y ait manqué ; il y a bien d'autres choses dont l'Histoire ne dit rien.

Bayle a encore exercé sa critique sur ce point. Il semble, dit-il, par les termes dont se sert Moïse, qu'Ismaël fut encore un enfant quand il fut congédié ; cependant il avoit près de vingt ans (a).

Réponse. En lisant attentivement le texte, on n'y verra aucun trait qui désigne l'enfance. Le terme Hébreu signifie un jeune homme aussi bien qu'un enfant ; il est dit qu'Ismaël *avoit grandi* (b) ; qu'il devint chasseur habile ; qu'il fit sa demeure dans le désert de Pharan ; que sa mere lui donna pour femme une Égyptienne : ce n'étoit donc plus un enfant. Bayle semble avoir voulu imiter le P. Hardouin, qui trouve très-mauvais qu'Ascanius soit peint dans l'Enéïde comme un enfant : selon lui, Ascanius devoit avoir au moins quinze ans.

§. XIII.

A peine Isaac avoit-il atteint la jeunesse, que Dieu ordonne à Abraham de lui offrir ce fils si cher en holocauste. Sujet de nou-

---

(a) Dict. Crit. *Agar.*
(b) Le *crevit* de la Vulgate doit être rendu par *creverat*, les Hébreux n'ont point de plusqueparfait.

velles clameurs. Cet ordre barbare, disent les Incrédules, ne put être donné à Abraham que dans un rêve; la stupidité des Patriarches leur faisoit prendre leurs songes pour des ordres du Ciel. Il falloit qu'Abraham eût des idées bien fausses de la Divinité, pour se persuader qu'elle exigeoit le sacrifice d'un enfant. Ces notions sauvages & dignes des Cannibales se sont perpétuées dans la race d'Abraham; les Juifs ont cru que leur Dieu vouloit du sang pour s'appaiser, & les Chrétiens ont adopté le Dieu anthropophage des Hébreux (*a*).

Réponse. Vaine déclamation. Abraham ne rêvoit point, lorsqu'arrivé sur la montagne, & tirant le glaive pour immoler son fils, il reçut du Ciel l'ordre d'arrêter, & de sacrifier un belier à la place d'Isaac. Des avis par lesquels les Patriarches aprenoient ce qui devoit arriver à leur postérité quatre cents ans après eux, ne sont point des songes de la nuit. Chez les nations les plus amoureuses de fables, nous ne trouvons point d'Historien qui ait fait rêver ainsi ses personnages. D'ailleurs le

---

(*a*) Esprit du Judaïsme, c. 1, p. 7. Syst. de la Nat. Bible expliquée, p. 56.

nom de *Moriah* donné à la montagne, en mémoire de l'action d'Abraham, servoit de garant à la narration de Moïse.

Abraham savoit que Dieu, maître de la vie qu'il nous a donnée, peut nous l'ôter quand il le veut, par une maladie, par un accident, par la fureur d'un ennemi, aussi aisément que par un sacrifice. Convaincu par expérience de la puissance de Dieu, de sa bonté, de sa fidélité à ses promesses, il crut qu'un fils qui lui avoit été donné par miracle pouvoit lui être rendu de même (a); l'événement prouve qu'il n'eut point une fausse idée de la Divinité.

Il est faux que les Juifs aient cru qu'il falloit du sang humain pour appaiser Dieu; encore plus faux que les Chrétiens aient cette idée : des calomnies dénuées de preuves sont les armes de la passion, & non de la vérité.

Selon nos adversaires, il est absurde que Dieu ait voulu tenter ou éprouver Abraham : scrutateur des cœurs, connoissant toutes les actions futures des volontés humaines, avoit-il besoin d'épreuve, pour savoir si Abraham étoit ca-

---

(a) Hébr. c. 11, ℣. 19.

pable ou non de lui sacrifier ce qu'il avoit de plus cher ?

Réponse. Non, Dieu n'en avoit pas besoin, mais cet exemple d'héroïsme étoit nécessaire aux hommes. Parce que Dieu sait tout ce dont nous sommes capables, s'ensuit-il qu'il ne doit jamais exiger de nous aucun acte extérieur d'obéissance, aucune preuve de courage, aucune vertu exemplaire, aucun sacrifice pénible ? Cette morale, très-commode aux cœurs vicieux, ne seroit pas fort avantageuse à la société. Ce qui est pour l'homme *une épreuve*, un moyen de connoître les sentimens d'un autre homme, ne l'est plus pour Dieu; mais en parlant de Dieu, les Auteurs sacrés sont forcés de se servir du langage humain : nous prions nos doctes Censeurs de nous apprendre le terme plus propre à rendre l'idée que Moïse a voulu nous donner.

§. XIV.

La conduite de Jacob leur fournit des reproches encore plus vifs. Il enleve à son frere Esaü le droit de primogéniture qui étoit inaliénable; il trompe son pere par un mensonge ; il dérobe la bénédiction qui étoit réservée à son aîné. L'Ecriture, loin de blâmer cette conduite, suppose qu'elle fut approuvée du Ciel, que Dieu ratifia par des bienfaits une fourberie digne de châtiment. L'Historien manque ici de mémoire aussi bien que de jugement ; il fait dire à Isaac, en bénissant Jacob : *Sois le maître de tes freres, & que les fils de ta mere se prosternent devant toi* (*a*) : Jacob n'avoit qu'un frere, il y a bien de l'inadvertence à lui en supposer plusieurs (*b*).

Réponse. En quoi consistoit le droit d'aînesse que Jacob ravit à son frere ? Etoit-ce la succession paternelle, des terres, des troupeaux, des esclaves ? S'empara-t-il des biens d'Isaac au préjudice de son aîné ? Rien moins.

Deux Philosophes observent doctement, que si dans la Coutume de Normandie un cadet profitoit comme Jacob de la faim & de la soif de son frere pour lui ôter son droit d'aînesse, ce seroit un fripon déclaré tel dans tous les Tribunaux (*c*). Assurément ; alors il lui raviroit

---

(*a*) Gen. c. 27, ℣. 28.
(*b*) Celse dans Orig. l. IV, n. 42. Tindal, l'Esprit du Judaïsme, Tableau des Saints, &c.
(*c*) De l'Homme, tome I, sect. 2, c. 16, p. 304. Bible expliquée, p. 55, 69.

les biens, les droits, les titres, les priviléges utiles que les loix accordent à l'aîné; il le réduiroit à sa légitime. Mais Esaü ne fut point traité en cadet de Normandie; il eut pour partage, aussi bien que son frere, *la rosée du ciel & la graisse de la terre* (a), l'abondance de toutes choses. Lorsque Jacob, revenant de la Mésopotamie, voulut lui faire des présens: *Je suis assez riche, mon frere*, lui répondit-il, *gardez pour vous ce que vous avez* (b). Isaac vivoit encore, sa succession étoit entiere; lorsqu'il mourut, il n'y eut point de dispute entre les deux freres pour la partager (c).

Le droit d'aînesse transféré à Jacob étoit le privilége de devenir la tige du peuple de Dieu, de faire passer à ses descendans les bénédictions spirituelles promises à Abraham & à Isaac. Elles dépendoient de Dieu seul; il étoit le maître de choisir la postérité du cadet préférablement à celle de l'aîné; il s'en étoit expliqué à Rebecca pendant sa grossesse: *Vous portez dans votre sein la tige de deux peuples, mais l'aîné sera inférieur à son cadet* (d).

Ceux qui disent que la prédestination

―――――――――――――――――

(a) Gen. c. 27, ℣. 39.   (c) Ibid. c. 35, ℣. 29.
(b) Ibid. c. 33, ℣. 9.   (d) Ibid. c. 15, ℣. 23.

gratuite, fondée sur ce passage, est une injustice, une partialité de la part de Dieu, entendent aussi mal la Théologie que la Jurisprudence. Dieu, maître absolu de ses dons naturels & surnaturels, ne fait aucune injustice lorsqu'il en accorde plus à tel homme ou à tel peuple, qu'à tel autre ; cette conduite, nommée *prédestination*, ne fait tort à personne. Ai-je droit de me plaindre lorsque Dieu fait plus de bien à mon voisin qu'à moi ?

§. XV.

Rebecca, instruite des desseins de la Providence, crut pouvoir en assurer l'exécution par une supercherie ; elle eut tort : Jacob ne fut coupable que d'avoir trop déféré aux conseils de sa mere. Dieu qui avoit annoncé ses desseins, ne voulut point y déroger pour punir cette double faute : il usa d'indulgence envers deux coupables ; mais où en serions-nous, s'il ne laissoit en ce monde aucune faute impunie ? Il n'est pas vrai que la préférence accordée à Jacob & à sa postérité ait été la *récompense* de sa conduite ; cette préférence étoit décidée & prédite avant la naissance des deux freres ; elle étoit purement gratuite & libre de la part de Dieu : quant à ce point, le droit d'aînesse d'Esaü étoit nul, & la cession qu'il en fit n'opéroit rien. Dieu auroit pu accomplir ses promesses par un autre moyen ; mais l'abus que nous faisons de ses bienfaits ne doit pas lui être imputé : il a prévu que les Incrédules abuseroient des talens naturels & des connoissances surnaturelles pour blasphémer contre lui, il n'a pas laissé de les leur donner.

Isaac, instruit du mensonge de Jacob, ne révoqua point sa bénédiction ; il la confirma contre son inclination ; il se souvint de la prédiction faite à Rebecca. Convaincu de son accomplissement futur, il se soumit aux ordres du ciel : *Ton frere*, dit-il à Esaü, *a reçu la bénédiction que je te destinois ; il sera béni, & tu lui seras soumis* (a). Il la renouvela encore lorsque Jacob partit pour la Mésopotamie.

Esaü étoit-il plus digne que Jacob de cette bénédiction divine ? Il avoit épousé deux étrangeres, deux Héthéennes, *qui avoient offensé Isaac & Rebecca* (b). Il avoit témoigné très-peu d'estime de son droit d'aînesse ; il projetoit de tuer Jacob, pour

―――――――――――――――――
(a) Gen. c. 27, ℣. 33.
(b) Ibid. c. 26, ℣. 35.

se venger (*a*) : tous ces traits ne sont pas honorables.

Moïse, disent nos Critiques, a forgé cette histoire, pour donner à son peuple des droits chimériques & des prétentions ambitieuses contre les descendans d'Esaü. Si cela est, il étoit bien mal-adroit de révéler la supercherie de Jacob & de sa mere ; c'étoit annuler ces droits prétendus, & fournir aux Iduméens un sujet de haine contre les Israélites. Moïse ordonne à ceux-ci de regarder les Iduméens comme leurs freres, de respecter leurs possessions, de n'y pas toucher (*b*). Où sont donc les prétentions ? Nos adversaires ne sont pas heureux en conjectures.

Moïse n'a manqué ni de jugement ni de mémoire ; le nom de *freres* en Hébreu désigne souvent les neveux, & *fils* exprime les petits-fils. Rien n'empêche de traduire : *Sois le maître de tes neveux, & que les petits-fils de ta mere se prosternent devant toi*. Ce sens est indiqué par les mots qui précedent : *Que les peuples te soient soumis, & que les familles te rendent hommage.*

Malgré cette promesse, dit un Philo-

___
(*a*) Gen. 26, ⅴ. 41.   (*b*) Deut. c. 2 & 32.

sophie, les Iduméens, descendans d'Esaü, n'ont jamais été subjugués par les Juifs (a). Ici est le défaut de mémoire. David soumit toute l'Idumée (b); les Iduméens s'étant révoltés sous Joram, ils furent vaincus de nouveau par Amasias (c).

§. XVI.

Nouveaux griefs contre Jacob. Dieu avoit défendu à Abraham, à Isaac & à Jacob d'épouser des filles idolâtres, & tous trois en épousent. Par la loi Juive, il étoit défendu d'épouser les deux sœurs: Jacob, non content d'épouser Rachel & Lia, prend encore leurs servantes pour concubines. Il trompe son beau-pere, & le dépouille en s'appropriant ce qu'il y avoit de meilleur dans ses troupeaux: l'expédient dont il se sert est une absurdité contraire à toutes les expériences. Il s'enfuit à l'insçu de Laban, comme un homme qui se sent coupable. Est-ce donc là un favori de Dieu, un homme fait pour donner l'exemple? Son histoire est

---

(a) Bible expliquée, p. 72.
(b) 2. Reg. c. 8, ⱴ. 14.
(c) 4. Reg. c. 8 & 14.

une leçon très-pernicieuse pour les mœurs. Ainsi raisonnoient déjà les Manichéens (*a*).

Réponse. Il est faux que Dieu ait défendu aux Patriarches d'épouser des filles idolâtres, & il l'est qu'aucune de leurs femmes ait été idolâtre, du moins après son mariage. En parlant de la Polygamie, nous avons fait voir qu'elle n'étoit point contraire à la loi naturelle dans l'état de société domestique ; qu'il en étoit de même du mariage avec les deux sœurs, quoique ces deux abus aient été sagement défendus par les loix positives dans l'état de société civile. Mais la loi Juive ne fut portée que trois cents ans après les mariages de Jacob.

Son beau-pere même est son apologiste; il reconnoît que Dieu l'a comblé de bénédictions par les services de Jacob : sa jalousie & celle de ses enfans contre la prospérité de son gendre étoit donc injuste (*b*). Rachel & Lia disent que leur pere les a vendues comme des esclaves, & s'est en-

___

(*a*) S. Aug. contra Faustum, l. XXII, c. 5. Quest. sur l'Encyclop. *Inceste*, *Loi Naturelle*. Bible expliquée, p. 77 & 81. Tableau des Saints, c. 1, p. 16. Esprit du Judaïsme, c. 1, p. 13.

(*b*) Gen. c. 30, ℣. 27.

richi du prix qu'il en a tiré. Laban, confondu par les reproches de Jacob, avoue son tort, & jure un traité de paix avec lui ; de quel côté est l'injustice ? Le vol que fit Rachel des idoles de son pere, étoit ignoré de Jacob ; lorsqu'il trouva ces idoles, il les fit enfouir sous un arbre (a).

Ce qu'il y a de repréhensible dans ces exemples n'est point approuvé dans les Livres Saints ; ils ne peuvent donc être pernicieux aux mœurs. Ils prouvent seulement, que dans ces siecles les nations étoient très-corrompues, la loi naturelle très-mal connue & mal observée ; que Dieu fut toujours très-indulgent, & ses bienfaits très-gratuits.

On peut voir dans Bochart & ailleurs des exemples incontestables du pouvoir de l'imagination des meres sur la conformation du fœtus (b) ; nous avouons cependant que l'expédient dont se servit Jacob pour changer la couleur des troupeaux ne fut point naturel. Il est dit que Dieu voulut dédommager Jacob des injustices de Laban ; ses deux épouses le

---

(a) Gen. c. 35, ℣. 4.
(b) Quest. sur l'Encyclop. *Influence*. Rép. crit. de M. Bullet, tome II, p. 106.

reconnoissent (*a*) : selon le Pentateuque Samaritain, Dieu prescrivit à Jacob le secret dont il se servit.

Les remarques de l'Auteur de la Bible expliquée, sur la vertu des Mandragores, portent à faux ; il n'est pas sûr que *Doudaïm* signifie des Mandragores ; plusieurs croient que c'étoient des citrons.

§. XVII.

Spinosa & quelques autres ont beaucoup insisté sur la difficulté de concilier la chronologie & l'âge des enfans de Jacob avec leur Histoire. Dina, fille de Jacob, ne pouvoit avoir plus de sept ans, lorsqu'il est dit qu'elle fut enlevée par Sichem : Siméon & Levi ses freres ne devoient en avoir que treize ou quatorze, lorsqu'ils passerent les Hévéens au fil de l'épée pour venger cet outrage. Un pareil exploit n'est ni pardonnable ni possible à des enfans (*b*).

Réponse. Cette objection porte sur trois suppositions fausses ou douteuses. La premiere, que Jacob n'épousa Rachel & Lia qu'après sept ans révolus de son sé-

---

(*a*) Gen. c. 31, ℣. 12 & 16.
(*b*) Spinosa, c. 9. Bible expliquée, p. 85.

jour chez Laban; le texte de la Genèse ne le prouve point. Les paroles du Chapitre XXIX, ℣. 25, peuvent signifier: *Ne vous rendois-je pas mes services pour avoir Rachel?* Il ne s'ensuit point que tout le temps fixé pour ces services fût écoulé. Il n'est pas probable que Jacob en âge de s'établir ait voulu attendre sept ans avant d'avoir une épouse, & il est ridicule de prétendre comme Spinosa, qu'il étoit âgé de quatre-vingt-quatre ans lorsque Lia lui fut donnée (*a*).

La seconde supposition est que Moïse a placé la naissance des enfans de Jacob selon leur ordre chronologique, ce qui est évidemment faux: Dina, quoique puînée de Joseph, est nommée avant lui (*b*). Puisque Jacob a eu ses enfans de quatre personnes différentes, plusieurs ont pu naître la même année.

La troisieme, que Jacob alla d'une seule traite depuis la Mésopotamie aux pays des Hévéens: l'Histoire porte au contraire, que Jacob arrivé à Socoth y bâtit une demeure, & y campa (*c*); elle ne dit point combien de temps il y demeura. Tous les calculs de nos adversaires sur

---

(*a*) Spinosa, *ibid.* p. 265.
(*b*) Gen. c. 30.   (*c*) *Ibid.* c. 23, ℣. 17.

ce point, portent à faux; il est évident que dans l'Histoire de Jacob la date des événemens n'est pas fixée, & que l'ordre chronologique n'est point observé.

Nous convenons que la vengeance exercée par Siméon & Levi est inexcusable; Jacob leur en témoigna son indignation; il leur reprocha encore ce crime au lit de la mort (*a*) : preuve que Moïse dit la vérité sans ménagement, ne flatte pas plus sa Tribu que les autres.

Excuserons-nous la conduite de Juda & de Thamar ? Elle est détestable. Cependant, dit Tindal, elle paroît approuvée par la destinée des deux jumeaux qui naissent de ce commerce (*b*).

Approuvée ! Falloit-il donc que Dieu fît un miracle pour arrêter la fécondité de Thamar, ou fît porter aux deux jumeaux la peine du crime de leurs parens ? Moïse ne les approuve pas. De toutes les clameurs des Incrédules contre les crimes commis dans la famille de Jacob, il ne résulte rien, sinon que Dieu n'a pas puni tous les crimes (*c*).

(*a*) Gen. c. 49, v. 5.
(*b*) Tindal, c. 13, p. 231.
(*c*) S. Aug. contra Faustum, l. XXII, c. 5.

§. XVIII.

Un Philosophe célebre convient que l'Histoire de Joseph vendu par ses freres est un des plus précieux monumens de l'antiquité. Elle est, dit-il, plus attendrissante que l'Odyssée d'Homere; un héros qui pardonne est plus touchant que celui qui se venge. Cette fiction ingénieuse est unique en son genre; c'est la seule Histoire Hébraïque où l'on trouve un acte de générosité & de clémence. Quelques Savans ont cru qu'elle est une imitation d'un ancien conte Arabe (a).

Réponse. Il étoit humiliant pour un Philosophe qui a traité tant de fois les Ecrivains Hébreux d'ignorans, de fanatiques, d'insensés, d'avouer qu'au moins une fois ils ont fait un récit ingénieux, attendrissant, pathétique; pour sauver une partie de sa honte, il a voulu en attribuer l'invention aux Arabes. Mais dans quel Livre Arabe plus ancien que Moïse notre Auteur a-t-il lu cette Histoire ?

Elle est *unique dans son genre*. Mais celle d'Abraham prêt à immoler son fils, l'entrevue de Jacob & d'Esaü, l'Histoire de

―――――――――

(a) Dict. Philosoph. *Joseph*. Bible expliquée, p. 106, 112.

Ruth & celle de Tobie nous paroissent très-touchantes. Un Philosophe a l'ame bien dure, si dans les Livres Saints rien n'est capable de le toucher que l'Histoire de Joseph.

C'est la seule où l'on trouve un acte de générosité & de clémence. Quoi ! lorsqu'Abraham se met en campagne pour délivrer un neveu qui s'étoit séparé de lui assez légérement, lorsqu'il refuse les dons du Roi de Sodome, lorsque Ruth s'attache à Noëmi sa belle-mere, lorsque David refuse d'attenter aux jours de Saül, qu'il pardonne à Séméi, qu'il comble de bienfaits le fils de Jonathas, &c. ce ne sont pas là des actes de générosité ? Notre Philosophe se connoît aussi mal en vertus qu'en antiquités.

Cette Histoire est une fiction ingénieuse. Cependant elle a eu des suites qui en prouvent la réalité : le voyage de Jacob en Egypte, où il est appelé par Joseph; le séjour qu'y fait sa postérité ; les deux enfans de Joseph adoptés par Jacob, & qui deviennent Chefs de deux Tribus; les os de Joseph conservés pendant deux siecles, reportés dans la Palestine, & enterrés à Sichem : tout cela se tient, & ne peut être un tissu de fictions.

Ainsi en ont jugé, dit notre Critique, les Lords Herbert & Bolingbroke, les savans Freret & Boulanger (a). Cela est faux ; ces Ecrivains n'ont point contesté la vérité de l'Histoire de Joseph. Justin, après Trogue-Pompée, la rapporte, & ne paroît pas en douter (b). Voilà ce qu'un vrai Savant ne peut pas ignorer.

L'Auteur, qui n'est pas de ce nombre, plaisante sur l'Eunuque Putiphar qui avoit une femme. Il ne sait pas que l'Hébreu סרים, *Saris*, désigne non seulement un Eunuque, mais un Officier du Roi. C'est dans ce dernier sens que l'Echanson & le Pannetier, emprisonnés avec Joseph, sont nommés *Saris* de Pharaon (c).

§. XIX.

Joseph, malgré sa clémence & sa générosité, n'a pas trouvé grace au tribunal de nos Critiques. Pour mériter les bonnes graces de son Roi, il force tout le peuple à vendre ses terres à Pharaon, & toute la nation se fait *esclave* pour avoir du bled : c'est-là sans doute l'origine du

_____

(a) Bible expliquée, p. 112.
(b) Justin, l. XXXVI. (c) Gen. c. 49, ℣. 7.

pouvoir despotique. Joseph laissa les terres aux Prêtres, parce qu'il avoit épousé la fille d'un Prêtre; il les rendit indépendans de la couronne; il comprit très-bien que l'on ne parvient point à rendre un peuple esclave & malheureux, si l'on n'est secondé par ses guides spirituels; il eut l'attention de donner à ses parens les postes les plus importans du Royaume (a). Pour tenir les peuples dans la dépendance, on leur donne d'une main ce qu'on leur a pris de l'autre : telle fut la politique dont usa Joseph envers les Egyptiens (b).

Réponse. N'argumentons point sur un mot. En quoi consistoit l'*esclavage* que Joseph introduisit en Egypte? Il rendit le Roi propriétaire des fonds de son Royaume, les sujets ne furent plus que ses fermiers; ils lui rendoient le cinquieme du produit net, & avoient le reste pour eux. Une contribution payée à titre de ferme est-elle plus onéreuse qu'un impôt? Ce n'est là ni une servitude, ni une condition malheureuse; il n'est aucun peuple

---

(a) Bible expliquée, p. 113. Dictionnaire Philosophique, *Joseph*. Esprit du Judaïsme, Tableau des Saints, &c.

(b) Encyclop. *Economie Politique*, p. 345.

qui ne cessât volontiers d'être propriétaire à ce prix.

Il est vrai que les Egyptiens, après avoir donné leur argent & leur bétail, disent à Joseph : " Nous & nos terres " ferons à vous, achetez-nous pour être " *esclaves* du Roi.... Joseph assujettit " donc à Pharaon tout le sol de l'Egypte, " & tous ses habitans d'un bout à l'au- " tre (*a*) ". Mais l'Hébreu עבד que l'on traduit ici par *esclave*, signifie souvent *vassal, sujet, serviteur*. Les freres de Joseph arrivés en Egypte, disent au Roi : *Servi tui sumus*; cela ne signifie pas *nous sommes vos esclaves*.

Nos Critiques s'imaginent que Joseph garda pour le Roi tout le bétail de l'Egypte : comment auroit-on cultivé les terres ? Qu'il acheta les corps & la liberté civile des Egyptiens : qu'en auroit-il fait ? Il en fit autant de cultivateurs & de fermiers du domaine : voilà toute l'acquisition.

Il est encore dit dans le texte, que Joseph fit passer le peuple dans les villes d'un bout de l'Egypte à l'autre ; le Paraphraste Chaldaïque, les Versions Syria-

---

(*a*) Gen. c. 47, ℣. 19.

que & Arabe l'ont ainsi entendu: Joseph bouleversa donc tout le Royaume. Nouvelle imagination. Les Septante, l'Interprete Latin, le Traducteur du Samaritain, n'ont point apperçu cette transmigration. Les termes pris dans toute la rigueur, signifient tout au plus que Joseph déplaça quelques particuliers, fit une répartition des terres, rendit ainsi les fortunes plus égales, & la culture plus animée.

Il n'acheta pas les terres des Prêtres, parce qu'elles n'étoient pas à eux; le Roi les leur avoit données, ils n'en avoient que l'usufruit. Si le peuple fut esclave parce qu'il perdit la propriété des fonds, les Prêtres l'étoient déja; il fut réduit à la même condition que les Prêtres (a). Du temps d'Hérodote, l'état des Prêtres Egyptiens étoit encore le même; ils étoient tirés des familles les plus distinguées de l'Egypte (b): mais en quel sens de simples usufruitiers sont-ils indépendans de la couronne?

Il n'est pas fort certain que Joseph

(a) Gen. c. 47, ℣. 22.
(b) Hérodote, l. II, c. 37. Diodore, l. I, sect. 2, c. 24.

ait épousé la fille d'un Prêtre. כוהן, *Cohen*, qui désigne un Prêtre, signifie aussi un Chef, un homme constitué en dignité ; double sens qui prouve le respect de tous les anciens peuples pour les Prêtres. Moïse avoit aussi épousé la fille d'un *Cohen* de Madian ou d'un Chef de Tribu.

Comment prouve-t-on que Joseph donna à ses parens des places importantes ? Pharaon lui dit : » S'il y en a parmi » eux qui aient de l'industrie, confiez- » leur le soin de mes troupeaux (*a*). Nous ne croyons point que la garde des troupeaux du Roi soit le poste le plus important du Royaume.

J'ose demander à tout Lecteur judicieux, si dans cette multitude d'objections de toute espece il y en a une seule qui soit fort difficile à résoudre, ou qui puisse autoriser le ton de mépris sur lequel nos adversaires parlent de l'Histoire Sainte.

(*a*) Gen. c. 47, ⅴ. 6.

ARTICLE IV.

Quelle est l'origine des Juifs.

§. I.

Pour trouver le berceau d'une nation quelconque, le bon sens nous dicte qu'il faut consulter les Auteurs contemporains, s'il y en a, ou du moins les plus anciens; ceux qui ont fréquenté ce peuple, & qui ont été à portée de le connoître : il est de la prudence de s'en fier aux anciens plutôt qu'aux modernes, aux nationaux préférablement aux étrangers, aux hommes désintéressés plus qu'aux ennemis; sur-tout lorsque la narration des premiers porte d'ailleurs tous les caracteres possibles de candeur & de sincérité. Moïse, plus ancien que tous les Auteurs profanes, nous apprend que ses peres étoient originaires de la Chaldée; qu'Abraham en sortit pour venir habiter la Palestine; qu'il y mourut : on y voyoit son tombeau & celui d'Isaac son fils; les différens lieux où ils avoient séjourné l'un & l'autre étoient marqués par des monumens. Il dit que Jacob, petit-fils d'Abraham, fut obligé par la famine d'aller s'établir en Egypte ; que sa postérité s'y multiplia pendant deux cents ans, fut réduite en esclavage par les Egyptiens, & mise en liberté par une suite de prodiges.

Moïse n'a point forgé ces faits pour flatter la vanité de sa nation ; il la suppose moins ancienne que les peuples voisins ; il ne lui attribue ni des conquêtes, ni des connoissances supérieures, ni une prospérité constante. La Langue Hébraïque, plus analogue au Chaldéen qu'à toute autre Langue, dépose du fait principal ; le nom d'*Hébreux* donné à la postérité d'Abraham le confirme ; les monumens répandus dans la Palestine, les noms des enfans de Jacob donnés aux douze Tribus, une fête solemnelle instituée pour célébrer leur sortie de l'Egypte, attestent de même les faits suivans. Le testament de Jacob, ses os & ceux de Joseph transportés dans la Palestine, prouvent que les Hébreux se sont toujours regardés comme étrangers en Egypte ; la différence du langage, des mœurs, de la religion entre les deux peuples, le fait encore mieux sentir. Un Historien qui marche avec tant de précaution, toujours la preuve à la main, & sans aucun intérêt d'en imposer, nous paroît digne de croyance. Voyons si des étrangers, des Egyptiens, des Phéniciens, des Grecs, des Romains, qui ont vécu huit ou neuf cents ans après lui, qui n'entendoient point la Langue des Hébreux, qui n'ont lu leur Histoire que dans une traduction, sont plus en état de nous instruire, & nous donneront des notions plus certaines.

§. II.

Manéthon, Historien Egyptien, raconte que sous le regne de Timaüs, un peuple inconnu vint du côté de l'Orient, se rendit maître de l'Egypte, réduisit les habitans en servitude, y conserva l'autorité pendant cinq cents ans. C'est ce que l'on a nommé les *Rois Pasteurs*. Après une guerre longue & meurtriere, ils furent vaincus par un Roi de la Thébaïde; ils se retirerent au nombre de deux cent quarante mille avec tous leurs biens, traverserent le désert de Syrie, & s'établirent dans la Judée, où ils bâtirent Jérusalem (a).

Il dit ailleurs, que le Roi Aménophis ayant rassemblé tous les lépreux de son

---

(a) Josephe, contre Appion, l. I, c. 5.

Royaume, au nombre de quatre-vingt mille, les envoya travailler aux carrieres. Ils se révolterent, prirent pour Chef Osarsiph, Prêtre d'Héliopolis, & demanderent du secours aux *Pasteurs* de Jérusalem : ceux-ci leur envoyerent une armée de deux cent mille hommes, avec laquelle ils se rendirent de nouveau maîtres de l'Egypte. Aménophis les chassa encore. Osarsiph, leur Législateur, ayant changé de religion, se fit nommer Moïse (*a*).

Chérémon, autre Egyptien, répete la seconde partie du récit de Manéthon, sans faire mention de la premiere. Il dit qu'Aménophis chassa de l'Egypte les lépreux au nombre de deux cent cinquante mille, entre lesquels étoient Moïse & Joseph ; qu'étant secourus par trois cent quatre-vingt mille étrangers, ils forcerent Aménophis de s'enfuir en Ethiopie; que son fils Messénès chassa les Juifs, & les poursuivit jusques aux frontieres de Syrie (*b*).

Lysimaque, troisieme Historien d'Egypte, dit que ce fut Bocchoris qui chassa les lépreux de son Royaume, après en

───────────────

(*a*) Josephe contre Appion, l. I, c. 9.
(*b*) *Ibid.* c. 11.

avoir fait noyer une partie; qu'ils mirent Moïse à leur tête, traverserent le défert, se rendirent en Judée, après avoir mis à feu & à sang tout ce qui se trouva sur leur passage (a).

Appion, Grammairien d'Alexandrie, ajoute à ce récit, que Moïse étant monté sur la montagne de Sina, y demeura caché pendant quarante jours, & donna ensuite aux Juifs les loix qu'ils observent. Selon lui, ils gardoient autrefois dans leur Temple une tête d'âne d'or massif, qu'ils adoroient; chaque année ils immoloient un Grec, après l'avoir nourri délicatement pendant un an dans un lieu secret de leur Temple (b).

Josephe n'a pas de peine à réfuter toutes ces fables; elles se contredisent. Outre les preuves du contraire que nous venons d'alléguer, si les Hébreux avoient dominé en Egypte, Moïse ne se seroit pas obstiné à leur rappeler sans cesse qu'ils y avoient été esclaves; s'ils en avoient été chassés à main armée, il ne leur auroit pas défendu de conserver de la haine

---

(a) Josephe contre Appion, l. I. c. 12.
(b) Ibid. l. II, c. 1 & 4.

contre les Egyptiens, & de remettre le pied en Egypte, &c.

§. III.

Diodore de Sicile prend aussi les Juifs pour une troupe d'étrangers chassés de l'Egypte par motif de religion. Il se jeterent, dit-il, dans la Judée qui étoit alors déserte ; leur Chef se nommoit Moïse, homme supérieur par sa prudence & par son courage (*a*). Ce récit, conservé par Photius, étoit emprunté d'Hécatée d'Abdere (*b*).

Diodore dit ailleurs, que les Courtisans d'Antiochus Eupator l'excitoient à exterminer les Juifs : ils lui représentoient que les ancêtres de cette nation avoient été chassés d'Egypte à cause de leur impiété, & de la lepre dont ils étoient infectés ; qu'elle entretenoit une haine constante contre les autres nations, & les regardoit comme ennemies. On ajoutoit qu'Antiochus Epiphanes, ayant vaincu les Juifs, avoit pénétré dans leur sanctuaire ; qu'il y trouva la statue de pierre d'un homme

---

(*a*) Diod. traduct. de Terras. tome VII, p. 246.
(*b*) Hist. de l'Acádem. des Inscript. tome XIV, in-12, p. 357.

à grande barbe monté sur un âne; il jugea que c'étoit Moïse, fondateur de Jérusalem & de la république Juive. Il fit immoler hors du Temple un pourceau, avec le sang duquel il fit arroser les Livres sacrés des Juifs, força le Grand-Prêtre & les autres Juifs à manger des viandes qui leur étoient interdites par leurs loix (a). Diodore ne paroît pas ajouter beaucoup de foi à toutes ces accusations formées par les ennemis des Juifs; il ne dit rien pour les confirmer.

Cependant l'Auteur des Questions sur l'Encyclopédie nous demande fièrement quel étoit le Pharaon sous lequel les Hébreux s'enfuirent; si c'étoit l'Ethiopien Actisan, dont il est dit dans Diodore de Sicile, qu'il bannit une troupe de voleurs *vers le mont Sina*, après leur avoir fait couper le nez (b).

Mais il falsifie Diodore; cet Historien ne parle point là du mont Sina: il dit que ces voleurs furent envoyés au désert; qu'on leur bâtit la ville de *Rhinocolure* sur les confins de l'Egypte & de la Syrie,

---

(a) Diod. l. XXXIV, tome VII, p. 89.
(b) Quest. sur l'Encyclopédie, *Histoire*, p. 45. *Juifs*, p. 257.

près du rivage de la mer (*a*). Ces bannis n'ont rien de commun avec les Hébreux ; ceux-ci n'ont jamais habité Rhinocolure, & cette ville n'étoit pas dans le désert de Sina.

§. IV.

Justin, après Trogue-Pompée, qui avoit copié Nicolas de Damas, donne aux Juifs pour berceau la ville de Damas en Syrie. » Abraham, dit-il, & Israël fu-
» rent Souverains de cette contrée. Israël,
» plus puissant que ses prédécesseurs, di-
» visa ses Etats en dix portions, & en
» donna une à chacun de ses fils. . . . Le
» plus jeune étoit Joseph. Ses freres, qui
» redoutoient la supériorité de son génie,
» le vendirent secrétement à des mar-
» chands étrangers, &c. «. Justin rapporte sommairement l'Histoire de Joseph, sans l'altérer beaucoup. » Joseph,
» continue-t-il, eut pour fils Moïse, au-
» quel il transmit ses connoissances. Les
» Egyptiens, affligés de la lepre, banni-
» rent celui-ci du Royaume avec tous les
» malades, pour éviter une contagion
» générale. Moïse, à la tête des exilés,

(*a*) Diod. l. I, sect. 2, n. 12; tome I, p. 129.

DE LA VRAIE RELIGION. 551
» déroba les choses sacrées des Egyptiens:
» ceux-ci ayant voulu les reprendre à
» main armée, furent forcés par des tem-
» pêtes à retourner chez eux.... Moïse
» eut pour successeur dans le sacerdoce
» son fils Aruas, auquel la nation donna
» encore le titre de Roi ; de là l'usage
» des Juifs d'être toujours gouvernés par
» leurs Prêtres. Ceux-ci réunissant ainsi
» la religion à la justice, ont augmenté
» la puissance de la nation à un degré
» incroyable (a) «.

Strabon dit, que, selon l'opinion commune, les Juifs avoient pour ancêtres les
Egyptiens ; que Moïse ne pouvant souffrir
l'idolâtrie grossiere & les superstitions des
Egyptiens, prit le parti de s'expatrier, fut
suivi par une foule d'hommes religieux,
auxquels il donna une religion plus sensée.

» Il leur enseigna, dit-il, que Dieu
» est tout ce qui nous environne, la terre
» la mer, le ciel, le monde, & tout ce
» que nous appelons *la Nature*, & qu'il
» est absurde de vouloir le représenter
» par une image semblable à nous....
» Par ces leçons, il gagna la confiance
» d'une multitude d'hommes de bien ; il

_____
(a) Justin, l. XXXVI. c. 2. Jos. Antiq. l. I, c. 7.

» les conduisit dans la contrée où est
» Jérusalem, dont il n'eut pas de peine
» à se rendre maître, &, par une sage
» conduite, forma une république très-
» puissante. Les successeurs de Moïse gar-
» derent pendant quelque temps ses loix,
» furent justes & pieux. Dans la suite, le
» sacerdoce ayant été envahi par des
» hommes superstitieux & enclins à la
» tyrannie, ils établirent des abstinences,
» la circoncision, & d'autres superstitions;
» bientôt la tyrannie dégénéra en brigan-
» dage. Cette nation, après avoir eu des
» commencemens très-heureux, éprouve
» aujourd'hui un sort déporable; la Judée
» est opprimée par des tyrans (a) ». Strabon paroît avoir suivi la narration d'Hécatée d'Abdere (b).

§. V.

Tacite avoit consulté les différentes
traditions des Historiens sur l'origine des
Juifs; il les rapporte toutes. » Les uns,
» dit-il, pensent que les Juifs sont venus
» de l'Isle de Crete & des environs du

_____

(a) Strabon, Géogr. l. XVI
(b) Hist. de l'Acad. des Inscriptions, in-12,
tome XIV, p. 358.

» mont

» mont *Ida* ; d'autres difent qu'ils font
» fortis d'Egypte fous la conduite de Jé-
» rofolymus & de Juda. Plufieurs les
» regardent comme une peuplade d'Ethio-
» piens. Quelques-uns prétendent qu'une
» multitude d'Affyriens, qui n'avoient
» point de terres à cultiver, s'emparerent
» d'une partie de l'Egypte, & s'établi-
» rent enfuite dans la Syrie ou le pays
» des Hébreux. D'autres jugent que les
» Solymes, dont Homere a parlé, ont
» bâti Jérufalem & lui ont donné leur
» nom. La plupart fe réuniffent à dire
» que, dans une contagion qui furvint
» en Egypte, le Roi Bocchoris bannit les
» malades comme ennemis des Dieux.
» Ces malheureux, abandonnés dans un
» défert, fe livroient au défefpoir : Moïfe
» leur Chef ayant apperçu une troupe
» d'ânes fauvages qui gagnoit des rochers
» couverts d'arbres, les fuivit, & trouva
» des eaux en abondance. Ce fecours
» rendit le courage à fa troupe. Après fix
» jours de marche ils chafferent les ha-
» bitans de la contrée, dans laquelle ils
» ont bâti leur ville & leur temple. Dans
» fon intérieur ils ont confacré l'animal
» qui leur fervit de guide & leur fit
» trouver des eaux «.

Tome V. A a

Après avoir censuré & interprété ridiculement les usages des Juifs, Tacite ajoûte : „ Ils regardent comme un crime de „ tuer les enfans, & croient les ames „ immortelles ; de là leur goût pour le „ mariage, & le mépris de la mort. Ils „ ne brûlent point les morts, ils les em- „ baument à la maniere des Egyptiens ; „ ils ont la même opinion qu'eux sur les „ enfers, mais non sur les Dieux. Les „ Egyptiens adorent les animaux & les „ simulacres : les Juifs ne connoissent „ qu'un Dieu, & l'adorent en esprit ; ils „ le croient tout-puissant, éternel, im- „ muable. Ils ont horreur des images des „ Dieux & de leur culte ; on n'en voit „ aucune dans leurs villes, encore moins „ dans leur temple ; ils ne rendent cet „ honneur ni aux Rois, ni aux Césars.... „ Pompée est le premier des Romains qui „ ait dompté les Juifs ; il entra dans „ leur temple comme vainqueur : par-là „ on a su qu'il n'y avoit aucune image „ des Dieux ; que leur sanctuaire étoit „ vuide, dépouillé de tout symbole sen- „ sible (a) ".

(a) Tacite, Hist. l. V, c. 1 & suiv.

§. VI.

Sans insister sur les erreurs de cet Historien, nous pouvons remarquer, 1°. que la vraie origine des Juifs n'étoit pas absolument inconnue aux Auteurs profanes, puisque, selon Tacite, plusieurs avoient écrit que c'étoit une peuplade de Chaldéens ou d'Assyriens, qui, après avoir demeuré en Egypte, s'étoient emparés de la Palestine : 2°. que la circoncision étoit pratiquée par les Juifs seuls, puisque, selon Tacite, ils en usoient pour se distinguer des autres peuples : 3°. il n'est pas étonnant que Tacite ait ignoré l'origine & les raisons des cérémonies des Juifs, puisqu'il n'avoit pas lu leurs Livres.

Dion Cassius, après avoir recherché l'origine du nom de *Judée* & de *Juifs*, avoue qu'il ne la connoît pas (a). Selon Diogene Laërce, quelques Auteurs anciens croyoient les Juifs descendus des Mages de Perse (b); Aristote les croyoit issus des Gymnosophistes des Indes.

Il n'est donc aucune des nations Orientales de laquelle on n'ait fait descendre

---

(a) Histoire Romaine, l. XXXVII.
(b) Vie des Philos. l. I, c. 1, p. 13.

les Juifs. Les Affyriens, les Perfes, les Indiens, les Syriens de Damas, les Crétois, les Egyptiens, les Ethiopiens, les Arabes, ont été tour à tour regardés comme leurs peres. Mais leur Langue étoit différente; fait effentiel auquel les profanes n'ont pas fait attention.

Que le plus grand nombre ait cru les Juifs originaires d'Egypte, cela n'eft pas étonnant, les Egyptiens le difoient; les Juifs avoient habité les bords du Nil pendant plus de deux fiecles : lorfqu'ils en fortirent, une foule d'Egyptiens fe joignit à eux, & voulut partager leur fort (a); mais la différence des mœurs, de la religion, du langage, atteftoit la diverfité d'origine. Auffi, malgré les ténebres de l'ancienne Hiftoire, la vérité n'a pas laiffé de percer; Manéthon, Diodore, Trogue-Pompée & d'autres dont parle Tacite, ont jugé que les Juifs étoient étrangers en Egypte : voilà le feul point fur lequel la plupart font d'accord.

§. VII.

Quant au motif de leur expulfion ou de leur fortie, les variations des Hifto-

_____

(a) V. ci-deffus, c. 1, art. 1, §. 4.

riens démontrent qu'ils étoient mal instruits. Les uns croient qu'ils furent chassés à main armée, à cause des cruautés qu'ils avoient exercées en Egypte; Diodore, Trogue-Pompée & Strabon pensent que ce fut par motif de religion, & parce qu'ils ne vouloient pas se conformer au culte des Egyptiens. Strabon suppose que leur retraite fut volontaire; que Moïse & les siens s'expatrierent afin de ne plus participer à un culte aussi absurde. Ceux qui les regardent comme des malades ou des lépreux, pensent, les uns qu'ils firent de la résistance, & qu'il y eut du sang répandu, les autres qu'ils n'eurent recours qu'aux larmes & au désespoir; mais il ne falloit pas supposer qu'une armée de malades fût en état de traverser le désert sans provisions & sans ressource, & de déposséder les Chananéens.

Malgré les préventions des Grecs & des Romains contre les Juifs, il y a un fait constant; leurs Livres n'ont été écrits ni par des ignorans, ni par des fanatiques; leur religion, leurs loix, leur gouvernement, sont plus raisonnables que ceux des autres peuples; nous le verrons ci-après. Leurs usages étoient fondés sur de bonnes raisons, mais dont les beaux

esprits de Rome n'étoient pas inftruits;
nous le montrerons encore : le mépris
de ces derniers ne prouve donc que leur
ignorance & leur vanité nationale; ce
n'eft pas là ce qui doit déterminer notre
jugement.

Cependant un de nos Philofophes foutient que le récit de Manéthon eft beaucoup plus croyable que celui de Moïfe;
que les Ifraélites font *ces Pafteurs* qui,
après s'être multipliés paifiblement en
Egypte fous le miniftere de Jofeph, fe
rendirent les maîtres, & furent expulfés
enfuite par les Egyptiens. L'Hiftorien Jofephe eft forcé d'en convenir; & les
raifons dont il fe fert pour prouver que
ce n'étoit pas des lépreux couverts de gale
& de vermine, confirment cette accufation au lieu de l'affoiblir. En effet, Moïfe
ordonne continuellement des ablutions
& des précautions de propreté pour prévenir la lepre; pendant la fervitude
d'Egypte, les Hébreux ne pouvoient avoir
toutes ces attentions; dans le défert ils
durent fouffrir beaucoup : d'ailleurs, par
le vice du climat, les Egyptiens étoient
fujets aux maladies de la peau. Lyfimaque ajoute que les Hébreux étoient encore
affligés d'ulceres aux aines; peut-être eft-

ce pour cette maladie qu'ils pratiquoient la circoncision. De tout cela il s'ensuit que le peuple de Dieu étoit très-dégoûtant (a).

§. VIII.

Il nous paroît d'abord étrange que Manéthon, qui a vécu près de douze cents ans après les événemens, soit plus croyable que Moïse, Auteur contemporain : mais admettons cette absurdité. Du moins il ne falloit pas altérer le récit de Manéthon sur trois ou quatre articles essentiels.

1°. Selon notre Critique, les Pasteurs s'établirent d'abord en Egypte sans opposition & sans coup férir ; Manéthon dit au contraire : « Une grande armée d'un » peuple inconnu vint du côté de l'Orient, » se rendit sans peine maîtresse de notre » pays, tua une partie de nos Princes, » mit les autres à la chaîne, brûla nos » villes, ruina nos temples, massacra une » partie des habitans, réduisit les autres » en esclavage ; quelques-uns disent qu'ils » étoient Arabes (b) «.

2°. Au bout de quelque temps, dit

(a) Esprit du Judaïsme, c. 2, p. 19 & suiv. 6e. Lettre à Sophie, p. 85.

(b) Josephe contre Appion, l. I, c. 5.

notre Critique, les Pasteurs, peu contens de leurs premiers établissemens, firent la guerre aux Egyptiens, finirent par rendre le Roi & les peuples tributaires. Selon Manéthon, ce n'est pas ainsi qu'ils finirent; c'est par-là qu'ils commencerent, & ils régnerent constamment sur l'Egypte pendant cinq cent onze ans (a). Les Rois de la Thébaïde, qui n'avoient pas été domptés, leur firent la guerre, & elle dura long-temps.

3°. Le Critique veut que ces Pasteurs, si difficiles à vaincre & à chasser, aient été des lépreux, des galeux, des éléphantiaques. Manéthon n'a pas dit cette absurdité : selon lui, la retraite des Pasteurs arriva sous Thémosis; l'expulsion des lépreux sous Aménophis & Ramessès, c'est plus de cinq cents ans après. Il suppose la république des Pasteurs fondée en Judée plusieurs siecles avant le secours qu'ils envoyerent aux lépreux.

4°. Il est absurde de dire que, *pendant la servitude d'Egypte*, les Hébreux n'ont pas pu prendre les précautions contre la lepre : si ce sont les Pasteurs dont

---

(a) Selon d'autres, pendant 260 ans. V. Chron. Egypt. tome I, p. 135.

parle Manéthon, loin d'avoir jamais été réduits en servitude, ils y ont au contraire retenu les Egyptiens pendant plus de cinq cents ans.

§. IX.

Si nous laissons de côté les Pasteurs de Manéthon, admettrons-nous que les Hébreux ont eu pour ancêtres ces lépreux chassés d'Egypte ? Alors il faudra réfuter non seulement Manéthon, qui passe pour le mieux instruit des Auteurs Egyptiens, mais encore Hécatée d'Abdere, Diodore, Trogue-Pompée & Strabon, qui supposent que les Hébreux sont sortis de l'Egypte par motif de religion ; il faudra nous faire concevoir comment une armée de malades a traversé le désert, conquis la Palestine, fondé un état & une religion si différens des autres, &c.

Quand les Hébreux auroient eu toutes les maladies qu'on leur prête, c'étoit un effet du climat ; les armées de croisés en furent attaquées, & les rapporterent en Europe. Moïse a donc montré une sagesse supérieure en faisant tant de loix pour prévenir cet inconvénient. Il y avoit reussi, puisque, selon Tacite, les Juifs étoient sains, vigoureux, endurcis au travail (*a*) : il est absurde de les supposer malades, parce qu'ils prenoient beaucoup de soins pour conserver leur santé.

Si des hommes qui ne connoissent pas la petite vérole arrivoient parmi nous lorsqu'elle y fait ses ravages, en voyant des visages chargés de pustules & de cicatrices, ils diroient que nous sommes un peuple très-dégoûtant. Je passe sous silence une autre maladie plus odieuse dont ils seroient fort surpris. On ne dira pas que les Turcs, qui ont succédé aux Juifs dans la Palestine, & qui ont si souvent la peste, soient un peuple fort ragoûtant.

Mais à quoi aboutissent les reproches puérils de nos adversaires ? Que les Juifs aient eu l'extérieur tel que l'on voudra, il ne s'ensuit rien contre la certitude de leur Histoire, contre la vérité de leur religion, contre la sagesse de leurs loix ; la propreté recherchée n'a rien de commun avec le bon sens, ni le luxe avec la vertu.

(*a*) *Corpora hominum salubria & ferentia laborum.*

§. X.

Rapprochons les différentes circonstances qui prouvent la vraie origine des Juifs, & la maniere dont ils sont sortis de l'Egypte, la vérité de l'Histoire de Moïse, & la fausseté du récit de Manéthon & des autres.

1°. Les Hébreux, quoique nés en Egypte, n'étoient point Egyptiens d'origine, ils avoient une Langue différente; l'Hébreu des Livres Saints n'est point la Langue Egyptienne. Joseph, devenu premier Ministre en Egypte, parloit à ses freres par un interprete (a). Le Prophete Isaïe prédit qu'il y aura dans l'Egypte cinq villes qui parleront la Langue de Chanaan, & jureront par le nom du Seigneur (b) : cette Langue, parlée depuis si long-temps par les Hébreux, n'étoit donc pas la Langue de l'Egypte.

On nous objecte le Pseaume 80, où il est dit que le peuple de Dieu, sortant de l'Egypte, entendit parler une Langue qui lui étoit inconnue : il parloit donc Egyptien. Le texte & la paraphrase Caldaï-

_____

(a) Gen. c. 43, ℣. 23.
(b) Isaïe, c. 19, ℣. 18.

que disent au contraire, que Josephe, *en entrant en Egypte*, entendit parler une Langue qui lui étoit inconnue. En effet, ce qui reste d'ancien Egyptien n'est point la même Langue que l'Hébreu.

La croyance, les mœurs, les rites, les usages, les loix des Hébreux, étoient très-différens de ceux des Egyptiens; Diodore, Strabon, Tacite le reconnoissent: c'est mal à propos que nos adversaires accusent Moïse d'avoir tout emprunté des Egyptiens. Les mœurs de ces derniers n'ont point changé par le laps des temps; les usages civils & religieux attribués aux Egyptiens dans les Livres de Moïse, étoient encore les mêmes du temps d'Hérodote & de Diodore; ils en rapportent plusieurs traits.

Moïse ordonne aux Hébreux de traiter avec humanité les pauvres, les étrangers, les veuves, les orphelins, les esclaves, parce qu'ils ont été eux-mêmes étrangers & esclaves en Egypte (*a*). Si ce fait n'étoit pas vrai, les Hébreux n'eussent point souffert des loix fondées sur un pareil motif; & le Législateur n'auroit pas été assez insensé pour le leur proposer.

(*a*) Deut. c. 24, ℣. 18, 22, &c.

§. XI.

2°. La sortie des Hébreux a-t-elle été volontaire ou forcée de leur part? Moïse leur défend de conserver de la haine contre les Egyptiens, parce qu'ils ont été reçus comme étrangers en Egypte; il veut que les Egyptiens soient censés appartenir au peuple du Seigneur après trois générations (a) : nous voyons dans le Lévitique une Israélite qui avoit des enfans d'un mari Egyptien (b). Moïse ne traite pas de même les nations ennemies, il les exclut pour jamais de l'assemblée d'Israël, il défend toute alliance avec elles; c'est ainsi qu'il veut que l'on en agisse avec les Amalécites & avec les Madianites, parce qu'ils ont refusé aux Hébreux le passage sur leurs terres. Inspireroit-il moins de ressentiment contre les Egyptiens, si, en chassant les Hébreux de chez eux avec violence, ils les avoient exposés à une perte certaine ?

3°. Les Hébreux ne sont ni les Pasteurs Phéniciens ou Arabes qui ont asservi l'Egypte, & qui y ont régné cinq cents ans, ni une troupe d'Egyptiens qui se soient

___

(a) Deut. c. 23, ℣. 7. (b) Lévit. c. 24, ℣. 10.

expatriés par zele de religion, sans résistance de la part de leurs compatriotes; ils se seroient fait honneur de ces deux événemens, plus glorieux pour eux que leur esclavage. Par vanité nationale, Josephe l'Historien a glissé légérement sur cette partie de la narration de Manéthon; Moïse, plus sincere, donne les Hébreux pour ce qu'ils étoient, il ne leur attribue ni des conquêtes en Egypte, ni un regne imaginaire. On l'accuse d'avoir supposé des miracles pour flatter la vanité des Hébreux: pourquoi donc y ajouter tant de circonstances humiliantes, leur esclavage, leur défiance, leurs murmures, leur ingratitude continuelle? Ce n'est point ainsi que les autres Historiens flattent l'orgueil de leur nation.

4°. La sortie d'Egypte fut-elle naturelle ou miraculeuse? Ce sera le sujet du Chapitre suivant; nous verrons que Moïse a pris toutes les précautions nécessaires pour ne pouvoir être convaincu de faux sur cet article non plus que sur tous les autres.

§. XII.

L'Auteur de la Bible expliquée, sans s'embarrasser des faits, des témoignages, ni des preuves, soutient que les Juifs étoient une colonie d'Arabes Bédouins, que c'est le sentiment de plusieurs Savans, puisque c'est le sien. Les Juifs ne parloient point Arabe, n'importe; leurs ancêtres étoient voleurs : donc ils étoient Arabes. Abraham vola le Roi d'Egypte & le Roi de Gérare, en extorquant d'eux des présens ; Isaac vola le même Roi de Gérare par la même fraude ; Jacob vola le droit d'aînesse à son frere Esaü ; Laban vola Jacob son gendre, lequel vola son beaupere ; Rachel vola à Laban son pere jusqu'à ses Dieux ; les enfans de Jacob volerent les Sichémites après les avoir égorgés : leurs descendans volerent les Égyptiens, & allerent ensuite voler les Chananéens (*a*).

Réponse. Ajoutons que l'Auteur a volé cette tirade aux Déistes Anglois, qui l'avoient volée aux Manichéens (*b*) ; que ce brigandage est devenu très-honorable depuis qu'il est glorieusement exercé par les Philosophes, & que ces hommes res-

---

(*a*) Bible expliquée, p. 109, 128, 163.

(*b*) S. Aug. *Contra Faustum*, l. XXII, c. 5, *contra Adimantum*, c. 17. Tindal, Chubb, Morgan, &c.

pectables sont encore plus intrépides à mentir qu'à voler.

Les Juifs pourroient répondre qu'ils ont été aussi volés à leur tour par les Egyptiens, sous Roboam ; par les Assyriens, sous leurs derniers Rois ; par les Grecs & par les Syriens, sous Antiochus ; par les Romains, qui ont détruit Jérusalem ; que ceux-ci, après avoir volé tous les peuples connus, ont été volés par les Gots, les Huns, les Bourguignons, les Vandales, & les Francs. Nous avons l'honneur d'être issus des uns ou des autres, sans qu'il suive de là que nous sommes des Arabes Bédouins ; aucune nation n'a une origine plus noble & plus honnête que la nôtre.

De tous ces vols prétendus, les seuls réels sont les fourberies de Laban, le larcin de Rachel, le pillage de Sichem par Siméon & Lévi ; nous parlerons des autres, Chap. V, Art. 4, §. 4.

Il est dit dans les Livres de Moïse (a), que les enfans de Jacob, lorsqu'ils entrerent en Egypte, étoient au nombre de soixante & dix, sans compter les femmes ; que quand ils en sortirent, ils formoient

---

(a) Gen. c. 46, ⅴ. 27. Exode, c. 1, ⅴ. 5. Deut. c. 10, ⅴ. 22.

une troupe d'environ six cent mille hommes faits : le total des Israélites devoit donc être pour lors de plus de deux millions. Il est impossible, disent les Incrédules, que de soixante & dix mariages il ait pu sortir une population de deux millions de personnes dans l'espace de deux cent quinze ans. Quatre-vingts ans avant la sortie d'Egypte, Pharaon avoit ordonné de noyer les enfans mâles des Hébreux ; l'exécution de cet Edit avoit dû diminuer beaucoup leur population. Il est impossible d'ailleurs que deux millions d'hommes aient pu habiter dans le pays de Gessen, qui ne renfermoit peut-être pas six lieues quarrées.

Réponse. Nous n'avons pas besoin de recourir aux calculs par lesquels on a démontré que la multiplication des Hébreux en Egypte n'a rien d'incroyable (*a*) ; bornons-nous à un seul fait bien attesté. Un seul homme âgé de vingt ans, jeté dans une isle déserte avec quatre femmes, a produit en soixante ans une population de sept mille quatre-vingt-dix-neuf personnes (*b*). Si l'on compare cette popula-

---

(*a*) Hist. Univ. par les Anglois, tome II, p. 186.
(*b*) Réponses crit. tome III, p. 46.

tion à celle des Hébreux, on verra qu'eu égard au nombre de soixante & dix mariages, & à l'espace de deux cent quinze ans, celle-ci auroit pu produire une plus grande multitude sans aucun miracle.

Il n'y a aucune preuve que l'Edit de Pharaon contre les enfans mâles des Hébreux ait été pendant long-temps exécuté avec rigueur; ou plutôt l'histoire des Sages-Femmes d'Egypte, & la population même des Hébreux, démontrent qu'il ne le fut point.

C'est encore une erreur de supposer que toute cette multitude étoit renfermée dans la contrée de Gessen; les Egyptiens faisoient travailler les Hébreux aux ouvrages publics dans toute l'étendue de l'Egypte. Aussi l'Ecriture parlant des fléaux qui tomberent sur ce Royaume à la parole de Moïse, remarque qu'ils ne se faisoient point sentir dans les lieux habités par les Israélites; elle nous représente ce peuple comme mêlé & répandu de toutes parts parmi les Egyptiens.

Nous voici parvenus à l'époque la plus importante de l'Histoire Sainte, à la mission de Moïse; nous nous en occuperons désormais.

Fin du Tome cinquieme.

TABLE
DES MATIERES
DU CINQUIEME VOLUME.

INTRODUCTION. *Deſſein de la Providence, Plan de cette ſeconde Partie.* Page 1

§. I. *Etat de diviſion entre les ſociétés naiſſantes.* Ibid.

§. II. *La Religion Moſaïque y étoit relative.* 4

§. III. *Abrégé de l'hiſtoire d'Abraham.* 7

§. IV. *Abrégé de l'hiſtoire de Jacob & de ſa famille.* 11

§. V. *Plan de la ſeconde Partie.* 14

§. VI. *Un choix de la part de Dieu eſt-il une injuſtice ?* 19

CHAP. I. *Des ſignes par leſquels Dieu peut rendre la révélation certaine.* 24

§. I. *De quelle maniere Dieu peut parler aux hommes.* Ibid.

§. II. *Signes certains de ſa volonté.* 28

ARTICLE I. *Des miracles en général; sont-ils impossibles ou indignes de Dieu?* 32

§. I. *Différentes définitions d'un miracle.* Ibid.

§. II. *Des divers agens que Dieu peut employer.* 34

§. III. *Connexion entre les loix Physiques & les loix morales.* 36

§. IV. *Constance de la conduite de la Providence.* 39

§. V. *L'ordre de la nature est l'effet d'une volonté libre du Créateur.* 42

§. VI. *Le but principal des miracles est le salut de l'homme.* 44

§. VII. *Contradictions des Incrédules sur les miracles.* 46

§. VIII. *Sur-tout dans le système des Matérialistes.* 49

§. IX. *Réflexions des Sceptiques contre ce système.* 51

§. X. *Y a-t-il un ordre éternel des choses?* 54

§. XI. *Qu'est-ce qu'une loi de la nature?* 56

§. XII. Prem. Object. *Un miracle prouveroit que Dieu est changeant ou impuissant.* 6

TABLE

§. XIII. *Sans miracle Dieu peut faire tout ce qu'il veut.* 65

§. XIV. Deux. Object. *Un miracle feroit douter de la Providence.* 68

§. XV. Troiſ. Object. *Nous ne connoiſſons pas toutes les forces de la nature.* 72

§. XVI. *Il n'eſt pas vrai que tout fut miraculeux pour les Juifs.* 75

§. XVII. Quat. Object. *Dieu n'agit point pour quelques particuliers.* 77

§. XVIII. *Dieu n'a-t-il rien fait pour toutes les nations ?* 81

§. XIX. Cinq. Object. *L'évidence n'a pas beſoin de miracles.* 83

§. XX. Six. Object. *Toutes les Hiſtoires ſont pleines de prodiges.* 85

§. XXI. *Différence entre ces prodiges & les vrais miracles.* 88

§. XXII. Sept. Object. *Dieu défend d'ajouter foi à un faux Prophete.* 90

§. XXIII. *Les Magiciens d'Egypte firent-ils des miracles ?* 93

§. XXIV. Huit. Object. *Un miracle ne peut prouver une choſe impoſſible.* 96

§. XXV. Neuv. Object. *On ne peut croire un miracle ſans l'avoir vu.* 109

§. XXVI. *Fausses conditions exigées pour la certitude d'un miracle.* 103

§. XXVII. Dix. Object. *Un miracle ne prouve point l'infaillibilité d'un homme.* 107

Art. II. *Des Prophéties en général.* 111

§. I. *Dieu connoît certainement l'avenir.* Ibid.

§. II. *Tous les peuples en ont été persuadés.* 115

§. III. *Cette croyance ne vient d'aucune erreur.* 117

§. IV. *Les Prophéties Juives forment une chaîne.* 120

§. V. *Contradictions de Spinosa sur les Prophéties.* 123

§. VI. Prem. Object. *L'esprit prophétique a tiré son origine des songes.* 127

§. VII. Deux. Object. *On ne peut être témoin d'une Prophetie & de son accomplissement.* 130

§. VIII. Troisi. Object. *Les Prophéties Juives sont obscures.* 134

§. IX. Quat. Object. *Toutes les nations ont attendu un Libérateur.* 139

TABLE.

CHAP. II. *De l'authenticité du Pentateuque, & des Livres de l'Ancien Testament.* 139

§. I. *Il y a des regles certaines pour juger
de l'authenticité d'un Livre.* Ibid.

§. II. *Celle des Livres de Moïse est mieux
prouvée qu'aucune autre.* 142

ART. I. *Moïse n'est point un personnage
fabuleux.* 145

§. I. *Conjectures de M. Huet.* Ibid.

§. II. *Preuves de l'existence de Moïse.* 147

§. III. *Celle de Zoroastre est moins certaine.* 150

§. IV. Prem. Object. *Les Auteurs Profanes n'ont point connu Moïse.* 153

§. V. *Auteurs qui en ont parlé avant
Longin.* 155

§. VI. Deux. Object. *Personne n'a fait
mention de ses miracles.* 158

§. VII. Trois. Object. *Tout est prodige
dans la vie de Moïse.* 164

§. VIII. Quat. Object. *L'Histoire Juive a
été regardée comme un Roman.* 167

§. IX. *Philosophes qui ont fait cas des
Juifs.* 170

§. X. *Historiens qui en ont parlé.* 173
§. XI. *Souverains qui les ont accueillis.* 177

Art. II. *Moïse est l'Auteur du Pentateuque.* 182

§. I. *Maniere dont on a prouvé l'authenticité de plusieurs autres Livres.* Ibid.
§. II. Prem. Preuve. *Témoignages tirés de ce Livre même.* 187
§. III. Deux. Preuve. *L'ordre Chronologique & les Généalogies.* 191
§. IV. Trois. Preuve. *Le style de l'Auteur.* 194
§. V. Quat. Preuve. *La nécessité de ce Livre pour tous les Juifs.* 197
§. VI. Cinq. Preuve. *Absurdité de toutes les hypotheses des Incrédules.* 201
§. VII. *Ces Livres n'ont pu être forgés sous Josué.* 204
§. VIII. *Ni sous les Juges, ni sous les Rois.* 208
§. IX. *Ni par Esdras.* 212
§. X. *Pentateuque Samaritain.* 215
§. XI. *Obstacles que trouvoit Esdras.* 218
§. XII. *Absurdité des suppositions des Incrédules.* 221

§. XIII.

TABLE.

§. XIII. *A-t-on pu déguiser ou amplifier les faits ?* 224

§. XIV. *Variété de style dans les Ecrivains sacrés.* 227

§. XV.-Prem. Object. *L'art d'écrire n'étoit pas connu du temps de Moïse.* 230

§. XVI. *Preuve du contraire.* 232

§. XVII. Deux. Object. *Les peuples errans n'ont point eu d'Histoire.* 236

§. XVIII. Trois. Object. *Il y a des termes Chaldéens dans le Pentateuque.* 239

§. XIX. Quat. Object. *Il fait allusion à des faits postérieurs à Moïse.* 241

§. XX. Cinq. Object. *Il y est parlé d'argent monnoyé.* 246

§. XXI. Six. Object. *L'Auteur parle de Moïse à la troisieme personne.* 249

§. XXII. Sept. Object. *Il dit plusieurs choses que Moïse n'a pas pu écrire.* 253

§. XXIII. Huit. Object. *Les vrais Livres de Moïse sont perdus.* 258

§. XXIV. *Prétendu Livre de l'alliance.* 261

§. XXV. Neuv. Object. *Ces Livres ont été inconnus aux autres nations.* 265

Tome V. Bb

§. XXVI. Dix. Object. *Sanchoniathon n'en a rien dit.* Onz. Obj. *Livre trouvé sous Josias.* 269

§. XXVII. Douz. Obj. *Les Livres étoient confiés aux Prêtres.* 272

ART. III. *Il n'y a aucune raison de douter de l'authenticité des Livres de l'Ancien Testament postérieurs au Pentateuque.* 276

§. I. *Moïse a dû être imité par ses successeurs, sur-tout par Josué.* Ibid.

§. II. *Enchaînement des faits & des témoignages de ces différens Livres.* 279

§. III. *Certitude de cette Histoire sous les Rois.* 281

§. IV. *Importance des secours qu'elle nous fournit.* 283

ART. IV. *Le texte des Livres de l'Ancien Testament a été conservé pur & sans aucune altération considérable.* 287

§. I. *Respect des différens peuples pour leurs Livres sacrés.* Ibid.

§. II. *Les Livres de Moïse ont toujours été lus.* 289

§. III. *Les Juifs ont toujours cultivé leur ancienne Langue.* 291

§. IV. *Version des Septante, travaux des Massorethes.* 295

§. V. *Travaux d'Origene & de Saint Jérôme.* 297

§. VI. *Bibles Polyglottes, concordances, &c.* 300

§. VII. *Fausses conjectures sur de prétendues altérations du texte.* 303

§. VIII. *Difficulté d'en faire des versions parfaites.* 305

§. IX. *Nécessité de recourir au texte ; conduite de la Providence.* 308

§. X. Prem. Object. *L'ancien Hébreu étoit sans voyelles.* 310

§. XI. Deux. Object. *Les Juifs ont négligé leurs écritures.* 314

§. XII. Trois. Object. *La Langue Hébraïque a beaucoup changé.* 318

§. XIII. Quat. Object. *Le texte n'a pas pu se conserver.* 320

Art. V. *De l'inspiration, ou de la divinité des Livres de l'Ancien Testament.* 323

Bb 2

§. I. *Nous la croyons en vertu de la tradition de l'Eglise.* 223

§. II. *Sans exclure néanmoins les autres caracteres de vérité.* 325

§. III. *En quoi consiste l'inspiration de ces Livres.* 328

§. IV. *En quel sens la Vulgate est authentique.* 331

§. V. *Opinions fausses que les Incrédules nous attribuent.* 333

§. VI. *Il n'a pas été nécessaire que Dieu dictât les Livres Saints.* 337

CHAP. III. *De la vérité de l'Histoire Juive dans ses différentes époques.* 340

§. I. *Raisons qui indisposent les Incrédules contre elle.* Ibid.

§. II. *Sincérité & candeur de Moïse.* 343

§. III. *Il ne prétend point à une antiquité fabuleuse.* 345

§. IV. *Les faits se tiennent & forment une chaîne.* 349

§. V. *Les Incrédules méconnoissent vainement ces signes de vérité.* 351

ART. I. *De la Création & de l'antiquité du Monde.* 356

TABLE.

§. I. *Moïse enseigne clairement la création.* 356

§. II. *Ce dogme n'est point une idée philosophique & récente.* 361

§. III. *Fausses traductions des premiers versets de la Genese.* 364

§. IV. Prem. Object. *Moïse admet plusieurs Dieux.* Deux. Object. *Le ciel & la terre, expression ridicule.* 371

§. V. Trois. Object. *Moïse admet la matiere éternelle.* Quat. & Cinq. Object. *sur la lumiere.* 374

§. VI. Six. Object. *Cieux solides.* Sept. Object. *Etoiles fixes.* 377

§. VII. Huit. Obj. *Terre immobile.* Neuv. Object. *Faisons l'homme.* 379

§. VIII. Dix. Obj. *Dieu se reposa.* 382

§. IX. Onz. Object. *Quatre fleuves du Paradis.* 383

§. X. Douz. Object. *Chute d'Adam.* Treiz. Object. *Caïn craint d'être tué.* 385

§. XI. Quatorz. Object. *Enfans de Dieu ou des Dieux.* Quinz. Object. *Longue vie des Patriarches.* 387

§. XII. *Ancienneté du Monde.* 390

§. XIII. *Observations physiques très-peu certaines.* 393

§. XIV. *Prétendu déplacement de la mer.* 396

§. XV. *Fausseté du mouvement qu'on lui attribue.* 401

§. XVI. *Anciens Volcans.* 405

§. XVII. *Forets enterrées & réduites en charbon.* 409

Art. II. *Du Déluge universel, de la Confusion des Langues, de la Dispersion des Peuples.* 413

§. I. *Le Déluge n'a pu arriver par des causes naturelles.* Ibid.

§. II. *Il a été connu chez toutes les nations.* 416

§. III. *Vainement les Incrédules méconnoissent cette tradition.* 420

§. IV. *L'irruption de l'Océan dans la Méditerranée n'a pu produire cet effet.* 423

§. V. *Il est prouvé par l'inspection du globe.* 428

§. VI. Prem. Object. *Il n'y a pas assez d'eau pour noyer le globe.* 432

§. VII. *Preuves du contraire.* 436

TABLE. 583

§. VIII. Deux. Object. *Les coquillages fossiles ne peuvent venir du Déluge.* 440

§. IX. Trois. Object. *L'Arche n'auroit pu contenir tous les animaux.* 443

§. X. Quat. Object. *Noé n'auroit pas pu les rassembler.* Cinq. Object. *Oliviers en Armenie.* 446

§. XI. Six. Object. *L'Amérique n'auroit pas pu se repeupler.* 451

§. XII. Sept. Object. *Les Negres & les Blancs ne sont point de la même race.* 456

§. XIII. Huit. Object. *Un Déluge universel n'a servi à rien.* 460

§. XIV. Neuv. Obj. *Une seule famille n'a pas pu repeupler le Monde.* 464

§. XV. Dix. Object. *La prétendue alliance de Dieu avec Noé est absurde.* 468

§. XVI. Onz. Object. *La malédiction prononcée contre Cham est injuste.* 470

§. XVII. *Dispersion des peuples.* 474

§. XVIII. *De la Tour de Babel.* 476

Art. III. *De la vocation d'Abraham, & de l'état de ses descendans jusqu'à Moïse.* 478

§. I. *Dessein de Dieu dans la vocation d'Abraham.* 478

§. II. *L'existence d'Abraham n'est pas douteuse.* 480

§. III. *Son voyage dans la Palestine ; son âge.* 482

§. IV. *Son entrée en Egypte ; enlévement de Sara.* 486

§. V. *L'Egypte n'étoit pas alors un Royaume vaste ni policé.* 490

§. VI. *Expédition d'Abraham contre quatre Rois.* 493

§. VII. *La promesse de lui donner la Palestine a été accomplie.* 497

§. VIII. *Origine de la Circoncision.* 501

§. IX. *Elle ne vient point des Egyptiens.* 507

§. X. *Ruine de Sodome ; femme de Loth punie.* 512

§. XI. *Des Moabites, des Ammonites, de la Mer Morte.* 516

§. XII. *Agar & Ismaël chassés.* 519

§. XIII. *Dessein d'immoler Isaac.* 521

§. XIV. *Conduite de Jacob envers Esaü.* 524

TABLE.

§. XV. *Dieu ne l'a point approuvée.* 527
§. XVI. *Polygamie de Jacob.* 530
§. XVII. *Difficulté de chronologie sur son Histoire.* 533
§. XVIII. *Joseph vendu par ses freres ; est-ce une fable ?* 536
§. XIX. *A-t-il réduit les Egyptiens à l'esclavage ?* 538

Art. IV. *Quelle est l'origine des Juifs.* 543
§. I. *Leurs Historiens sont plus croyables que les étrangers.* Ibid.
§. II. *Narration des Auteurs Egyptiens.* 545
§. III. *Récit de Diodore de Sicile.* 548
§. IV. *De Justin & de Strabon.* 550
§. V. *De Tacite.* 552
§. VI. *Remarques sur la narration de ces Ecrivains.* 555
§. VII. *Manéthon est-il plus croyable que Moïse ?* 556
§. VIII. *Réfutation de cet Auteur.* 559
§. IX. *Les Juifs étoient-ils une troupe de lépreux ?* 561
§. X. *Preuves de la vérité du récit de Moïse.* 563

§. XI. *Leur sortie de l'Egypte fut volontaire.* 565

§. XII. *Ce ne font point des voleurs Arabes ; leur multiplication n'est pas incroyable.* 566

Fin de la Table du Tome V.